Beck-Rechtsberater

Mahnen – Klagen – Vollstrecken

dtv

Beck-Rechtsberater

Mahnen – Klagen – Vollstrecken

Ein Leitfaden für Gläubiger und Schuldner
(mit Checklisten)
– mit den Änderungen nach der Insolvenzordnung
und der 2. Zwangsvollstreckungsnovelle –

Von Dr. Joachim Mewing
Rechtsanwalt

5. Auflage
Stand: 1. Januar 1999

Deutscher Taschenbuch Verlag

Redaktionelle Verantwortung: Verlag C. H. Beck, München
Umschlaggestaltung: Fuhr & Partner Design Agentur, Mainz,
unter Verwendung einer Abbildung von
Birgit Koch, München
Satz: Fotosatz Otto Gutfreund, Darmstadt
Druck und Bindung: C. H. Beck'sche Buchdruckerei
Nördlingen
ISBN 3 423 05218 X (dtv)
ISBN 3 406 44947 6 (C. H. Beck)

Vorwort zur 5. Auflage

„Recht haben und Recht bekommen ist zweierlei!"

Diese Erfahrung macht häufig, wer gezwungen ist, Zahlungsansprüche gegen Schuldner zwangsweise durchzusetzen. Sei es, daß die Ausurteilung scheitert, weil er keine Beweismittel hat, sei es, daß der Schuldner sich in der Vollstreckung als vermögenslos erweist – der Gläubiger muß jeweils erkennen, daß unsere Rechtsordnung ihm sein gutes Recht weder frei Haus serviert noch garantiert. Er selbst muß es mit entsprechenden Anträgen geltend machen, es dabei beweisen, die entstehenden Kosten vorschießen und hoffen, daß der Schuldner bei Vollstreckung noch zahlungsfähig ist. Denn wo nichts ist, hat „auch der Kaiser sein Recht verloren".

Dem Nichtjuristen, insbesondere dem Gewerbetreibenden und Freiberufler, soll dies Buch helfen, Schritte zur Durchsetzung seiner Zahlungsansprüche entweder selbst vorzunehmen oder zu verstehen, was sein Anwalt diesbezüglich unternimmt. Fast am wichtigsten sind dafür Maßnahmen der Bonitätsprüfung, der Schaffung von Beweismitteln und der Forderungsbesicherung bereits vor oder bei Entstehung der Forderung.

Erläutert werden dann die Anmahnung und Titulierung von Forderungen bis hin zu den verschiedenen Maßnahmen der Einzelzwangsvollstreckung, wie sie gegen private oder kleingewerbliche Schuldner betrieben wird.

Bei größeren Firmen führt Zahlungsunfähigkeit meist ohne alle Zwischenschritte der Einzelzwangsvollstreckung unmittelbar zur Gesamtzwangsvollstreckung, seit dem 1. 1. 1999 nach der Insolvenzordnung. Dieses Verfahren kann im Rahmen dieses Buches nur skizziert werden, um einen allerersten Überblick darüber und über andere Nebengebiete der Vollstreckung zu geben.

Das gilt auch für die wichtigsten Rechtsbehelfe in der Vollstreckung sowie für Hinweise zum weiteren Vorgehen nach erfolgloser Vollstreckung.

Das Risiko ist groß, daß der Gläubiger mit den Kosten „gutes Geld dem schlechten hinterherwirft", was den Schuldner zusätzlich belastet. Deshalb habe ich besonderen Wert gelegt auf Hinweise zu kostensparendem Vorgehen – auch durch den Schuldner –! Die im Anhang beigefügten Kostentabellen (Stand 1. 10. 1998) sollen dem Leser ermöglichen, die Kosten für Titulierung und Vollstreckung einer bestimmten Forderung zumindest abzuschätzen.

Checklisten fassen die praktisch wichtigsten Grundsätze jedes Kapitels zusammen. Gesetzesvorschriften konnte ich nur ausnahmsweise im Wortlaut zitieren. Ich empfehle sehr, darüber hinaus zitierte §§ im Text nachzulesen z. B. in den Beck-Gesetzestexten im dtv.

Zum 1. 1. 1999 treten für die Forderungseinziehung erhebliche Rechtsänderungen ein:

* **Euro**
Forderungen können nun auch in Euro begründet und eingeklagt werden. Ich habe einstweilen die Beispielsangaben in DM beibehalten. Sie ändern sich bei Umstellung auf den Euro ja nur betragsmäßig, aber nicht in der Sache. Ab dem 1. 1. 2002 wird man durchgängig den Euro ansetzen müssen.
* **Insolvenzordnung mit Restschuldbefreiung,**
2. Zwangsvollstreckungsnovelle
Mit diesen Neuregelungen ist 10 Jahre nach der Wiedervereinigung auch auf diesem Gebiet die Rechtseinheit in Deutschland hergestellt. Ich habe versucht, zu diesen Verfahren einige erste Hinweise zu geben. Wie die Regelungen sich praktisch auswirken und ob sie das Verhältnis zwischen Gläubigern und Schuldnern wesentlich verändern, bleibt abzuwarten.

Hamburg im März 1999

Dr. Joachim Mewing

Inhaltsübersicht

Inhaltsverzeichnis

Kapitel 1
Forderungsentstehung, Fälligkeit, Verzug

Kapitel 2
Vorgerichtliche Mahnungen

Kapitel 3
Prozeßverfahren und sonstige Forderungstitulierung

Kapitel 4
Informationsgewinnung

Kapitel 6
Sonder- und Nebengebiete der Zwangsvollstreckung

Kapitel 7
Besondere Klagearten und Rechtsbehelfe in der
Zwangsvollstreckung

Kapitel 8
Die „ausgeklagte" Forderung

Anhang:
Gebühren- und Pfändbarkeitstabellen

Weiterführende Literaturangaben

I. Allgemeines

Heussen/Fraulob/Bachmann, Zwangsvollstreckung für Anfänger, 6. Auflage 1998, Beck-Verlag, München
Jauernig, Zwangsvollstreckungs- und Konkursrecht, Kurzlehrbuch, 20. Auflage, 1996, Beck-Verlag, München
Kilger/Schmidt, Insolvenzgesetze – KO/VglO/GesVO, 17. Auflage 1997, Beck-Verlag, München

II. Für Mobiliarvollstreckung

„Geschäftsanweisung für Gerichtsvollzieher" und „Gerichtsvollzieherordnung" (Bundeseinheitliche Verwaltungsvorschriften) zu beziehen bei Justizvollzugsanstalt Wolfenbüttel, 38 300 Wolfenbüttel

III. Für Forderungspfändung

Kurt Stöber, Forderungspfändung, 12. Auflage, Verlag Gieseking, Bielefeld 1998
Balser/Bögner/Ludwig, Vollstreckung im Grundbuch, 10. Auflage 1994, Rudolf Haufe Verlag, Freiburg (für Forderungen im Zusammenhang mit Grundstücken).

IV. Vollstreckung in Grundstücke

Zeller/Stöber, Zwangsversteigerungsgesetz, 15. Auflage 1996, Beck-Verlag, München
Storz, Praxis des Zwangsversteigerungsverfahrens, 7. Auflage 1998, Beck-Verlag, München.

V. Formulare zur Zwangsvollstreckung

Beck'sches Prozeßformularbuch, 8. Auflage 1998, Abschnitt III, (Zwangsvollstreckung, Anfechtung, Vergleichs- und Konkursordnung), Beck-Verlag, München.

VI. Zeitschriften

Deutsche Gerichtsvollzieherzeitung, Heenemann-Verlag, Berlin (insbesondere Mobiliarvollstreckung).
Der Deutsche Rechtspfleger, Gieseking-Verlag, Bielefeld

Abkürzungsverzeichnis

AG . . . . Aktiengesellschaft
ALU . . . . Arbeitslosenunterstützung
AnfG . . . . Anfechtungsgesetz
BAG . . . . Bundesarbeitsgericht
BfA . . . . Bundesversicherungsanstalt für Angestellte
BGB . . . . Bürgerliches Gesetzbuch
BGH . . . . Bundesgerichtshof
BGHSt . . . . . . Bundesgerichtshof, Entscheidungen in Straf-
sachen
BGHZ . . . . . . Bundesgerichtshof, Entscheidungen in Zivil-
sachen
BRAGO . . . . . Bundesrechtsanwaltsgebührenordnung
EMA . . . . Einwohnermeldeamtsauskunft
GesVO . . . . . . Gesamtvollstreckungsordnung
GKG . . . . Gerichtskostengesetz
GmbH . . . . . . Gesellschaft mit beschränkter Haftung
GV-Kostengesetz . Gerichtsvollzieherkostengesetz
GVZ . . . . Gerichtsvollzieher
HGB . . . . Handelsgesetzbuch
HRA . . . . Handelsregisterauszug
HRG . . . . Handelsregister
i. d. R. . . . . in der Regel
InsO . . . . Insolvenzordnung
KG . . . . Kommanditgesellschaft
KO . . . . Konkursordnung
MB . . . . Mahnbescheid
MRRG . . . . . . Melderechtsrahmengesetz
MWSt . . . . . . Mehrwertsteuer
NJW . . . . Neue juristische Wochenschrift
OHG . . . . Offene Handelsgesellschaft
OLG . . . . Oberlandesgericht
ÖRA . . . . Öffentliche Rechtsauskunft
OV . . . . Offenbarungsversicherung
PA . . . . Postanschriftenprüfung
PfüB . . . . Pfändungs- und Überweisungsbeschluß
RGZ . . . . Reichsgerichtsentscheidungen in Zivilsachen

Abkürzungsverzeichnis

Kapitel 1. Forderungsentstehung, Fälligkeit, Verzug

---

1. Fallbeispiel:

G verkauft an den ihm aus dem Sportverein flüchtig bekannten S nach mehreren Verhandlungen sein gebrauchtes Auto zum Preise von 5000,– DM per Handschlag. S erhält das Auto und den Kfz-Brief. Es ist vereinbart, daß er den Kaufpreis einen Monat später zahlen soll.

Was hat G falsch gemacht?

Abschnitt A. Forderungsentstehung

I. Gesetzliche Ansprüche

In § 194 BGB ist ein „Anspruch" definiert als „das Recht, von einem anderen ein Tun oder ein Unterlassen zu verlangen". In einer Geldwirtschaft ist der bei weitem häufigste Anspruch das Recht, von einem anderen die Zahlung von Geld zu verlangen. Rechtlich kann eine solche Geldforderung auf verschiedene Weise entstehen. Die Unterhaltsforderung des Kindes gegen seine Eltern entsteht z. B. mit der Geburt, weil § 1601 BGB dies so anordnet:

„Verwandte in gerader Linie sind verpflichtet, einander Unterhalt zu gewähren".

Mit der Erfüllung des gesetzlichen Tatbestandes („Verwandte in gerader Linie...") entsteht der Anspruch **kraft Gesetzes.** Deshalb nennt man dies einen gesetzlichen Anspruch.

II. Vertragliche Ansprüche

In einer Marktwirtschaft weit häufiger entsteht eine Geldforderung aus Vertrag, also aus einer Verabredung zweier oder mehrerer Personen, wonach eine Person einer anderen Geld zahlen soll. Denkbar ist das als einseitige Verpflichtung, z. B. bei Schenkung. Meist aber verpflichtet man sich zur Geldzahlung im Austausch gegen Lieferung einer Sache, z. B. beim Kauf einer Zeitung oder eines Autos, oder gegen eine Dienstleistung, z. B. bei Beauftragung eines Handwerkers. Solche Forderungen, die eine vertragliche Vereinbarung der beteiligten Personen voraussetzen, nennt man deshalb **vertragliche Ansprüche** im Unterschied zu den gesetzlichen Ansprüchen.

III. Vertragsfreiheit, insbesondere bei der Wahl des Vertragspartners

Gesetzliche Ansprüche können ohne oder gar gegen den Willen der beteiligten Personen entstehen. Der Unterhaltsanspruch auch des ungewollten Kindes gegen die Eltern zeigt das drastisch. Vertragliche Ansprüche entstehen dagegen regelmäßig nur mit Zustimmung des Verpflichteten, die er bei Vertragsschluß erklärt hat. So ist zur Zahlung des Kaufpreises für eine Zeitung nur verpflichtet, wer die Zeitung gekauft und damit erklärt hat, den geforderten Preis dafür zahlen zu wollen. Zur Zahlung der Handwerkerrechnung ist nur verpflichtet, wer den Handwerker beauftragt und sich damit ausdrücklich oder stillschweigend zur Zahlung des Werklohns bereit erklärt hat.

Und nach dem das bürgerliche Recht beherrschenden Grundsatz der **Vertragsfreiheit** steht es – von Ausnahmefällen abgesehen – jedermann frei, ob und zu welchen Bedingungen er einen Vertrag schließen will. In dieser Freiheit, selbst zu entscheiden, ob, mit wem und zu welchen Bedingungen man einen Vertrag abschließt, liegt ein wesentlicher Teil der vielbeschworenen freiheitlich – demokratischen Grundordnung. Insbesondere die ehemalige DDR bot das Gegenbeispiel einer Sozialordnung, in der

Produktionsmittel und Grundstücke der Verfügbarkeit durch freien Vertrag der Bürger weitgehend entzogen und dem Staatsplan unterstellt waren. Die dabei fehlende Flexibilität frei ausgehandelter Verträge hatte die immer noch in Ostdeutschland offenkundigen verheerenden wirtschaftlichen Folgen.

Vom Standpunkt der Forderungseinziehung ist Vertragsfreiheit vor allem die Freiheit, sich den Vertragspartner auszusuchen. Austauschverträge, bei denen man selbst vorleistet, wird man nur mit demjenigen schließen, der dann die entstandene Geldforderung auch bezahlt.

Das setzt auf seiten des Schuldners voraus, daß er

- willens ist, die Forderung zu bezahlen und
- wirtschaftlich in der Lage, d. h. leistungsfähig ist, dies zu tun.

Es kann nach meiner praktischen Erfahrung nicht genug betont werden, daß man **vor Abschluß eines Vertrages** prüfen muß, ob bei dem in Aussicht genommenen Vertragspartner diese beiden Voraussetzungen gegeben sind. Nur wer dies vor Vertragsschluß prüft, kann von seiner Freiheit Gebrauch machen, den Vertrag aus beliebigen Gründen nicht zu schließen.

Ist der Vertrag erst einmal geschlossen, so kann man sich nach dem weiteren unser Zivilrecht beherrschenden **Grundsatz der Vertragstreue** von ihm nur noch schwer lösen. Vertragsanfechtung oder Rücktritt vom Vertrag setzt meist den Nachweis von Rechtsverstößen des Vertragspartners voraus. Eine solche Beweisführung ist häufig unmöglich und meistens schwierig. **Vor** dem Vertragsschluß genügt in der Regel die bloße und auch die nicht belegbare Vermutung, beim Partner könne etwas nicht in Ordnung sein, um ohne weitere Rechtfertigung vom Vertrage Abstand nehmen zu können.

1. Prüfen des Zahlungswillens

Ob der künftige Vertragspartner willens ist, die von ihm übernommene Zahlungsverpflichtung zu erfüllen, ist als eine innere Tatsache direkt überhaupt nicht und indirekt nur schwer prüfbar. Einen Austauschvertrag, etwa einen Kaufvertrag, zu schließen, sich die Ware durch Vorleistung übergeben zu lassen und dabei schon die Absicht zu haben, den Kaufpreis später nicht zu zahlen, ist Betrug, § 263 StGB (sogenannter Eingehungsbetrug). Daß man mit Betrügern keine Verträge schließen sollte, ist sicher eine Binsenweisheit. Zwar kann der normale Vertragspartner dies nicht durch Strafregisterauskunft über „einschlägige" Vorstrafen prüfen. Aber lange Kenntnis des Partners und dessen „guter Ruf" mindern dies Risiko, ebenso wie ein etwa unbekannter Verhandlungspartner oder gar einer mit geschäftlich „schlechtem Ruf" es erhöhen.

Auch gibt es gewisse Indizien für eine Betrugsabsicht, etwa ein überhöhtes Preisangebot unter der Bedingung, die Kaufsache sofort zu erhalten o.ä. Solange der Vertrag nicht geschlossen ist, kann man ohne weiteres aufgrund solcher Indizien, mögen sie auch vage sein, vom Vertrag Abstand nehmen.

2. Prüfen der Zahlungsfähigkeit

Zahlungsfähigkeit einer Person ist dagegen eine objektive Gegebenheit und kann deshalb leichter überprüft werden. Man muß sich dazu allerdings zumindest Hinweise auf die Vermögens- und Einkommenslage des möglichen Vertragspartners verschaffen, um berechnen oder meist nur abschätzen zu können, ob er zahlungsfähig ist. Die Möglichkeiten, Informationen über die Vermögenslage einer fremden Person, also auch eines etwaigen Vertragspartners – und Schuldners – zu erhalten, werden unten im 4. Kapitel näher beschrieben. Viele dieser Informationsmöglichkeiten sind jedermann zugänglich, können also auch schon bei Vertragsanbahnung zur Information über den möglichen Vertragspartner – und Schuldner – benutzt werden.

Natürlich hängt es sehr von der Art und insbesondere vom Umfang des jeweiligen Geschäftes ab, ob man von diesen Möglichkeiten Gebrauch macht. Bei kleinen Geschäften wird der Aufwand nicht lohnen, bei großen Geschäften sollte er unverzichtbar sein. Und auch für die Prüfung der Zahlungsfähigkeit gilt, daß sie **vor Vertragsschluß** erfolgen muß. Denn dann können schon Ungereimtheiten oder Unklarheiten Grund sein, von einem Vertrag mit diesem Partner Abstand zu nehmen.

Vor Vertragsschluß sollte man also nicht nur die Vertragsbedingungen prüfen. Man sollte sich auch über die Bonität des Vertragspartners in einem der Bedeutung der Sache angemessenen Umfang nicht nur Gedanken gemacht, sondern ggf. auch Erkundigungen eingezogen haben.

3. Gesichtspunkte für ostdeutsche Bürger

Die Bedeutung dieser Bonitätsprüfung (und der Besicherung von Forderungen) ist in der Marktwirtschaft der Bundesrepublik weit größer als in der Staatswirtschaft der ehemaligen DDR.

Forderungen gegen Betriebe waren dort so sicher wie hier Forderungen gegen Behörden. Betriebe dagegen können in der Marktwirtschaft stets zahlungsunfähig werden, wie die zahlreichen Gesamtvollstreckungen inzwischen drastisch demonstriert haben.

Und auch Forderungen gegen Privatleute sind in der Bundesrepublik unsicherer als in der früheren DDR. Die weit größere wirtschaftliche Handlungsfreiheit vergrößert auch das Risiko, wirtschaftlich zu scheitern, durch Fehlspekulationen oder unüberlegtes Schuldenmachen. Das vielgerühmte „soziale Netz" sichert dann wohl den Lebensunterhalt, aber nicht die Zahlungsfähigkeit für größere Schuldbeträge. Und zahlungsunwillige Schuldner haben es in der freiheitlichen Bundesrepublik leicht, Vermögensstücke zu verheimlichen, unterzutauchen oder ins Ausland zu gehen.

Schließlich überläßt auch die Rechtsordnung der Bundesrepublik die Geltendmachung und Durchsetzung von Ansprüchen weit mehr der Initiative des einzelnen (vgl. Kapitel 5) als dem staatlichen Amtsbetrieb wie in der ehemaligen DDR.

Und die Restschuldbefreiung nach der Insolvenzordnung (InsO) (vgl. unten, S. 171) kann sogar jede weitere Vollstreckung gegen einen Schuldner ausschließen.

Deshalb sollte jeder selbst die Bonität seines möglichen Vertragspartners prüfen.

IV. Lehren für den Vertragsschluß

Überprüft man anhand dieser Ausführungen das 1. Fallbeispiel, so kann man aus ihm einige Lehren ziehen.

1. Möglichst Bargeschäfte

Die erste Lehre sollte sein, soweit wie möglich Bargeschäfte zu machen, also hier das Auto gleich bei Übergabe bezahlen zu lassen. Das erübrigt alle Überlegungen über die Bonität des Schuldners. Warenhauskonzerne machen mit Bargeschäften Milliarden-Umsätze. Aber auch und gerade im privaten Bereich empfiehlt sich der Grundsatz, Geschäfte möglichst nur gegen bar zu tätigen. Sonst gewährt man Kredit, mit allen damit verbundenen Risiken.

2. Verträge stets schriftlich

Ein schwerer Fehler ist im Fallbeispiel jedenfalls, daß G keinen schriftlichen Vertrag geschlossen hat. Schon zur Gedächtnisstütze der Parteien, aber auch – für beide Seiten – als sicheres Beweismittel, ist für jeden Vertragsschluß von einiger Bedeutung die schriftliche Fixierung mit möglichst beiderseitiger Unterschrift **dringend zu empfehlen.** Wirksam sind zwar, von Ausnahmen abgesehen, auch mündlich geschlossene Verträge. Trotzdem sollten sie jedenfalls schriftlich fixiert werden, wobei lesbare Handschrift nicht schlechter ist als Maschinenschrift. Auch telefonisch geschlossene Verträge sollten regelmäßig schriftlich – oder per Telefax – bestätigt werden.

Dies gilt durchaus auch unter Freunden oder im Familienkreis. Schon die Überlegung, daß jederzeit durch einen Unglücksfall an die Stelle des vertrauten Freundes als Schuldner dessen dem Gläubiger vielleicht ganz unbekannte Erben treten können, gebietet auch und gerade in solchen Fällen schriftliche Fixierung. Ein Vertrag mit einem Umsatz von 5000,– DM fällt sicherlich in die Kategorie der schriftlich zu schließenden Verträge.

Ferner sollte in jedem Fall der Lieferung auf Kredit wenigstens der Vertragspartner genau identifiziert werden. Bei einer Privatperson sollte man dazu Name, Vorname und Anschrift, ggf. auch

Geburtsdatum, Beruf/Arbeitgeber und Telefonnummer festhalten, bei Firmen die genaue Firmierung. Vielfach scheitert die Geltendmachung einer Forderung schon daran, daß solche Angaben fehlen.

Stets ist von Vorteil, die Bankverbindung des Schuldners (d. h. Bank, BLZ und Kontonummer) zu kennen.

3. Prüfung des Zahlungswillens des Vertragspartners

Überwiegend werden Autokäufe unter Privatleuten wohl als Bargeschäfte abgewickelt. Deshalb kann das offenbar von S gestellte Verlangen, Auto und Brief bereits einen Monat vor Zahlung zu erhalten, durchaus Zweifel an seinen redlichen Absichten begründen. Es kann aber auch eine plausible Erklärung geben, etwa daß er eine Urlaubsreise machen möchte, sich den Kaufpreis aber erst später beschaffen kann. Es ist eine Frage der Menschenkenntnis, vielleicht auch der Lebenseinstellung, ob man in solchen Fällen vom Schlechtesten ausgeht oder nicht.

4. Prüfung der Zahlungsfähigkeit

Wirtschaftlich läuft der Vertrag darauf hinaus, daß G dem S 5000,– DM für einen Monat leiht, ihm Kredit gibt. Für einen Privatmann ist diese Summe sicherlich groß genug, um dafür Überlegungen und auch Überprüfungen hinsichtlich der Zahlungsfähigkeit des Schuldners anzustellen. Bei einem nur flüchtig bekannten Schuldner wäre wohl als absolute Negativkontrolle Prüfung zu empfehlen, ob S im Schuldnerregister des örtlichen Amtsgerichts eingetragen ist (dazu näher Kapitel 4). Fraglos wird S sich auch dazu äußern müssen, wie bzw. woher er nach einem Monat die 5000,– DM erhält (Selbstauskunft). Ob man darüber hinaus noch eine Bankauskunft oder gar eine kostenpflichtige Kreditauskunft einholen will, mag zweifelhaft sein. Im Handels- oder Gewerberegister dürfte S als Privatmann nicht eingetragen sein.

5. Besicherung der Forderung

Jedenfalls aber hätte es sich im Beispielsfall aufgedrängt, die Forderung des G gegen den S in irgendeiner Form zu besichern (vgl. nachfolgend Abschnitt B).

Abschnitt B. Besicherung bei Forderungsentstehung

I. Grundsätzliches zur Besicherung

Wenn schon, wie in vielen Branchen und aus unterschiedlichsten Gründen, Barzahlung nicht zu erlangen ist, sollte man jedenfalls die entstehende Forderung in irgendeiner Form besichern. Darunter versteht man, daß der Schuldner dem Gläubiger neben der Forderung ein weiteres Recht einräumt, aus dem der Gläubiger vorgehen kann, sollte die Forderung selbst nicht fristgemäß bezahlt werden. Da die Werthaltigkeit solcher Sicherungsrechte unterschiedlich und häufig schwer abzuschätzen ist, kann man auch mehrere Sicherheiten bestellen. Banken sichern ihre Forderungen gegen Kreditnehmer regelmäßig durch Sicherheiten ab, auch bei zuverlässigen und solventen Schuldnern. Das sollte durchaus Maßstab sein. Denn jeder, der vorleistet, gewährt bei wirtschaftlicher Betrachtung Kredit.

Da dies Buch nicht von der Kunst des Vertragsschlusses, sondern von der Durchsetzung vertraglicher Ansprüche handelt, sollen die möglichen Sicherungsmittel nachfolgend nur im Überblick und als Anregung genannt werden.

II. Gesetzliche Sicherungsmittel

Für eine ganze Reihe von Lebenssachverhalten hat der Gesetzgeber Sicherungsmittel geschaffen, die bei Abschluß bestimmter Verträge kraft Gesetzes, also ohne besondere Vereinbarung, entstehen.

1. Vermieterpfandrecht

Ein wenig genutztes Beispiel ist das in §§ 559 ff. BGB geregelte Vermieterpfandrecht. Danach kann der Vermieter für Mietzinsforderungen eingebrachte Sachen des Mieters als Pfand verwerten, d. h. öffentlich versteigern lassen. Hier entsteht also kraft Gesetzes neben dem Anspruch des Vermieters auf Zahlung des Mietzinses ein Sicherungsrecht, ein Pfandrecht an den in die Mieträume eingebrachten Sachen des Mieters.

2. Werkunternehmerpfandrecht

Ganz ähnlich kann nach § 647 BGB der Werkunternehmer für seinen Werklohn an der von ihm hergestellten oder ausgebesserten beweglichen Sache des Bestellers ein Pfandrecht geltend machen, wenn er die Sache im Besitz hat. Dies Pfandrecht steht z. B. dem Inhaber der Auto-Reparatur-Werkstatt am reparierten Auto zu.

3. Bauhandwerkersicherungshypothek

Speziell für den Bauhandwerker regelt § 648 BGB, daß er für Forderungen aus dem Bauvertrag die Einräumung einer Bauhandwerkersicherungshypothek am Baugrundstück des Bestellers verlangen kann. Weigert sich der Besteller, so kann eine Vormerkung zur Sicherung späterer Eintragung dieser Bauhandwerkersicherungshypothek im Wege einstweiliger Verfügung ggf. binnen Stunden eingetragen werden.

Das Recht läuft leer, wenn der Auftraggeber nicht Grundeigentümer ist. Dafür räumt jetzt § 648 a BGB ein erweitertes Zurückbehaltungsrecht ein.

4. Zurückbehaltungsrecht

Auch das Zurückbehaltungsrecht gem. § 273 BGB ist ein durchaus praktikables gesetzliches Sicherungsrecht. So kann etwa die Herausgabe einer verwahrten Sache verweigert werden, wenn nicht vereinbarungsgemäß bei Abholung das Entgelt für die Verwahrung gezahlt wird.

Unter Kaufleuten ist gem. §§ 369 ff. HGB die Anwendung des Zurückbehaltungsrechtes noch erheblich erweitert, da dort die zurückbehaltene Leistung nicht einmal aus demselben rechtlichen Verhältnis zu stammen braucht.

5. Wegfall der Vorleistungspflicht

Nach § 321 BGB entfällt eine Vorleistungspflicht, etwa im Beispielsfall die Verpflichtung zur Übergabe des Autos, „wenn nach dem Abschlusse des Vertrages in den Vermögensverhältnissen des anderen Teiles eine wesentliche Verschlechterung eintritt, durch die der Anspruch auf die Gegenleistung gefährdet wird". Hier sichert sich der Verpflichtete praktisch durch Einbehaltung seiner eigenen Leistung.

6. Sonstige gesetzliche Sicherungsrechte

In weiteren Gesetzen sind für besondere Bereiche noch zahlreiche weitere gesetzliche Sicherungsrechte normiert, etwa die Pfandrechte der Spediteure und Lagerhalter gem. § 441 und § 475 b HGB.

III. Vertragliche Sicherungsmittel

In den vom Gesetzgeber nicht bedachten Bereichen gibt es aber stets die Möglichkeit, durch besondere vertragliche Regelung neben der Geldforderung Sicherungsrechte zu begründen.

Aus Beweisgründen sollten auch solche **Sicherungsabreden** stets **schriftlich** erfolgen, soweit dies, wie bei der Bürgschaft unter Nichtkaufleuten, nicht schon zur Wirksamkeit erforderlich ist.

1. Eigentumsvorbehalt

Für den Warenlieferanten ist das naheliegendste und selbstverständlichste vertragliche Sicherungsrecht der Eigentumsvorbehalt, § 455 BGB, mit dem der Verkäufer sich bis zur vollständigen Bezahlung das Eigentum an dem von ihm schon übergebenen Kaufgegenstand vorbehält. Im gewerblichen Bereich gibt es zahlreiche Sonder- und Erweiterungsformen des Eigentumsvorbehaltes. Wichtiger als die Berücksichtigung auch der letzten Sonderform ist die **nachweisbare Einbeziehung** des Eigentumsvorbehaltes in dem Vertrag. Auch dies sollte unbedingt eindeutig schriftlich geschehen – woran es in der Praxis häufig selbst bei Großunternehmen fehlt.

2. Sicherungsübertragung und Faustpfandrecht

Sehr verbreitet ist als vertragliches Sicherungsmittel auch die Sicherungsübereignung einer Sache. Da bei ihr die übereignete Sache selbst im Besitz des Schuldners verbleiben kann, hat dies Rechtsinstitut das im BGB insoweit vorgesehene Faustpfandrecht weitgehend verdrängt. Denn beim Faustpfandrecht (§§ 1204 ff. BGB) muß die Pfandsache dem Gläubiger übergeben werden (§ 1205 BGB). Das ist wirtschaftlich wenig praktikabel. Eine verpfändete Maschine zum Beispiel würde im Betrieb des Schuldners schmerzlich vermißt, steht aber bei seinem kreditgebendem Gläubiger nutzlos herum. Als Faustpfand eignen sich daher vor allem für den Schuldner entbehrliche Gegenstände wie etwa Schmuck etc.

3. Grundpfandrecht (Hypothek und Grundschuld)

Insbesondere bei der Grundstücks- und Baufinanzierung erfolgt eine Besicherung regelmäßig über die grundbuchlich eingetragenen Pfandrechte an Grundstücken, praktisch am häufigsten durch Bestellung von Grundschulden gem. §§ 1191 ff. BGB. Wegen der entstehenden Notar- und Gerichtskosten wird man dieses Sicherungsmittel nur bei größeren Forderungen anwenden.

4. Bürgschaft, Garantie

Neben diesen Möglichkeiten der Besicherung von Forderungen durch Einräumung von Rechten an Sachen besteht noch die Möglichkeit der Besicherung durch Einräumung von Ansprüchen gegen andere Personen als den ursprünglichen Schuldner. Das bekannteste Rechtsinstitut dafür ist die Bürgschaft gem. §§ 765 ff. BGB, heute meist in der Form der selbstschuldnerischen Bürgschaft gem. § 773 Abs. 1 Nr. 1 BGB (**Achtung:** Außer unter Kaufleuten ist Schriftform erforderlich). In ähnlicher Weise wird durch Garantieverträge etc. besichert, womit für den Gläubiger neben einen Schuldner, dessen Zahlungsfähigkeit zweifelhaft sein mag, ein Dritter tritt, dessen Zahlungsfähigkeit jedenfalls besser eingeschätzt wird.

5. Sicherungsabtretung (Lohnabtretung)

Gem. §§ 398 ff. BGB können Forderungen, die der Schuldner seinerseits gegen Dritte hat, regelmäßig abgetreten werden. Dies kann auch mit erst künftig entstehenden Forderungen geschehen. Es kann auch sicherungshalber erfolgen und ohne daß diese Abtretung einstweilen dem Drittschuldner offengelegt werden muß. Insbesondere im Bereich der Kreditvergabe von Banken an gewerbliche Unternehmen spielt die Sicherungsabtretung eine sehr große Rolle. Es ist aber auch das praktisch durchgängig verwendete Sicherungsmittel bei Bankkrediten an Privatpersonen in der Form der Lohnabtretung.

Gerade die Lohnabtretung ist aber auch ein sehr praktikables Sicherungsmittel für sonstige Gläubiger. Denn in einer Gesellschaft, die ganz überwiegend aus Arbeitnehmern besteht, ist der Anspruch auf Arbeitsentgelt der am meisten verbreitete und ein sich immer wieder erneuernder Vermögensgegenstand.

Ähnlich leicht handhabbar ist z. B. die Abtretung eines Sparguthabens des Schuldners. Sie erfolgt durch Übergabe des Sparbuchs an den Gläubiger. Darin ist regelmäßig die Abtretung der Forderung auf das Sparguthaben zu sehen, die aber vorsorglich gleichwohl auch noch schriftlich fixiert werden sollte.

IV. Sonstige Sicherungen

Im weiteren Sinne dienen der Sicherung des Gläubigers auch sonstige Regelungen, die etwa dem Gläubiger einen schnelleren Zugriff auf das Vermögen des Schuldners gewähren.

1. Einbehaltung von Leistungsteilen, insbesondere von Papieren

Als Beispiel mag die Einbehaltung des Kfz-Briefes beim Autoverkauf dienen. Zwar könnte zivilrechtlich ein Auto auch ohne Vorlage des Kfz-Briefes weiterverkauft werden. Da aber durch die Zulassungsvorschriften für jedes Fahrzeug ein Kfz-Brief existiert, ist ohne Vorlage des Briefes nach der Rechtsprechung nicht von gutem Glauben des Erwerbers auszugehen. Ohne Brief kann also der Erwerber nicht regulär weiterverkaufen.

2. Scheck- und Wechselzahlungen

Zahlung durch Scheck oder Wechsel verbessern zwar die Bonität einer Forderung nicht direkt. Denn es tritt nur neben die vertragliche Forderung noch die Forderung aus Scheck oder Wechsel gegen denselben Schuldner. Bis zur Einlösung bleibt ungewiß, ob Deckung vorhanden ist – soweit es sich nicht um einen Euro-Scheck in den von den Banken garantierten Grenzen (400,– DM) handelt.

Gleichwohl hat eine Scheckzahlung oder Wechselzahlung vollstreckungsrechtlich wesentliche Vorteile.

a) Insbesondere die Scheckzahlung ist ein unbedingtes Zahlungsversprechen, d. h. der Aussteller des Schecks übernimmt die Garantie dafür, daß der Scheck auch gedeckt ist. Damit wird bei nichtgedecktem Scheck der Nachweis eines Eingehungsbetruges wesentlich erleichtert (Scheckbetrug).

b) Eben weil mit dem Scheck oder Wechsel ein unbedingtes Zahlungsversprechen abgegeben wird, hat der Gesetzgeber durch die besonderen Klageformen der Scheck- oder Wechselklage (§§ 602 ff. ZPO) die Möglichkeit eröffnet, aus einem nicht bezahlten Wechsel oder Scheck in recht kurzer Frist ein Zahlungsurteil zu erstreiten, um dann gegen den Schuldner zu vollstrecken.

c) Wenn durch Indossament oder Annahme am Scheck- oder Wechselverhältnis noch dritte Personen beteiligt sind, eröffnen diese Papiere außerdem noch den Rückgriff auf diese Personen als weitere Schuldner.

3. Vollstreckbares notarielles Schuldanerkenntnis

Direkten Zugriff auf das Schuldnervermögen gibt die Titulierung (vgl. dazu unten Kapitel 3) durch vollstreckbares notarielles
Schuldanerkenntnis gem. § 794 Abs. 1 Nr. 5 ZPO. Dies Sicherungsmittel wird von Banken bei größeren Forderungen vielfach
eingesetzt. Und auch andere Gläubiger sollten davon Gebrauch
machen, der Notarkosten wegen allerdings nur bei entsprechend
großen Forderungen.

4. Gegengeschäfte (Countertrade)

Man verringert sein Risiko, wenn man selbst zur gleichen Zeit
auch etwas vom Schuldner auf Kredit erhält. Fällt er dann in Konkurs, kann man aufrechnen. Deshalb sind, insbesondere bei einer
Krise des Schuldners, solche Gegengeschäfte sinnvoll.

V. Anwendung auf das 1. Fallbeispiel (oben S. 1)

Im ersten Fallbeispiel hätte G unbedingt von einigen dieser
Sicherungsmittel Gebrauch machen sollen, mindestens von der
Einbehaltung des Kfz-Briefs, aber auch von der schriftlichen Vereinbarung eines Eigentumsvorbehaltes am Kraftfahrzeug. Diese
Sicherungsmittel wären aber wertlos, wenn S am Tage nach der
Übergabe den Wagen „zu Schrott" fährt. Dann wäre es gut, wenn
die Forderung eben nicht nur am Fahrzeug abgesichert ist, sondern etwa durch eine Lohnabtretung oder eine Abtretung der
sonstigen Forderung, aus der etwa S nach einem Monat die
5000,– DM erlangen will. Auch an die Sicherungsübereignung eines anderen Vermögensstücks (z. B. Farbfernseher) oder an die
Verpfändung eines Wertgegenstandes könnte man denken.

Eine solche Forderung gänzlich unbesichert zu lassen, ist jedenfalls leichtfertig.

Abschnitt C. Wirtschaftliche Überlegungen und Kostenhinweise

I. Vertragsberatung

Auch beim Vertragsschluß gilt, daß vorbeugen besser ist als heilen. Die Kosten einer rechtlichen Beratung vor oder bei Vertragsschluß sind jedenfalls geringfügig im Verhältnis zu den Kosten und dem Aufwand eines wegen eines unklaren Vertrages etwa erforderlich werdenden oder gar verlorenen Prozesses. Deshalb sollte man sich bei jedem wirtschaftlich bedeutsameren Vertrag rechtlich beraten lassen, soweit er nicht, wie etwa die meisten Arbeitsverträge, ohnehin auf rechtlich durchgeformte Kollektivvorschriften wie Tarifverträge o. ä. Bezug nimmt. Für manche Verträge erzwingt der Gesetzgeber die rechtliche Beratung durch das Erfordernis notarieller Beurkundung, die die Verpflichtung des Notars zur Vertragsberatung umfaßt. Dies gilt etwa für Grundstückskaufverträge, § 313 BGB, für Eheverträge, § 1410 BGB und für Erbverträge, § 2276 BGB.

Jeder Gewerbetreibende wird aber gut daran tun, auch die täglich routinemäßig in seinem Geschäft geschlossenen Verträge daraufhin untersuchen zu lassen, ob sie nach Inhalt und Abwicklung nicht zweckmäßiger und effektiver gestaltet werden können. Eine Beratung darüber wird man außer beim Anwalt meist auch beim einschlägigen Berufsverband erhalten.

II. Kosten für Forderungsbesicherung

Die meisten der in Abschnitt B genannten Sicherungsmittel kosten nichts, außer dem Aufwand, sie zu Papier zu bringen und vom Vertragspartner unterzeichnen zu lassen. Das ist ein Grund mehr für ihre Anwendung. Wo Kosten entstehen, wie etwa Notar- und Grundbuchkosten bei der Bestellung von Grundpfandrechten, werden diese in der Regel vom Schuldner getragen. Zur Höhe dieser Kosten vergl. die Tabelle zur Kostenordnung im Anhang 2.

Bei dem – nicht sehr gebräuchlichen – Faustpfand können Lagerkosten entstehen. Stets ist vom Gläubiger darauf zu achten, daß die Sicherungsgegenstände ordnungsgemäß versichert sind. So sollte etwa für ein zur Sicherung übereignetes Auto eine Kaskoversicherung abgeschlossen werden.

III. Kosten der Bonitätsprüfung

Die Kosten für Maßnahmen zur Bonitätsprüfung werden im Kapitel 4 näher behandelt.

Abschnitt D. Hinweise für Schuldner

I. Verträge nur bei Zahlungsfähigkeit

Als Spiegelbild zum Rat an den Gläubiger, den Vertrag nur mit einem zahlungsfähigen Schuldner zu schließen, muß natürlich an den Schuldner der Rat gehen, nur solche Verträge zu schließen und nur dann Leistungen entgegenzunehmen, wenn er sie auch bezahlen kann. Weiß er, oder muß er wissen, daß er bei Fälligkeit nicht zahlen kann, setzt er sich, wie erwähnt, dem Risiko der Strafverfolgung wegen Eingehungsbetruges aus. Jedenfalls setzt er sich den Kosten und Belastungen zwangsweiser Forderungseinziehung aus.

II. Aufgedrängte Verträge

Nun weiß man nicht erst seit dem Buch über die „geheimen Verführer", daß die Initiative zum Vertragsschluß vielfach vom Verkäufer einer Leistung ausgeht, der sie dem Käufer mit mehr oder weniger großem Nachdruck aufdrängt. Auch in Ostdeutschland ist dies „Drücken" auf den Abschluß von Verträgen inzwischen unrühmlich bekannt. Dies führt gar nicht so selten zu Abschlüssen, bei denen die nicht ausreichende Zahlungsfähigkeit des Schuldners ins Auge springt, etwa wenn einer alleinstehenden Sozialhilfeempfängerin eine Wohnzimmergarnitur zu fünfstelligem

Preis oder einem Hausierer ohne Eigenkapital ein Haus verkauft wird (beides praktische Fälle!).

Bei den Verbraucherkrediten und bei den Geschäften an der Haustür hat der Gesetzgeber inzwischen versucht, den Käufer durch Einführung strenger Formvorschriften und gesetzlicher Rücktrittsrechte zu schützen, allerdings mit einer kurzen Rücktrittsfrist von 1 Woche (Verbraucherkreditgesetz vom 17. 12. 1990).

Aber selbst nach Ablauf der Wochenfrist oder außerhalb der Verbraucherkredite können Rechtsbehelfe eingreifen, die zur Aufhebung oder Unwirksamkeit des aufgedrängten Vertrages führen. In Betracht kommt die Anfechtung wegen Irrtums, § 119 BGB, oder arglistiger Täuschung, § 123 BGB, oder auch die Nichtigkeit wegen Ausbeutung der Unerfahrenheit (Wucher), § 138 BGB. Selbst wenn die Voraussetzungen dafür nicht erfüllt sind, wird häufig die unverzügliche Darlegung der eigenen Zahlungsunfähigkeit an die Geschäftsleitung der Verkäuferfirma diese veranlassen, den Vertrag zu stornieren – insbesondere solange auf seiten des Verkäufers keine Aufwendungen entstanden sind. Deshalb ist dringend zu empfehlen, sich bei einem aufgedrängten Vertrag **so bald wie möglich** um dessen **Aufhebung** oder um Beratung darüber zu kümmern.

Insofern kann sogar der Verkäufer bei Vertragsschluß betrügen. Selbst wenn die Ware ihren Preis wert ist, liegt ein sogenannter individueller Schadenseinschlag vor, wenn gerade der Käufer die Ware nicht richtig nutzen kann und er hierüber getäuscht wird (BGHSt 16, 325: einem Kleinbauern mit 2 Kühen wurde eine Melkmaschine mit 16 Anschlüssen verkauft, die sich nur bei mindestens 16 Kühen rentierte). Zivilrechtlich kann der Schuldner in solchen Fällen als Schadensersatz die Rückgängigmachung oder Aufhebung des Vertrages verlangen.

III. Schriftlicher Vertrag, Quittung

An der schriftlichen Fixierung des Vertrages muß der redliche Schuldner ein ebenso großes Interesse haben wie der Gläubiger. Denn damit werden auch die zu seinen Gunsten lautenden Bedingungen, etwa ein hinausgeschobenes Zahlungsziel, fixiert.

Und wie der Gläubiger die Forderung, so sollte der Schuldner jedenfalls bei Barzahlung sich die Tilgung der Forderung schriftlich bestätigen, also sich eine Quittung erteilen lassen. Darauf hat er nach § 368 BGB einen Anspruch, ebenso wie auf Herausgabe eines etwa über die Forderung ausgestellten Schuldscheins, § 371 BGB. Damit wird späterer Streit, ob denn die Forderung seinerzeit bezahlt wurde, im Keime erstickt.

Quittungen sollten auch im Freundes- und Familienkreise jedenfalls bei größeren Beträgen ausgestellt werden, aus denselben Erwägungen, wie sie oben (S. 6) für Verträge genannt wurden. Ebenso selbstverständlich sollte sein, daß der Lieferant sich den Nachweis über die Erbringung seiner Gegenleistung sichert (quittierter Lieferschein, abgezeichneter Stundenzettel des Handwerkers etc.).

Checkliste zu Kapitel 1: Vertragsschluß

Für Gläubiger:

1. Weiß ich genug über die Bonität meines Vertragspartners oder muß ich noch Erkundigungen einziehen?

2. Bestehen danach irgendwelche Zweifel/Ungewißheiten
   – am Zahlungswillen meines künftigen Schuldners?
   – an der Zahlungsfähigkeit meines künftigen Schuldners?
   (wenn ja: Besicherung ist unbedingt geboten)

3. Welche Sicherheiten kann ich vorsorglich in den Vertrag aufnehmen?

4. Ist der Vertrag schriftlich festgehalten?

Für Schuldner:

1. Ist die Begrenzung meiner Vertragspflichten schriftlich festgehalten?

2. Kann ich die Schuldsumme bei Fälligkeit zahlen?

3. Bestehen noch vertragliche oder gesetzliche Rücktrittsmöglichkeiten?

Kapitel 2. Vorgerichtliche Mahnungen

2. Fallbeispiel (im Anschluß an Beispiel 1, oben S. 1):

Nach einem Monat prüft G die Auszüge seines Bankkontos, das er S zur Zahlung angegeben hat. Die 5000,– DM sind nicht eingegangen. Was muß G tun?

Abschnitt A. Fälligkeit und Verzug

I. Fälligkeit

Ohne besondere Abrede sind Leistungen aus Verträgen sofort zu bewirken. § 271 BGB bestimmt insoweit:

> „Ist eine Zeit für die Leistung weder bestimmt noch aus den Umständen zu entnehmen, so kann der Gläubiger die Leistung sofort verlangen, der Schuldner sie sofort bewirken."

Bei Austauschverträgen führt das zum Bargeschäft, Ware oder Leistung werden unmittelbar gegen Geldzahlung ausgetauscht. So geschieht es fast durchgängig in allen Ladengeschäften.

Inkasso- und Vollstreckungsmaßnahmen, und auch dieses Buch, wären überflüssig, wenn es nur Bargeschäfte gäbe.

Insbesondere gewerbliche Lieferungen und Leistungen erfolgen aber mit der ausdrücklichen oder stillschweigenden Abrede, daß die Zahlung erst später erfolgen muß. Dann fallen Vertragsschluß, Empfang der Leistung und **Fälligkeit** der Zahlung zeitlich auseinander.

Dies Hinausschieben der Fälligkeit, kaufmännisch Vereinbarung eines **Zahlungsziels** genannt, geht in manchen Branchen bis zu 60 und 90 Tagen nach Zugang der Rechnung, in Ausnahmefällen sogar noch länger. Wirtschaftlich ist dies Kredithingabe und bildet denn auch unter der Bezeichnung **Lieferantenkredit** einen festen Finanzierungsposten in vielen Betrieben.

Unter Inkassogesichtspunkten ist natürlich ein Zahlungsziel um so bedenklicher, je länger es ist. Denn die Risiken, daß der Schuldner etwa im Zeitraum bis zur Fälligkeit zahlungsunfähig wird, sind um so größer, je länger der Zeitraum ist. Deshalb wird im kaufmännischen Verkehr eine Zahlung schon vor dem Fälligkeitsdatum mit Skonto honoriert.

Jedenfalls ist, je länger die Fälligkeit hinausgeschoben wird, das Erfordernis der Besicherung der Forderung um so dringender.

II. Verzug

1. Nichtkaufmännischer Verkehr

Dem Nichtkaufmann sieht es das Gesetz nach, wenn er bei Fälligkeit – immerhin vertragswidrig – nicht von sich aus zahlt. Verzug, für den Schuldner mit einer Risikoverschiebung zu seinen Lasten (§ 287 BGB) und der Verpflichtung, Verzugsschäden zu ersetzen (§ 286 BGB), insbesondere Verzugszinsen zu zahlen (§ 288 BGB), verbunden, knüpft das Gesetz an weitere Voraussetzungen. § 284 BGB bestimmt dazu:

„(I) Leistet der Schuldner auf eine Mahnung des Gläubigers nicht, die nach dem Eintritte der Fälligkeit erfolgt, so kommt er durch die Mahnung in Verzug. Der Mahnung steht die Erhebung der Klage auf Leistung sowie die Zustellung eines Mahnbescheids im Mahnverfahren gleich.
(II) Ist für die Leistung eine Zeit nach dem Kalender bestimmt, so kommt der Schuldner ohne Mahnung in Verzug, wenn er nicht zu der bestimmten Zeit leistet . . .“

Der Gläubiger muß den Schuldner also im Regelfall noch an die jetzt eingetretene Fälligkeit der Zahlungsverpflichtung erinnern, ihn mahnen (§ 284 Abs. 1 BGB). Die Einzelheiten sind in Kapitel 2 dargestellt.

Der Gläubiger kann – und sollte – sich die Rechtspflicht zur Mahnung ersparen, dadurch, daß im Vertrag eine **Leistungszeit nach dem Kalender** bestimmt wird (§ 284 Abs. 2 BGB). Für eine kalendermäßige Bestimmung sind die häufig anzutreffenden Klauseln „Zahlung 2 Wochen nach Lieferung“, oder „Zahlung 30 Tage nach Rechnungsdatum“ nicht ausreichend. Sie ermöglichen zwar die **Errechnung** eines Fälligkeitsdatums, treffen aber nicht schon aus sich selbst heraus die kalendermäßige **Bestimmung.** Es muß ein bestimmter Kalendertag festgelegt werden, am besten datumsmäßig („zahlbar bis zum 15. August 2000").

Anstelle der Mahnung kann zwar auch Klage oder gerichtliches Mahnverfahren den Verzug herbeiführen (§ 284 Abs. 1 Satz 2 BGB). Der nicht gemahnte und auch sonst nicht im Verzug befindliche Schuldner kann aber ggf. durch sofortiges Anerkenntnis gem. § 93 ZPO die Kosten des Klageverfahrens auf den Kläger wälzen.

2. Kaufmännischer Verkehr, Verzugszinsen

Dem Kaufmann mutet das Gesetz eine genaue Übersicht über seine Verbindlichkeiten und deren Fälligkeit zu. Er schuldet gem. § 353 HGB bereits ab Fälligkeit Zinsen, und zwar gem. § 352 HGB mindestens in Höhe von 5 %, statt, wie im nichtkaufmännischen Verkehr, in Höhe von nur mindestens 4 % (§ 288 BGB).

Abschnitt B. Rechtliche Voraussetzungen

Wie erwähnt, hat eine Mahnung rechtlich den Zweck, den Schuldner in Verzug zu setzen. Insoweit ist also **höchstens eine Mahnung erforderlich,** und selbst die kann entfallen, wenn der Zahlungstag kalendermäßig bestimmt ist. Entgegen weit verbreiteter Ansicht sind also keineswegs etwa drei Mahnungen rechtlich geboten. Die zweite und weitere Mahnungen, und ggf. eben schon die erste Mahnung sind kaufmännische Kulanz, zu der keinerlei rechtliche Verpflichtung besteht.

Eine bestimmte Form ist für Mahnungen nicht vorgeschrieben. Sie kann also auch mündlich oder telefonisch erfolgen. Nur ist dann der Zugang beim Schuldner schwer nachzuweisen. Die Mahnung kann sehr höflich formuliert sein, sogar in Versen. Sie braucht das Wort „Mahnung" nicht zu enthalten. Immerhin muß eindeutig genug zur Zahlung aufgefordert werden. Die Formulierung, daß der Zahlung gern entgegengesehen werde, reicht z. B. nicht aus. Werden mehrere Beträge geschuldet, so muß genau bezeichnet werden, auf welche Beträge sich die Mahnung bezieht.

Abschnitt C. Wirtschaftliche Überlegungen und Kostenhinweise

I. Mahnungen entbehrlich machen

Wegen der gesetzlichen Regelung in § 284 BGB sollte der Gläubiger die Leistungszeit eindeutig kalendermäßig bestimmen, also in den Vertrag das Zahlungsdatum hineinschreiben. Existiert kein beidseits unterzeichneter Vertrag, sondern nur eine Auftragsbestätigung oder gar nur die Rechnung als schriftliche Vertragsunterlage, so sollte in diese das konkrete Zahlungsdatum hineingeschrieben werden. Die Angabe des Zeitraumes, in dem gezahlt werden soll, macht eine Mahnung gerade nicht entbehrlich. Das Zahlungsdatum auf der Rechnung hat ferner den Vorteil, daß der Zugang der Rechnung seltener bestritten wird als der Zugang einer Mahnung. Wird die Rechnung mit der Ware versendet und der Erhalt quittiert, sind Rechnungszugang und Verzugseintritt jederzeit beweisbar.

Dann kann man sein betriebliches Mahnwesen gänzlich nach kaufmännischen Zweckmäßigkeitserwägungen gestalten.

II. Bedeutsam ist die erste Mahnung

Wenn doch der Verzug erst durch Mahnung bewirkt werden muß, dann kommt es rechtlich nur auf die **erste Mahnung** an, nicht, wie vielfach angenommen wird, auf die letzte Mahnung, auch wenn diese etwa eine Klageandrohung enthält. Denn vom Zugang der ersten Mahnung beim Schuldner an können Verzugszinsen und ggf. sonstige Verzugsschäden, etwa Anwaltskosten, verlangt werden. Entgegen weit verbreiteter Übung sollte man deshalb die erste und nicht etwa die letzte Mahnung besonders **gut dokumentieren,** also schriftlich und unter Einbehalt einer Kopie mahnen. Jedenfalls bei hohen Forderungen oder wenn der Schuldner dubios erscheint, sollte man auch mit Zugangsnachweis mahnen, also per Einschreiben mit Rückschein oder sogar mit Zustellung durch den Gerichtsvollzieher, § 132 BGB. Die weiteren Mahnungen kann man danach beliebig gestalten, auch telefonisch mahnen u. ä.

III. Nicht zu viele Mahnungen

1. Wegen Kostenaufwand

Statistische Untersuchungen in Versandhäusern haben gezeigt, daß der Anteil der Schuldner, die auf vorgerichtliche Mahnung zahlen, ziemlich konstant ist, gleich ob eine oder mehrere Mahnungen erfolgten. Eine einfache Überlegung über die Situation beim Schuldner bestätigt dies. Die erste Mahnung deckt die Fälle ab, in denen der Schuldner vergessen hat, zu zahlen.

Zahlt er auch nun nicht, so ist fast immer der Grund, daß seine Mittel zur Befriedigung seiner sämtlichen Verbindlichkeiten nicht ausreichen. In dieser Lage wird der Schuldner erst auf die letzte Mahnung reagieren, in der gerichtliche oder sonstige Maßnahmen angekündigt werden. Die vorherigen Mahnungen sind aus seiner Sicht nur die Bestätigung, daß dieser Gläubiger einstweilen noch still hält.

Schon wegen des Aufwandes jeder Mahnung sind deshalb nach meiner Ansicht höchstens zwei Mahnungen zu empfehlen. Eine dritte Mahnung sollte ggf. extern erfolgen (durch Anwalt oder Inkasso-Büro) oder sich jedenfalls sonst von den vorangegangenen Mahnungen abheben, etwa als Telefonanruf.

2. Wegen Zeitverlust

Gerade gegenüber gewerblichen Schuldnern ist von zu vielen Mahnungen auch aus dem Gesichtspunkt des Zeitverlustes – nämlich im Verhältnis zu anderen Gläubigern – dringend abzuraten. Bei gewerblichen Schuldnern muß man praktisch immer von der fehlenden Zahlung auf Zahlungsunfähigkeit schließen. Es gibt viele beschönigende kaufmännische Ausdrücke für diesen Zustand, Liquiditätsenge, Liquiditätsschwäche, Zahlungsstockung, natürlich vorübergehend, angespannte Lage und dergl. mehr. Selbst im günstigsten Fall vorübergehender Zahlungsstockung ist dieser Zustand jedenfalls nur einen wirtschaftlichen Herzschlag von der Zahlungsunfähigkeit entfernt.

Wenn der Gläubiger nun längere Zeit, etwa gar Monate, zuwartet, erhöht sich drastisch sein Risiko, vom Schuldner nichts zu erhalten. Denn da die Zahlungsmittel zur Befriedigung aller fälligen Schulden nicht mehr ausreichen, wählt der Schuldner aus, welche er noch bezahlt. Dann ist auch ein durchaus redlicher Schuldner praktisch gezwungen, zunächst an diejenigen Gläubiger zu zahlen, die zwangsweise, etwa durch Kontopfändung, vorgehen können. Mithin erhält zunächst Geld, wer tituliert oder gar schon vollstreckt, und erst danach diejenigen Gläubiger, die aus dieser Sicht des Schuldners „erst" oder „nur" mahnen. Jeder Insolvenzverwalter wird bestätigen können, daß bei den meisten späteren Schuldnern in der Zeit vor der Insolvenz Zahlungen mehr oder minder nach diesem Schema erfolgen.

Wer in dieser Situation über Monate hinweg nur mahnt, hat wenig Aussicht, noch Zahlung zu erhalten, es sei denn, der Schuldner erholt sich und kann alle fälligen Forderungen zahlen.

3. Empfehlung

Wie man sein betriebliches Mahnwesen organisiert, insbesondere wie man die Mahnungen formuliert, hängt im einzelnen sehr von der Branche und von der Art der Schuldner (Privatschuldner/gewerbliche Schuldner) ab. Anhand der obigen Gegebenheiten rechtfertigt sich aber folgende Empfehlung:

a) Es sollte eine erste schriftliche Mahnung sehr höflich erfolgen mit der Bitte um Zahlungsausgleich für die Rechnung vom ..., die nach den Unterlagen des Gläubigers noch nicht ausgeglichen sei. Bringt man diesen Text etwa durch Stempel auf einer Kopie der Rechnung an und versendet diese, so erübrigen sich auch Rückfragen bzgl. der Rechnung, wenn diese denn tatsächlich einmal auf dem Postweg verlorengegangen sein sollte oder dies vom Schuldner jedenfalls behauptet wird.

b) Die zweite Mahnung sollte bald nach der ersten erfolgen (ca. 14 Tage), sie sollte auf die erste unter Nennung des Datums hinweisen. Sie sollte einen konkreten und kurzen (ca. 10 Tage) letzten Zahlungstermin nennen, darauf hinweisen, daß Verzugszinsen geltend gemacht werden, und schließlich Maßnahmen nach Ablauf der Zahlungsfrist ankündigen (z. B. Abgabe an Anwalt).

c) Wichtig ist, daß die angekündigten Maßnahmen dann auch tatsächlich ergriffen werden. Insofern ist in der Tat zu empfehlen, daß als dritter vorgerichtlicher Mahnschritt bereits ein externes Mahnschreiben durch Anwalt oder Inkasso-Büro erfolgt.

IV. Stundungsgesuche

Der redliche Schuldner und ordentliche Kaufmann muß bestrebt sein, die ihm zur Verfügung stehenden Geldmittel seinen fälligen Verbindlichkeiten u. a. auch dadurch wieder anzugleichen, daß er durch Stundungsvereinbarungen mit zumindest einem Teil seiner Gläubiger die Fälligkeit von deren Forderungen aufschiebt oder aufhebt und dadurch in den Stand gesetzt wird, die verbleibenden fälligen Forderungen vollständig zu bezahlen. Deshalb zeichnet es den redlichen Schuldner aus (vgl. dazu auch nachfolgend Abschnitt D, S. 32), daß er Mahnungen nicht stillschweigend hinnimmt, sondern sich schriftlich oder telefonisch beim Gläubiger meldet, seine Lage erklärt und um Stundung bittet. Eine solche Bitte ist rechtlich ein Angebot des Schuldners zur Abänderung des bestehenden Vertrages hinsichtlich der Fälligkeit der Forderung. Da Vertragsfreiheit besteht, ist der Gläubiger nicht verpflichtet, dieser Stundungsbitte nachzukommen. Er kann die Stundung ablehnen oder ihr nur zustimmen, wenn der Schuldner seinerseits dafür in anderer Weise entgegenkommt.

Achtung: Dies ist mithin für den Gläubiger die letzte Gelegenheit, Versäumnisse beim Vertragsschluß (vgl. oben Kapitel 1, S. 6) durch entsprechende Ergänzungen des Vertrages wiedergutzumachen.

1. Informationsbeschaffung

Insbesondere ein telefonischer Kontakt mit dem um Stundung bittenden Schuldner sollte vom Gläubiger genutzt werden, um sich alle diejenigen vom Schuldner zu erlangenden Informationen zu beschaffen, die er bis jetzt nicht beschafft hat. Wenn etwa der vollständige Name des Schuldners, die Adresse, der Name des Geschäftsführers einer schuldnerischen GmbH oder sonstige Angaben noch nicht bekannt sind, so kann man sie jetzt erfragen. Ebenso kann **und muß** man jetzt auch eine **Selbstauskunft** des Schuldners über seine Vermögenslage verlangen. Denn der Schuldner kann redlicherweise nicht erwarten, daß man seiner Stundungsbitte nachkommt, wenn er nicht zumindest in groben Zügen seine wirtschaftliche Lage schildert und insbesondere darlegt, weshalb er davon ausgeht, die ersichtlich ja schon vorhandene Zahlungsstockung überwinden und nach Ablauf der Stundung zahlen zu können. Kann er das nicht plausibel machen und jedenfalls bei größeren Forderungen auch mit Unterlagen belegen, besteht für den Gläubiger kein Anlaß, dem Stundungsbegehren nachzugeben. Gerade dann, wenn der Schuldner selbst seine Aussichten auf wirtschaftliche Erholung nicht einmal plausibel machen kann, hat der Gläubiger dringend Anlaß, aus den oben im Unterabschnitt III. unter 2. (S. 23) dargestellten Erwägungen alsbald die zwangsweise Forderungseinziehung einzuleiten.

2. Besicherung

Spätestens die Stundungsbitte muß für den Gläubiger Anlaß sein, eine Besicherung der Forderung anzustreben. Wenn Sicherheiten bestehen, muß der Gläubiger – mit Auskünften des Schuldners – prüfen, ob diese ausreichen, um auch im Insolvenzfalle die Forderung zu decken. Stellt sich etwa heraus, daß schon ein Teil der unter Eigentumsvorbehalt gelieferten Waren weiterverarbeitet wurde und der – nur einfach vereinbarte – Eigentumsvorbehalt untergegangen ist, dann ist jedenfalls ein Teil der Forderung ungesichert.

Der Gläubiger sollte deshalb in dieser Situation mit dem Schuldner erörtern, wie die Forderung zu besichern ist. Das verschafft ihm zugleich einen Überblick über die noch vorhandenen und nicht anderweitig belasteten Vermögensstücke des Schuldners. Und diese Information wiederum kann notfalls dem gezielten Zugriff in der Zwangsvollstreckung dienen.

Wenn solche Vermögensstücke vorhanden sind, ist es allerdings schon im Kosteninteresse sinnvoller, wenn der Schuldner freiwillig die Vermögensstücke als Sicherheiten zur Verfügung stellt und dafür von dem nunmehr gesicherten Gläubiger eine angemessene Stundung erhält. In Betracht kommen auch in dieser Situation noch alle in Kapitel 1 Abschnitt B (S. 8) genannten Sicherungsmittel, insbesondere auch Gegengeschäfte.

Leider wird sich gerade bei gewerblichen Schuldnern bei einem solchen Gespräch meist herausstellen, daß der Schuldner über freie Vermögensstücke nicht oder kaum noch verfügt, da er alles bereits – insbesondere an seine kreditgebende Bank – übertragen hat. Dann fehlen aber meist auch alle wirtschaftlichen Voraussetzungen für eine Stundung. Als Grundsatz sollte man ohne eine Abschlagszahlung und Stellung irgendeiner Sicherheit solche individuellen Stundungsbitten nicht erfüllen. Denn wenn dem Schuldner dies nicht möglich ist, wird er eine geordnete Regulierung seiner Verbindlichkeiten ohnehin nur noch durch einen allgemeinen Vergleich, zumindest einen Stundungsvergleich, mit allen seinen Gläubigern erreichen (vgl. dazu Kapitel 6 Abschnitt B, S. 167).

Bittet der Geschäftsführer einer GmbH um Stundung, so sollte man sie nur gewähren, wenn er persönlich die Bürgschaft gegenüber dem Gläubiger übernimmt. Weigert er sich, so glaubt er offenbar selbst nicht an das wirtschaftliche Überleben der von ihm vertretenen GmbH – deren Lage er am besten beurteilen kann. Banken sichern sich so vor allem bei Geschäftsführern, die zugleich Gesellschafter oder gar Alleingesellschafter einer GmbH sind. Dann haftet auch das Privatvermögen des Geschäftsführers.

V. Schuldnerbeobachtung, Insolvenzanzeichen

Wenn man, insbesondere bei einem gewerblichen Schuldner, mahnen muß, ist das, wie erwähnt, fast immer ein Zeichen von Zahlungsschwäche. Spätestens dann sollte man alle Informationen über den Schuldner sammeln und sie unter dem Aspekt prüfen, ob es weitere Anzeichen drohender Insolvenz gibt. Das können z. B. sein
– ein Wechsel in der Geschäftsführung des Schuldnerunternehmens,
– ein Wechsel der Bankverbindung,

– ein Wechsel der Zahlungsart, etwa von bisheriger Sofortzahlung mit Skontoziehung zur Ausnutzung von Zahlungszielen oder gar zur Wechselzahlung,
– „taktische" Mängelrügen,
– Entlassungen im Schuldnerbetrieb,
– Schließung von Filialen oder Betriebsteilen,
– Verlegung des Geschäftssitzes
– und erst recht natürlich Prozesse, Wechselproteste oder gar Pfändungen etc.

Jedes dieser und vergleichbarer Anzeichen kann für sich harmlos und plausibel sein. Aber insbesondere wenn mehrere solcher Anzeichen auftreten, so können sie auf eine kurzfristig drohende Insolvenz hinweisen.

Vergleichbare Anzeichen für eine mögliche wirtschaftliche Verschlechterung gibt es natürlich auch beim privaten Schuldner, wie etwa
– Verlust des Arbeitsplatzes,
– längere schwere Erkrankung,
– Scheidung,
– plötzlicher Umzug, insbesondere in schlechtere Wohngegend,
– Wechsel der Bankverbindung etc.

Beobachtet man mehrere solcher Insolvenzanzeichen, so ist sowohl bei privaten als auch bei gewerblichen Schuldnern eines dringend geboten: **rasches Handeln.** Sofern man, sei es durch Verhandlung mit dem Schuldner oder durch gerichtliche Maßnahmen überhaupt noch (und sei es mit Anfechtungsrisiko, vgl. unten Kapitel 6 Abschnitt A und C, S. 163 u. 171) etwas tun kann, so muß es jetzt jedenfalls ohne jeden Aufschub geschehen.

Deshalb ist es, jedenfalls sobald Mahnungen erforderlich werden, dringend geboten, den Schuldner so genau wie möglich zu beobachten und sich möglichst umfassende Informationen über ihn zu beschaffen.

VI. Kostenhinweise

1. Betriebliche Mahnungen

Mahnungen kosten Geld. Insbesondere wenn man nicht nach festem Schema vorgeht und gar individuelle Mahnbriefe schreibt, kostet der Zeitaufwand ein Vielfaches der Portokosten. Zwar haftet dafür nach Verzugseintritt (durch festes Zahlungsdatum oder erste Mahnung) gem. § 286 BGB der Schuldner. Der Nachweis insbesondere des Arbeitsaufwandes ist aber praktisch nicht möglich oder sehr aufwendig. Er wird deshalb häufig unterbleiben.

Vor allem gilt hier erstmals die Grundregel für alle Inkassokosten, daß die Erstattungspflicht des Schuldners dem Gläubiger dann nichts nützt, wenn die Kosten **nicht beitreibbar** sind. Deshalb liegt es im dringenden Eigeninteresse des Gläubigers, insbesondere des Gewerbetreibenden, sein Mahnwesen so rationell wie möglich zu gestalten, durch EDV-Ausdruck, durch Stempel auf einer Rechnungskopie, oder durch Benutzung eines Durchschreib-Formularsatzes mit Auftragsbestätigung, Rechnung, sowie erster und zweiter Mahnung.

2. Telefonische Mahnungen, Fax

Telefonische Mahnungen per Ortsgespräch erscheinen preiswert im Vergleich zu Porto und Kosten von Brief und Briefpapier. Sie sind aber schwer beweisbar und kommen deshalb nur nach Verzugseintritt in Betracht, wenn es auf einen Nachweis nicht ankommt.

Aber auch der Zeitaufwand wird meist zu hoch sein. Und der in Verzug befindliche Schuldner oder seine zuständigen Mitarbeiter haben große Neigung, sich am Telefon verleugnen zu lassen. Wenn der Telefonkontakt zustande kommt, kann das Gespräch lange dauern, etwa wenn der Schuldner Ausflüchte macht o. ä. Nur um auf diesem Wege Informationen zu beschaffen, rechtfertigt sich dieser Aufwand.

Systematische Telefonmahnung dürfte sich sonst nur in Sonderfällen, etwa bei engem persönlichen Kontakt zur Kundschaft o. ä. empfehlen.

Ggf. sollte man per Fax mahnen, da dies einen bedingten Zugangsnachweis ergibt.

3. Außerbetriebliche Mahnungen

Oben wurde empfohlen, die dritte Mahnung schon durch einen Anwalt oder ein Inkasso-Büro vornehmen zu lassen. Damit entstehen Kosten, nämlich Zahlungsansprüche des Anwalts oder des Inkasso-Büros gegen den Gläubiger. Die **Anwaltskosten** richten sich nach der Höhe der beizutreibenden Forderung. Man kann sie der Tabelle zur Anwaltsgebührenordnung (BRAGO) im Anhang 1 entnehmen. In der Regel wird für ein anwaltliches Mahnschreiben eine halbe ($^5/_{10}$) oder eine dreiviertel ($^{7,5}/_{10}$) Gebühr nach § 118 Abs. 1 BRAGO berechnet. Für den Gläubiger wichtig ist, daß die Gebühr nach § 118 BRAGO auf die Gebühren für die etwaige spätere gerichtliche Geltendmachung der Forderung anzurechnen ist.

Inkasso-Büros, die man in jeder größeren Stadt im Branchenfernsprechbuch finden kann, sind nicht an eine staatliche Gebührenordnung gebunden. Sie können ihre Verträge mit dem Gläubiger über die Einziehung seiner Forderungen frei gestalten. Meist muß der Gläubiger bei Mißerfolg, wenn also die Forderung gegen den Schuldner nicht beigetrieben werden kann, nur eine geringe Gebühr, manchmal auch gar nichts zahlen. Dafür aber behält das Inkasso-Büro auch bei erfolgreicher Beitreibung einen Teil der Forderung selbst als Erfolgsvergütung ein. Da Inkasso-Büros kaum je einzelne Forderungen zum Einzug übernehmen, sondern stets nur größere Forderungsmengen, wird auch bei dieser Berechnung der Gläubiger im Ergebnis mit den Kosten der Bearbeitung der ausfallenden Forderungen belastet.

Der Gläubiger muß bei der Einschaltung von Anwalt oder Inkasso-Büro vor allem sicherstellen, daß die dort entstehenden Kosten im Falle erfolgreicher Eintreibung als Verzugsschaden vom Schuldner getragen werden. Dazu muß er vor der Einschaltung Dritter selbst **nachweisbar** den Schuldner in Verzug setzen. Wird der Schuldner z. B. erst durch Anwaltsschreiben in Verzug gesetzt, trägt der Gläubiger die Anwaltskosten, wenn der Schuldner die Hauptforderung nun sofort zahlt (OLG Köln, Versicherungsrecht 1976, S. 1106). Kosten von Inkasso-Büros sind auch dann nicht erstattungsfähig, wenn vorhersehbar war, daß eine weitere Mahnung nichts nutzen würde, und dann doch ein Anwalt eingeschaltet werden muß (OLG München, NJW 1975, S. 832).

4. Ausbuchungsentscheidung

Durch die Einschaltung eines Dritten entsteht für den Gläubiger auch erstmals das Risiko, „schlechtem Geld" (nämlich der nunmehr nach Bankjargon notleidend gewordenen Forderung) noch „gutes Geld" (nämlich Inkasso-Kosten) hinterherzuwerfen. Deshalb muß der Gläubiger hier erstmals die Entscheidung treffen, ob er
– die zwangsweise Durchsetzung der Forderung versuchen oder
– die Durchsetzung der Forderung zur Vermeidung weiterer Kosten aufgeben, kaufmännisch gesprochen: die Forderung ausbuchen will.
Ausbuchung ist eine schwierige Einzelfall-Entscheidung, die großer Inkasso-Erfahrung bedarf. Sie hängt einerseits von den Verhältnissen und auch der Branche des Gläubigers ab, vor allem aber von möglichst viel Informationen über den Schuldner. Als Leitlinie sollte man um so eher ausbuchen, je kleiner die Forderung ist und je sicherer man in diesem Stadium schon weiß (zur Informationsgewinnung unten Kapitel 4, S. 69), daß der Schuldner voraussichtlich auf Dauer zahlungsunfähig ist.

VII. Zum 2. Fallbeispiel (oben S. 19)

Da G offenbar eine Leistungszeit nach dem Kalender nicht vereinbart hat, muß er mahnen, um Verzug herbeizuführen. Da die Verhältnisse bei S zumindest nunmehr dubios erscheinen, sollte schon die erste Mahnung durch eingeschriebenen Brief erfolgen, um sie nachweisbar zu machen. Meldet sich S auf erste oder zweite Mahnung, ohne zu zahlen, sollte G sich ein schriftliches Forderungsanerkenntnis und soweit als möglich Sicherungen und Informationen über die Vermögenslage von S beschaffen.
Meldet S sich nach der zweiten Mahnung nicht, sollte G zum Anwalt gehen.

Abschnitt D. Hinweise für Schuldner

I. Stundungsvergleich

Wenn ein redlicher Schuldner erkennt, daß er fällige Verbindlichkeiten nicht wird zahlen können, darf er nicht den Kopf in den
Sand stecken und gar nichts tun, wie es leider weit verbreitet ist.
Er muß vielmehr in diesem Stadium, und möglichst schon bevor
Mahnungen einlaufen, seine fälligen Verbindlichkeiten und seine
Zahlungsmittel dadurch wieder in Übereinstimmung bringen, daß
er für einen entsprechenden Teil der Verbindlichkeiten Stundung
zu erreichen versucht. Der Schuldner muß also schon in dieser Situation – vor der ersten Mahnung! – ein Konzept erstellen, wie er
seiner Verbindlichkeiten Herr werden will. Dazu muß er zunächst
selbst einen genauen Überblick über seine Vermögensgegenstände
und seine Verbindlichkeiten haben. Ein solcher Überblick fehlt
vielen Privatleuten und selbst Gewerbetreibenden. Diese werden
sich in solcher Situation beraten lassen müssen, auch über das
Konzept zur Bewältigung der Verbindlichkeiten. An dieser Stelle ist
der Hinweis wichtig, daß der Schuldner, auch der vermögenslose
Schuldner, das Vertrauen des Gläubigers als wichtigste Voraussetzung für eine Stundung nur behalten wird, wenn er so frühzeitig
als möglich an den Gläubiger herantritt, seine Situation eingehend
offenlegt, aber auch mit einem Konzept zur Überwindung der
Zahlungsschwierigkeit aufwartet.

II. Verzugszinsen und sonstige Verzugsschäden

Manchmal wird geradezu empfohlen, bis zur letzten Mahnung
des Gläubigers abzuwarten und bis dahin den geschuldeten Betrag
als billigen Kredit anzusehen. Das ist grundfalsch und verschleiert
nur die Zahlungsunfähigkeit für ein paar Wochen. Ein sachgerecht
vorgehender Gläubiger wird ab Verzugseintritt Zinsen geltend machen, sofern es sich nicht um Bagatellbeträge handelt. Bei einem gewerbetreibenden Gläubiger, der mit Bankkrediten arbeitet, werden
das die jeweils banküblichen Darlehenszinsen (Sollzinsen) sein.

Im Ergebnis zahlt dann der Schuldner Zinsen in einer Höhe, zu denen er ggf. selbst bei der Bank Geld leihen könnte. Selbst wenn der Gläubiger nur den gesetzlichen Zinssatz von 4 % (unter Kaufleuten 5 %) geltend macht, besteht stets das Risiko, daß sonstige Verzugsschäden entstehen, insbesondere Inkasso-Kosten. Diese sind meist so erheblich, daß sie einen etwaigen Zinsvorteil wieder aufzehren. Da Abwarten bis zur letzten Mahnung dem Schuldner jedenfalls den Ruf einträgt, ein schlechter Schuldner zu sein, ist nicht zu sehen, daß dieses Vorgehen je vorteilhaft sein sollte. Es birgt vielmehr das große Risiko, daß durch Summierung von Verzugszinsen und Inkasso-Kosten die Verbindlichkeiten anwachsen.

III. Ungerechtfertigte Verzugskosten

Wehren sollte sich der Schuldner gegen unberechtigte Verzugskosten. Diese können in der Geltendmachung von Sollzinsen als Verzugszinsen liegen, wenn der Gläubiger gar nicht mit Fremdkapital arbeitet. Vielfach werden auch „Gebühren", meist überhöht, für zweite oder spätere Mahnungen, manchmal sogar schon für die erste Mahnung verlangt. Das ist, sofern es nicht eine spezielle vertragliche Regelung darüber gibt, für die erste Mahnung völlig unberechtigt, für spätere Mahnungen bei Ansatz von Pauschalen häufig überhöht. Mit Erfolg angegriffen werden können meistens auch die Kosten von Inkasso-Büros, soweit sie über den Anwaltskosten liegen (zu den Anwaltskosten vgl. Anhang 1). Die meisten Gerichte erkennen Inkasso-Kosten nur in Höhe der entsprechenden Anwaltsgebühren an. Der Schuldner sollte insoweit die Hauptforderung und die berechtigten Teile der Kosten zahlen oder anerkennen. Häufig wird dann der Gläubiger oder sein Vertreter strittige Kostenteile gar nicht mehr geltend machen.

IV. Verzug nur bei Verschulden

Verzug tritt nur ein, wenn der Schuldner schuldhaft nicht zahlt, § 285 BGB. Bei unvorhergesehenem Krankenhausaufenthalt des Schuldners z. B., aber auch bei Ungewißheit über den Gläubiger

(dieser ist verzogen oder verstorben, seine Erben sind unbekannt),
tritt Verzug nicht ein. In diesen Fällen kann der Schuldner sich
mithin gegen Verzugskosten überhaupt wehren.

Checkliste zu Kapitel 2: Mahnungen

Für Gläubiger:
1. Ist die Fälligkeit der Zahlung datumsmäßig vereinbart?

2. Wenn nein, ist eine erste, möglichst beweisbare Mahnung
   erfolgt?

3. Sind weitere Mahnungen durch mich sinnvoll, oder verliere
   ich nur Zeit?

Für Schuldner:
Wenn ich bei Fälligkeit nicht zahlen kann:
Gläubiger informieren und um Stundung bitten.

Kapitel 3. Prozeßverfahren und sonstige Forderungstitulierung

> **3. Fallbeispiel** (im Anschluß an Beispiel 2, oben S. 19):
>
> S meldet sich auf die erste Mahnung bei G. Er gibt an, mit dem Auto einen schweren Unfall erlitten zu haben. Deshalb sei er zur Zeit zahlungsunfähig. Er werde aber zahlen, sobald er könne. Was soll G tun?

Abschnitt A. Titulierung als Voraussetzung jeder Vollstreckung

I. Vollstreckung nur durch staatliche Organe

Es ist das Kennzeichen eines Rechtsanspruches (im Gegensatz etwa zu einem moralischen Anspruch), daß er zwangsweise mit staatlicher Hoheitsgewalt durchgesetzt werden kann. Dafür gibt es besondere staatliche Vollstreckungsorgane (Näheres in Kapitel 5, Abschnitt A, S. 101). Am bekanntesten ist der Gerichtsvollzieher.

Daß der Staat dem Gläubiger Vollstreckungsorgane zur zwangsweisen Durchsetzung seiner Forderung zur Verfügung stellt, ist ein wesentlicher Bestandteil der Rechtsstaatlichkeit. Denn so kann auch der Arme und Schwache mit Hilfe der Vollstreckungsorgane seinen Anspruch gegen den Starken und Mächtigen durchsetzen. In primitiveren Rechtsordnungen, die keine staatliche Zwangsvollstreckung kannten, konnte praktisch nur der Starke und Mächtige sein Recht durchsetzen.

Umgekehrt darf aber der Gläubiger, auch wenn er dazu in der Lage wäre und auch wenn er noch so sehr „im Recht" ist, nicht selbst zwangsweise seinen Anspruch durchsetzen und etwa bei seinem Schuldner vollstrecken. Kennzeichen unseres Rechtsstaates ist es auch, daß das Recht, unmittelbare Gewalt auszuüben, fast ausschließlich beim Staat liegt. Nur in praktisch seltenen Ausnahmefällen darf ein Gläubiger noch selbst Gewalt anwenden (z. B. bei Selbsthilfe gem. § 229 BGB oder gegen „Rücken" des Mieters, § 561 BGB), aber eben nur, wie das Gesetz aus dem Jahre 1900 formuliert, „wenn obrigkeitliche Hilfe nicht rechtzeitig zu erlangen ist". Im Normalfall **muß** der Gläubiger sich zur zwangsweisen Durchsetzung seines Rechtsanspruches der staatlichen Vollstreckungsorgane bedienen.

II. Das Titulierungserfordernis

Gar nicht so selten wird aus der Möglichkeit, sich zur Forderungsdurchsetzung der staatlichen Vollstreckungsorgane zu bedienen, gefolgert, der Gläubiger, etwa G in unserem dritten Fallbeispiel, brauche sich nur „mit seiner Forderung" an den zuständigen Gerichtsvollzieher zwecks Zwangsvollstreckung zu wenden. Nun ist eine Forderung eine höchst abstrakte rechtliche Konstruktion. Sie kann verkörpert sein, etwa in einem Schuldschein, einer Vertragsurkunde o. ä. Häufig, wie in unserem Beispielsfall, ist das aber nicht der Fall. Insbesondere wenn dann der Schuldner die Forderung noch in Abrede stellt, kann ein unbeteiligter Dritter sie, wenn überhaupt, nur durch umfängliche Ermittlungen, etwa die Anhörung von Zeugen o. ä. feststellen.

Das alles geht ersichtlich über die Aufgaben des Gerichtsvollziehers weit hinaus. Der Gerichtsvollzieher (und ebenso die anderen Vollstreckungsorgane) soll und darf sich gerade nicht damit befassen, festzustellen, ob die Forderung zwischen Gläubiger und Schuldner tatsächlich besteht. Insofern gibt es in unserem Zivilprozeßverfahren zwei grundsätzlich verschiedene Verfahrensabschnitte:

1. Das Erkenntnisverfahren

Zunächst muß in dem sogenannten „Erkenntnisverfahren" darüber erkannt, d. h. festgestellt werden, ob der vom Gläubiger behauptete Anspruch etwa auf Zahlung einer bestimmten Geldsumme auch tatsächlich besteht. Im Zivilprozeß ist dies die Aufgabe des Zivilrichters. Er entscheidet durch Urteil, ob er den vom Gläubiger (in diesem Verfahrensabschnitt noch Kläger genannt) geltend gemachten Anspruch für gegeben hält oder nicht.

2. Das Vollstreckungsverfahren

Erst wenn das Erkenntnisverfahren durch ein für den Kläger/Gläubiger günstiges Urteil abgeschlossen wird, indem etwa der Beklagte/Schuldner zur Zahlung des geforderten Betrages verurteilt wird, schließt sich als zweiter großer Verfahrensabschnitt die Zwangsvollstreckung an – wenn nicht der Schuldner nach dem Urteil freiwillig zahlt. Vollstreckung durch die staatlichen Vollstreckungsorgane setzt danach zunächst immer ein Erkenntnisverfahren voraus, in dem durch andere staatliche Organe „erkannt", festgestellt wird, daß der behauptete Anspruch auch tatsächlich besteht. Diesen Vorgang, die staatliche Anerkennung des vom Gläubiger gegenüber dem Schuldner behaupteten Anspruchs, nennt man die Titulierung.

Voraussetzung jeder Zwangsvollstreckung ist daher in unserem rechtstaatlichen System eine Titulierung der zunächst einmal nur behaupteten Forderung. § 704 Abs. 1 ZPO drückt das wie folgt aus:

„Die Zwangsvollstreckung findet statt aus Endurteilen, die rechtskräftig oder für vorläufig vollstreckbar erklärt sind."

Die staatlichen Vollstreckungsorgane kann der Gläubiger mithin erst in Anspruch nehmen, nachdem ihm **vorher** von anderer staatlicher Stelle bescheinigt wurde, daß seine Forderung zu Recht besteht.

Achtung: Der Vollstreckungstitel ist also eine staatliche Bescheinigung darüber, daß die vom Gläubiger zunächst behauptete Forderung tatsächlich zu Recht besteht.

Das richterliche Zivilurteil, soweit es eine Verurteilung ausspricht, ist also aus der Sicht des Gläubigers ein notwendiges Übel, eine Bescheinigung, die er braucht, um den Vollstreckungsorganen seine Forderung belegen zu können.

Abschnitt B. Die Titulierungsarten

I. Das Zivilurteil als Standardfall des Vollstreckungstitels

1. Das Klageverfahren nach der ZPO

Der oben zitierte § 704 der ZPO geht von einem zivilgerichtlichen Urteil als Voraussetzung für die Zwangsvollstreckung aus. Ein solches Urteil ergeht auf eine entsprechende Klage bei dem örtlich und sachlich zuständigen Zivilgericht. Örtlich ist, von Sonderfällen abgesehen, das Gericht am Wohnsitz des Beklagten/Schuldners zuständig. Sachlich richtet sich die Zuständigkeit nach dem Streitwert, der bei Geldforderungen dem geforderten Betrag gleich ist. Bei Streitwerten bis zu 10 000,– DM ist das Amtsgericht zuständig, bei höheren Streitwerten das Landgericht.

Natürlich können hier nicht die Einzelheiten des Zivilprozeßverfahrens dargestellt und erläutert werden. Immerhin ist darauf hinzuweisen, daß bei den Amtsgerichten kein Anwaltszwang besteht, der Gesetzgeber also davon ausgeht, daß der mündige Bürger dort sein Recht auch selbst suchen kann. Gerade bei den in diesem Buch behandelten im Prinzip unstreitigen Forderungen sollte dies möglich sein. In unserem Beispielsfall beträgt die Forderung des G 5000,– DM, was mithin auch der Streitwert eines Prozesses zwischen G und S ist. Dafür ist das Amtsgericht am Wohnsitz des S zuständig. Eine Klageschrift muß gem. § 253 ZPO enthalten:

– Die Bezeichnung der Parteien und des Gerichts,
– die bestimmte Angabe des Gegenstandes und des Grundes des erhobenen Anspruchs, sowie einen bestimmten Antrag.

Der Kläger kann auch bei der Rechtsantragsstelle jedes Amtsgerichtes eine Klage mündlich gem. § 496 ZPO anbringen. Der Rechtspfleger formuliert daraus eine Klageschrift und übersendet sie an das zuständige Gericht.

In unserem **Beispielsfall** könnte eine Klageschrift danach wie folgt aussehen:

An das Amtsgericht
Schuldnerstadt
Gerichtsstraße

Klage

des G (vollständiger Name, vollständige Anschrift)

– Klägers –

gegen

den S (vollständiger Name, vollständige Anschrift)

– Beklagten –

wegen Forderung aus Kaufvertrag
Gegenstandswert: 5000,– DM

Ich erhebe Klage und werde beantragen,
    den Beklagten zu verurteilen, an mich 5000,– DM zu zahlen zu-
    züglich 8 % Zinsen auf diesen Betrag seit dem . . . (Tag des Ver-
    zugsbeginns).

Begründung:
    Am . . . habe ich an S mein Kraftfahrzeug Marke . . . zum Preise
von 5000,– DM verkauft und das Fahrzeug übergeben. Der Kaufpreis sollte einen Monat danach gezahlt werden. Er ist trotz meiner Mahnung vom . . . nicht bezahlt. Daher ist Klage geboten.

    Zum Beweis für Kaufvertrag und Übergabe des Fahrzeugs be-
ziehe ich mich auf

    Zeugnis des Herrn X (vollständiger Name und vollständige An-
schrift). Ich bitte um Erlaß eines schriftlichen Versäumnisurteils.

    Den Gerichtskostenvorschuß von . . . DM zahle ich zugleich ein.
G.

Von dieser Klageschrift müssen mindestens zwei Exemplare
dem Gericht eingereicht werden (eines für die Gerichtsakte, eines
zur Zustellung an den Gegner). Das Gericht wird nur tätig gegen
Einzahlung von drei (!) Gerichtsgebühren auf den Streitwert von
hier 5000,– DM (vgl. Gerichtskostentabelle im Anhang 3).
    Das Gericht wird ein Exemplar dieser Klageschrift dem Beklag-
ten zustellen. Der zuständige Richter kann zugleich entweder das
sogenannte schriftliche Vorverfahren anordnen, oder aber einen

Gerichtstermin ansetzen, zu dem Kläger und Beklagter geladen werden.

Beim schriftlichen Vorverfahren, § 276 ZPO, wird der Beklagte aufgefordert, binnen zwei Wochen anzuzeigen, ob er sich gegen die Klage verteidigen will. Schweigt er dazu, so kann das Gericht im Anschluß daran ohne mündliche Verhandlung ein sogenanntes schriftliches Versäumnisurteil erlassen, wenn das – wie im obigen Muster – beantragt ist.

Wenn das Gericht Termin anberaumt, muß der Kläger im Termin erscheinen oder sich durch eine mit schriftlicher Vollmacht versehene Person vertreten lassen (dies muß beim Amtsgericht kein Anwalt sein), um seinen Antrag aus der Klageschrift vor Gericht noch einmal mündlich zu stellen.

Wenn die Forderung unstreitig ist, wird meistens der Beklagte gar nicht erscheinen. Dann ergeht auf Antrag gleichfalls Versäumnisurteil. Wenn der Beklagte erscheint und einräumt, daß die Forderung zu Recht besteht, ergeht Anerkenntnisurteil (näher dazu unten, S. 47).

Wenn der Beklagte erscheint, die Forderung bestreitet und deshalb Klageabweisung beantragt, entwickelt sich ein streitiger Zivilprozeß. Dann wird es in der Regel ratsam sein, Rechtsrat einzuholen. Die weiteren Einzelheiten eines solchen streitigen Verfahrens sollen deshalb hier nicht dargestellt werden.

2. Instanzenzug und Rechtskraft

Da auch Richter nur Menschen sind, können sie Fehlurteile fällen. Deshalb können gerichtliche Urteile von der jeweils unterlegenen Partei angegriffen werden, indem durch ein sogenanntes Rechtsmittel (Berufung oder Revision) ein ranghöheres Gericht angerufen wird, das berechtigt ist, die Entscheidung der I. Instanz aufzuheben, wenn es sie für unrichtig erachtet.

Bei einem Urteil des Amtsgerichtes kann insoweit mit dem Rechtsmittel der Berufung das übergeordnete Landgericht angerufen werden. Dies gilt allerdings nur bei Streitwerten über 1500,– DM (§ 511 a ZPO). Bei einem Streitwert bis 1500,– DM ist die Entscheidung des Amtsgerichtes endgültig.

Ein landgerichtliches Urteil kann durch Berufung zum übergeordneten Oberlandesgericht (OLG) angegriffen werden. Und das Berufungsurteil des OLG kann wiederum in einer dritten Instanz durch Revision zum Bundesgerichtshof (BGH) angegriffen werden, jedoch in der Regel nur bei Streitwerten über 60 000,– DM.

Nähere Ausführungen sind hier entbehrlich. Denn durch den Anwaltszwang für Landgericht, Oberlandesgericht und Bundesgerichtshof hat der Gesetzgeber sichergestellt, daß der Bürger in diesen Verfahren anwaltlich vertreten ist.

Damit nicht auf Dauer offenbleibt, ob die unterlegene Partei das ergangene Urteil durch ein Rechtsmittel angreift, kann die Einlegung eines solchen Rechtsmittels nur binnen einer Frist von 1 Monat nach der Zustellung des schriftlichen Urteils erfolgen. Das schriftliche Urteil wird deshalb den Parteien vom Gericht von Amts wegen zugestellt (§ 317 ZPO).

Wenn diese Rechtsmittelfrist abgelaufen ist, ohne daß die unterlegene Partei ein Rechtsmittel eingelegt hat, dann ist dieses Urteil nicht mehr (bzw. nur in Sonderfällen: Wiederaufnahmeverfahren) abänderbar. Es erlangt nach dem Ablauf der Rechtsmittelfrist insoweit formelle Rechtskraft. Durch rechtzeitige Einlegung eines Rechtsmittels, bei Versäumnisurteil auch des Einspruchs, wird diese Rechtskraft einstweilen bis zur Entscheidung über das Rechtsmittel gehemmt, § 705 ZPO.

3. Vorläufige Vollstreckbarkeit

Solange die eben beschriebene formelle Rechtskraft nicht eingetreten ist, steht noch nicht fest, ob es bei dem Urteilsspruch, etwa der Verurteilung zu einer Zahlung, bleiben wird. Die nächste Instanz kann vielleicht die Rechtslage ganz anders sehen. Deshalb ist es bedenklich, wenn dem Kläger/Gläubiger schon vor der Rechtskraft seines Urteils gestattet wird, daraus mit Hilfe der staatlichen Vollstreckungsorgane gegen den Beklagten/Schuldner die Zwangsvollstreckung zu betreiben. Da andererseits ein Prozeß durch die Instanzen häufig Jahre dauert, kann in beschränktem Maße schon vor Rechtskraft des Urteils aus ihm vollstreckt werden. Denn sonst könnte jeder Schuldner auf Jahre eine Vollstreckung gegen sich verhindern, indem er auch bei völlig aussichtsloser Rechtslage durch die Instanzen prozessiert.

Es gibt **drei Hauptfälle,** in denen Urteile schon vor ihrer formellen Rechtskraft, wenn also die Rechtsmittelfristen noch nicht abgelaufen sind oder ein Rechtsmittelverfahren noch anhängig ist, **vorläufig vollstreckt** werden können:

a) Vorläufige Vollstreckbarkeit gegen Sicherheitsleistung

Grundsätzlich darf vor Rechtskraft der Gläubiger aus einem zu seinen Gunsten ergangenen Urteil nur vollstrecken, wenn er zuvor dem Schuldner Sicherheit leistet, wenn er ihn also für den Fall sichert, daß etwa im Rechtsmittelverfahren das nächsthöhere Gericht das erstinstanzliche Urteil – aus dem vollstreckt wird – aufhebt und die Klage abweist. In unserem Beispielsfall könnte G mit einem amtsgerichtlichen Urteil über 5000,– DM gegen S vollstrecken, ihm etwa durch den Gerichtsvollzieher Möbel im Werte von 5000,– DM wegnehmen und diese versteigern lassen. Wenn dies geschieht, während S vor dem Landgericht noch ein Berufungsverfahren gegen das Urteil führt, kann vor dem Landgericht das amtsgerichtliche Urteil aufgehoben werden, etwa weil das Landgericht nicht als erwiesen erachtet, daß G dem S tatsächlich ein Auto verkauft hat.

Für diesen vor rechtskräftigem Abschluß des Prozesses nicht auszuschließenden Fall muß S gesichert werden. Insofern bestimmt § 709 ZPO, daß die Urteile

> „gegen eine der Höhe nach zu bestimmende Sicherheit für vorläufig vollstreckbar zu erklären"

sind. Das Gericht bestimmt die Höhe der Sicherheit als überschlägige Summe von Klagebetrag, Zinsen darauf und für den Kläger festzusetzenden Kosten. Im Beispielsfalle wären das ohne Anwaltskosten ca. 5600,– DM. Diesen Betrag muß G für evtl. Schadensersatzansprüche des S im Falle einer Aufhebung des amtsgerichtlichen Urteils sicherstellen, in der Regel durch Bankbürgschaft oder Hinterlegung des Betrages bei der gerichtlichen Hinterlegungsstelle (im übrigen vgl. § 108 ZPO und § 234 BGB).

Seit dem 1.1.1999 braucht der Gläubiger nur einen Teil des Sicherheitsbetrages aufzubringen, wenn er die Vollstreckung entsprechend auf einen Forderungsteil beschränkt, § 752 ZPO.

b) Vorläufige Vollstreckbarkeit ohne Sicherheitsleistung

In § 708 ZPO ist für 11 Fälle von Urteilen angeordnet, daß aus ihnen regelmäßig ohne Sicherheitsleistung vollstreckt werden kann. Die praktisch wichtigsten Fälle sind Urteile mit einer Urteilssumme bis zu 2500,– DM, die Urteile der Oberlandesgerichte in vermögensrechtlichen Streitigkeiten, die Urteile im Urkundenprozeß und die Versäumnis- und Anerkenntnisurteile.

c) Sicherungsvollstreckung

Gerade für den hier interessierenden Fall eines Zahlungsurteils hat der Gesetzgeber durch die Möglichkeit der Sicherungsvollstreckung nach § 720 a ZPO eine weitere Erleichterung eingeführt. Aus ihnen kann, auch bei Beträgen über 2500,– DM, ohne Sicherheitsleistung die Vollstreckung betrieben werden, jedoch nur durch den ersten Schritt einer Zwangsvollstreckung, die Pfändung. Die Verwertung des beim Schuldner gepfändeten Gegenstandes kann erst erfolgen, wenn entweder das Urteil rechtskräftig geworden ist oder der Gläubiger anschließend Sicherheit leistet.

Damit soll der Kläger/Gläubiger für die weitere Prozeßdauer gegen Zahlungsunfähigkeit des Schuldners gesichert werden. Der Schuldner kann diese Vollstreckung verhindern, indem er freiwillig Sicherheit leistet, § 720 a Abs. 3 ZPO.

Bedeutsam sind diese Möglichkeiten der vorläufigen Vollstreckbarkeit insbesondere, weil sie dem Beklagten/Schuldner die Möglichkeit nehmen, durch bloße Prozeßverschleppung über die I. Instanz hinaus eine Zwangsvollstreckung auf unabsehbare Zeit zu verhindern. In besonderen Fällen kann auf Antrag auch auf die Sicherheitsleistung verzichtet werden oder es kann die vorläufige Vollstreckbarkeit trotz Sicherheitsleistung ausgeschlossen werden (§§ 710 und 712 ZPO).

4. Insbesondere: Urkundsklage

Der Gefahr der Prozeßverschleppung in der I. Instanz durch den Beklagten/Schuldner kann der Kläger am wirkungsvollsten begegnen, wenn er in der Lage ist, ein Urkundsklageverfahren zu führen. Diese Klageart, die in §§ 592 ff. ZPO geregelt ist, eignet sich insbesondere für Zahlungsansprüche. Bei ihr muß der Kläger alle Voraussetzungen seines Anspruches durch Urkunde belegen können, § 595 ZPO. Wenn G in unserem Beispielsfalle z. B. den Kaufvertrag über das Auto schriftlich, von beiden Parteien unterschrieben und unter Nennung eines bestimmten Zahlungsdatums für den Kaufpreis geschlossen hätte und sich alsdann die Übergabe von Auto und KFZ-Brief von S schriftlich hätte quittieren lassen, dann könnte er alle Voraussetzungen seines Zahlungsanspruches mit diesen beiden Urkunden (Vertrag und Quittung) belegen. Damit könnte er eine Urkundsklage erheben.

Durch ein solches Urkundsverfahren wird dem Beklagten die beliebte Möglichkeit, durch „taktische Mängelrügen" den Prozeß in die Länge zu ziehen, weitgehend abgeschnitten. Denn auch der Beklagte darf hier den Beweis im wesentlichen nur durch Urkunden führen, was ihm bei nur „taktischen" Mängelrügen regelmäßig nicht möglich sein wird.

Dann erhält der Kläger ohne zeitaufwendiges Beweisverfahren ein Vorbehaltsurteil, § 599 ZPO, welches ohne Sicherheitsleistung vollstreckbar ist, § 708 Nr. 4 ZPO.

Das ist ein Grund mehr, Verträge schriftlich zu schließen und Leistungen quittieren zu lassen (vgl. oben Kapitel 1, S. 6 und 17).

Der Wechselprozeß und der Scheckprozeß sind besondere Formen des Urkundsprozesses. Dort müssen der Wechsel bzw. der Scheck vorgelegt werden, die ja unbedingte, beim Wechsel nur zeitlich aufgeschobene Zahlungsverpflichtungen beurkunden.

II. Die Titulierungsarten
(nach Mitwirkungsbereitschaft des Schuldners)

Wie schon erwähnt beschreibt die ZPO die Vollstreckung aus einem gerichtlichen Urteil als Standardfall des Vollstreckungstitels. § 794 ZPO bestimmt dann jedoch, daß die Zwangsvollstreckung ferner auch aus einer Reihe weiterer dort genannter Vollstreckungstitel stattfindet, die in ihrer Vollstreckungswirkung den gerichtlichen Urteilen gleichgestellt werden. Unter anderem ist dort geregelt, daß auch aus den vor den Gerichten protokollierten Vergleichen sowie aus den Kostenfestsetzungsbeschlüssen über die von einer Partei an die andere zu erstattenden Verfahrenskosten vollstreckt werden kann wie aus Urteilen (§ 794 Abs. 1 Nr. 1 und 2).

Das Urteilsverfahren ist auf ein gerechtes Erkenntnis über eine zwischen den Parteien streitige Forderung zugeschnitten. Es ist für Fälle, in denen die Forderung unstreitig und auch vom Schuldner anerkannt ist, zu aufwendig, langwierig und teuer. Gerade für den hier im Vordergrund stehenden Fall der „an sich" unstreitigen Forderung gibt es deshalb andere Arten der Forderungstitulierung. Sie setzen aber eine **Mitwirkung des Schuldners** voraus, sei es aktiv durch ein ausdrückliches Anerkenntnis der Forderung, sei es passiv, indem er zumindest die Berechtigung der Forderung im Titulierungsverfahren nicht bestreitet. Nach dem Ausmaß der erforderlichen Mitwirkung des Schuldners lassen sich insoweit die wichtigsten Titulierungsarten wie folgt ordnen:

1. Vollstreckbares notarielles Schuldanerkenntnis

Bei größter Kooperativität des Schuldners kann die schnellste, einfachste und kostengünstigste (vergl. dazu Abschnitt D) Titulierung durchgeführt werden. Der Schuldner kann bei einem Notar ein Schuldanerkenntnis beurkunden lassen und sich in der Urkunde zugleich der Zwangsvollstreckung unterwerfen. Nach § 794 Abs. 1 Nr. 5 ZPO findet auch aus solchen Urkunden die Zwangsvollstreckung statt. Eine solche Titulierung kann binnen Stunden erfolgen, nämlich so schnell, wie man einen Beurkundungstermin bei einem Notar erhält.

Für unseren **Beispielsfall** würde ein solches Schuldanerkenntnis von S für G etwa wie folgt lauten:

Verhandelt am ... in ...

vor dem unterzeichnenden Notar ...
erschien Herr S (vollständiger Name, vollständige Anschrift) und erklärte:

Ich erkenne an, Herrn G aus dem Kfz-Kaufvertrag vom ... den Betrag von 5000,– DM nebst 8 % Zinsen seit dem ... zu schulden.

Wegen der vorstehend aufgeführten Forderung einschließlich der Zinsen unterwerfe ich mich der sofortigen Zwangsvollstreckung in mein gesamtes Vermögen.

Unterschrift, Beurkundungsvermerk pp.

Aus dieser Urkunde könnte G sofort nach Erteilung einer vollstreckbaren Ausfertigung durch den Notar die Zwangsvollstreckung betreiben. Das Anerkenntnis kann auch mit aufschiebenden Bedingungen versehen werden, etwa des Inhalts, daß daraus erst vollstreckt werden darf, wenn S den Schuldbetrag nicht bis zu einem bestimmten Datum zahlt, oder wenn S bestimmte vereinbarte Ratenzahlungen nicht einhält.

Das Schuldanerkenntnis kann auch abstrakt formuliert werden, also ohne Bezug auf den zugrundeliegenden Kaufvertrag u. ä. Dann kommt es auf dessen Wirksamkeit, Durchführung etc. nicht mehr an, da das abstrakte Schuldanerkenntnis eine eigene Verpflichtung schafft, § 781 BGB. Dadurch wird auch die Verjährung verlängert, die bei einem Kaufvertrag ggf. nur 2 Jahre beträgt, beim abstrakten Schuldanerkenntnis aber 30 Jahre.

In ganz ähnlicher Weise wie durch ein vollstreckbares notarielles Schuldanerkenntnis, aber noch kostengünstiger, kann eine unstreitige Forderung auch tituliert werden durch Abschluß eines Vergleichs vor einer „durch die Landesjustizverwaltung eingerichteten oder anerkannten Gütestelle", in Hamburg z. B. der Öffentlichen Rechtsauskunfts- und Vergleichsstelle (ÖRA), in anderen Bundesländern vor dem Schiedsmann.

2. Anwaltsvergleich

Nach § 1044 b ZPO kann sich der Schuldner auch in einem Vergleich der sofortigen Zwangsvollstreckung unterwerfen.

Dann müssen aber beide Seiten anwaltlich vertreten sein.

3. Gerichtliches Mahnverfahren

Keine aktive Mitwirkung sondern nur Duldung des Schuldners ist erforderlich für die zahlenmäßig bei weitem häufigste Titulierungsart durch vollstreckbaren gerichtlichen Mahnbescheid (früher Zahlungsbefehl genannt, in der DDR gerichtliche Zahlungsaufforderung). Während das Gesetz das Zivilurteil als Standardfall des Vollstreckungstitels beschreibt, ist in der Praxis der Normalfall des Vollstreckungstitels der vollstreckbare Mahnbescheid. Bei den deutschen Zivilgerichten wurden 1995 ca. 2,1 Mio. Prozeßverfahren anhängig – die ja bei weitem nicht alle

mit einem Zahlungsurteil endeten. Dagegen wurden 1995 ca.
7,8 Mio. gerichtliche Mahnbescheide betragt. Da nur in ca. 20 %
der Fälle Widerspruch gegen den Mahnbescheid erhoben und in
ca. 80 % der Fälle Vollstreckungsbescheid erlassen wird, entstehen auf diese Weise jährlich ca. 6 Mio. Vollstreckungstitel.

Da der Vollstreckungsbescheid für das Inkasso unstreitiger Forderungen der „normale" Vollstreckungstitel ist, soll das Verfahren zu seiner Erlangung unten in Unterabschnitt III näher beschrieben werden.

4. Anerkenntnis- oder Versäumnisurteil

Auch im Rahmen des gerichtlichen Urteilsverfahrens ergeben sich bei aktivem Einverständnis des Schuldners mit der geltend gemachten Forderung oder jedenfalls bei seinem Schweigen Verfahrenserleichterungen, durch die es schneller und kostengünstiger zu einem Urteil als Vollstreckungstitel kommt.

a) Anerkenntnisurteil

Sofern ein schriftliches Vorverfahren angeordnet ist (vgl. § 276 ZPO), kann ein Anerkenntnisurteil schriftlich ergehen, sofern der Beklagte gegenüber dem Gericht schriftlich erklärt, daß er die geltend gemachte Forderung anerkenne. Dies regelt § 307 Abs. 2 ZPO.

Wenn der Beklagte in der mündlichen Verhandlung den Anspruch anerkennt, kann ohne Beweisaufnahme ein Anerkenntnisurteil ergehen.

In jedem Fall setzt aber das Anerkenntnisurteil aktives Handeln des Schuldners voraus, nämlich eine schriftliche oder mündliche Erklärung. Wenn der Schuldner dazu bereit ist, wird er in der Regel auch zur Abgabe eines vollstreckbaren notariellen Schuldanerkenntnisses zu bewegen sein (vgl. oben 1.). Deshalb werden durch gerichtliches Anerkenntnisurteil meist Forderungen tituliert, bei denen versäumt worden ist, die Titulierung durch vollstreckbares notarielles Schuldanerkenntnis anzustreben. Dann erfolgt das Anerkenntnis häufig unter Protest gegen die Kosten (§ 93 ZPO), d. h. der Schuldner macht geltend, er hätte ja gezahlt oder zumindest tituliert, wenn er nur dazu aufgefordert worden wäre. Dann kann möglicherweise der Kläger/Gläubiger zur Zahlung der Prozeßkosten verurteilt werden.

b) Versäumnisurteil

In prozeßtechnisch ganz ähnlicher Weise wie beim gerichtlichen Mahnverfahren (vgl. oben, S. 46) erfolgt die Titulierung durch gerichtliches Versäumnisurteil. Bei schriftlichem Vorverfahren (§ 276 ZPO) kann ein solches Versäumnisurteil im schriftlichen Verfahren ergehen, wenn der Beklagte nicht schriftlich anzeigt, daß er sich gegen die erhobene Klage verteidigen will (§ 331 Abs. 3 ZPO).

Erscheint der Beklagte in der mündlichen Verhandlung nicht, so kann gegen ihn in der mündlichen Verhandlung Versäumnisurteil ergehen. Prozeßtechnisch geht das Gesetz wie im Falle des gerichtlichen Mahnverfahrens davon aus, daß der säumige Beklagte gegen den geltend gemachten Anspruch keine Einwendungen hat. Wenn dieser dem Gericht schlüssig vorgetragen ist, ergeht Versäumnisurteil.

Aus der Sicht des Klägers/Gläubigers ist die Titulierung durch Versäumnisurteil, also die Klagerhebung anstelle der Beantragung eines Mahnbescheides insbesondere dann vorzuziehen, wenn es dem Schuldner um Verzögerung geht. Im gerichtlichen Mahnverfahren kann er diese Verzögerung leicht durch bloßen nicht zu begründenden Widerspruch bewirken, der ihm durch die Übersendung vorgefertigter amtlicher Formulare leicht gemacht wird. Im gerichtlichen Klageverfahren kann er dagegen ein baldiges Urteil nur durch eine rechtzeitige und in sich schlüssige Klageerwiderung verhindern. Bei den hier vorausgesetzten „an sich" unstreitigen Forderungen erfordert das falschen Vortrag, was bei strenger Betrachtung auch den Verdacht des versuchten Prozeßbetruges begründen kann. Davor schrecken die meisten Schuldner zurück.

Bei Verfahren vor dem Landgericht, also bei Streitwerten über 10 000,– DM, kommt hinzu, daß der Beklagte einen Anwalt einschalten müßte, um überhaupt der Klage entgegentreten zu können.

Da Anerkenntnis- oder Versäumnisurteil Zustimmung oder zumindest Stillschweigen des Beklagten voraussetzen, sieht das Gesetz diese Urteile als regelmäßig sachlich gerechtfertigt an, so daß aus ihnen vollstreckt werden kann, ohne daß Sicherheit geleistet werden müßte (§ 708 Nr. 1 und 2 ZPO).

5. Streitiges Urteil

Mit einer in sich schlüssigen Klagerwiderung kann der Beklagte die Durchführung eines streitigen Verfahrens erzwingen, meist mit einer Beweisaufnahme, deren Durchführung in der Praxis zumindest Monate in Anspruch nimmt. Da wird etwa der Vertragsschluß bestritten oder der Erhalt der Gegenleistung, oder es werden Mängel an der Leistung gerügt. Das ist der Moment, in dem sich die in Kapitel 1 (S. 7) dringend empfohlene schriftliche Fixierung der Vertragsgrundlagen und des Leistungsaustausches auszahlt. Der Einwand mangelnden Vertragsschlusses oder noch nicht erhaltener Leistung kann bei Befolgung jener Empfehlungen durch Vorlage der Vertragsurkunde und der Quittung für die Leistung leicht und schnell ausgeräumt werden – was zugleich den Beklagten unglaubwürdig macht. Deshalb bleibt in der Praxis häufig nur die Rüge angeblicher Mängel an der gelieferten Leistung übrig, über die dann Beweis durch ein Sachverständigengutachten erhoben werden muß.

Durch solche Einwendungen kann der Beklagte in der Tat die Titulierung der Forderung durch ein erstinstanzliches Urteil erheblich hinauszögern – sofern keine Urkundsklage möglich ist (vgl. oben, S. 43).

6. Arrestverfahren

Da die normale gerichtliche Titulierung stets Wochen, meistens Monate in Anspruch nimmt, mußte der Gesetzgeber Vorsorge treffen für Fälle, in denen ein gerichtliches Urteil als Vollstreckungstitel zu spät käme, etwa weil der Schuldner im Begriff steht, mit seinem gesamten der Vollstreckung unterliegenden Vermögen ins Ausland zu gehen. Für diese Fälle steht das zivilprozessuale Arrestverfahren zur Verfügung, geregelt in §§ 916 bis 934 ZPO. Danach kann in dringenden Fällen sogar auf einseitigen Antrag und ohne vorherige Anhörung des Antragsgegners eine Forderung durch Arrestbeschluß tituliert werden. Aus ihm kann gem. § 928

ZPO wie aus einem sonstigen Titel vollstreckt werden, allerdings mit charakteristischen Einschränkungen:

a) Wie bei der Sicherungsvollstreckung nach § 720 a ZPO (vgl. oben, S. 43) darf aus dem Arresttitel nur gepfändet werden (§§ 930 bis 932 ZPO). Die Verwertung des gepfändeten Vermögensgegenstandes bzw. die Überweisung an den Gläubiger kann erst erfolgen, wenn ein Hauptsachenurteil vorliegt.

b) Die Vollstreckung kann aus dem Arrestbeschluß nur einen Monat lang betrieben werden (§ 929 Abs. 2 ZPO).

Da Arrestbeschlüsse häufig binnen weniger Stunden nach Antragstellung ergehen, würde jeder Gläubiger gegenüber einem zahlungsunwilligen Schuldner gern von diesem scharfen Mittel Gebrauch machen. Im Regelfall geht das nicht. Denn außer dem auch für eine Klage erforderlichen berechtigten Anspruch des Gläubigers gegen den Schuldner ist für das Arrestverfahren auch ein Arrestgrund erforderlich. § 917 ZPO definiert diesen wie folgt:

„Der dingliche Arrest findet statt, wenn zu besorgen ist, daß ohne dessen Verhängung die Vollstreckung des Urteils vereitelt oder wesentlich erschwert werden würde."

Das muß der Gläubiger darlegen und glaubhaft machen, was nur selten möglich ist.

Drohende Zahlungsunfähigkeit selbst ist kein Arrestgrund.

7. Titulierung durch Strafurteil

In der früheren DDR wurden Forderungen aus Straftaten häufig im Strafurteil für den geschädigten Gläubiger tituliert. Das ist auch nach gesamtdeutschem Recht möglich (§§ 403 ff. StPO), aber leider völlig ungebräuchlich.

III. Insbesondere: Das gerichtliche Mahnverfahren

1. Allgemeines

Durch das in den §§ 688–703 d der ZPO geregelte Mahnverfahren soll eine Geldforderung schnell, einfach, insbesondere ohne mündliche Verhandlung und kostengünstig tituliert werden, wenn der Schuldner die Forderung nicht bestreitet. Die Bezeichnung

Mahnverfahren ist wenig glücklich, nicht nur wegen der Verwechselungen mit dem betrieblichen Mahnwesen (vgl. oben Kapitel 2, S. 19), sondern auch, weil keineswegs nur gemahnt, sondern bereits tituliert wird.

Das Mahnverfahren ist nicht zulässig bei Zug-um-Zug-Geschäften, bei unbekanntem Aufenthalt des Gegners und bei Darlehensansprüchen mit hohen Zinssätzen (vgl. § 688 ZPO).

Dafür ist es zulässig in geeigneten Fällen auch gegen Schuldner im Ausland, nämlich zur Zeit in den EU-Staaten, außer Portugal, dazu in Norwegen und Israel (§ 688 Abs. 3 ZPO).

2. Der Antrag auf Erlaß eines Mahnbescheides

Für den Antrag auf Erlaß eines Mahnbescheides sind amtliche Vordrucke vorgeschrieben, die im Schreibwarenhandel erhältlich sind. Hier soll der grüne Vordruck für die nicht maschinelle Verfahrensbearbeitung erläutert werden, der nachfolgend als Muster abgedruckt ist.

Da zunehmend mehr Bundesländer die maschinelle Bearbeitung des Mahnverfahrens einführen (mit einem erheblich unübersichtlicheren Formular), sollte man sich bei seinem zuständigen Amtsgericht erkundigen, welches Formular verwendet werden muß.

Hinweise zum Mahnantragsformular:

Zu Zeile 1: Der Antrag muß gerichtet werden an und zuständig ist das Amtsgericht, bei dem **der Gläubiger** seinen allgemeinen Gerichtsstand hat, § 689 ZPO. Ausländer können gegen Inländer einen Mahnbescheid beim Amtsgericht Berlin-Schöneberg beantragen.
Zu Zeile 2: Der Antragsgegner/Schuldner muß vollständig mit Namen, Vornamen und vollständiger Anschrift bezeichnet werden. Eine Postfachangabe genügt nicht. Insbesondere bei Schuldnerfirmen müssen Firmenform und Vertretungsverhältnisse vollständig angegeben werden (zur Ermittlung dieser Angaben vgl. unten Kapitel 4).
In das weiße Feld über dem Wort „Mahnbescheid" ist das Wort Urkunds"- oder „Scheck"- einzutragen, wenn man bei Widerspruch im Urkunds- oder Scheckklageverfahren vorgehen kann, vgl. oben, S. 43.

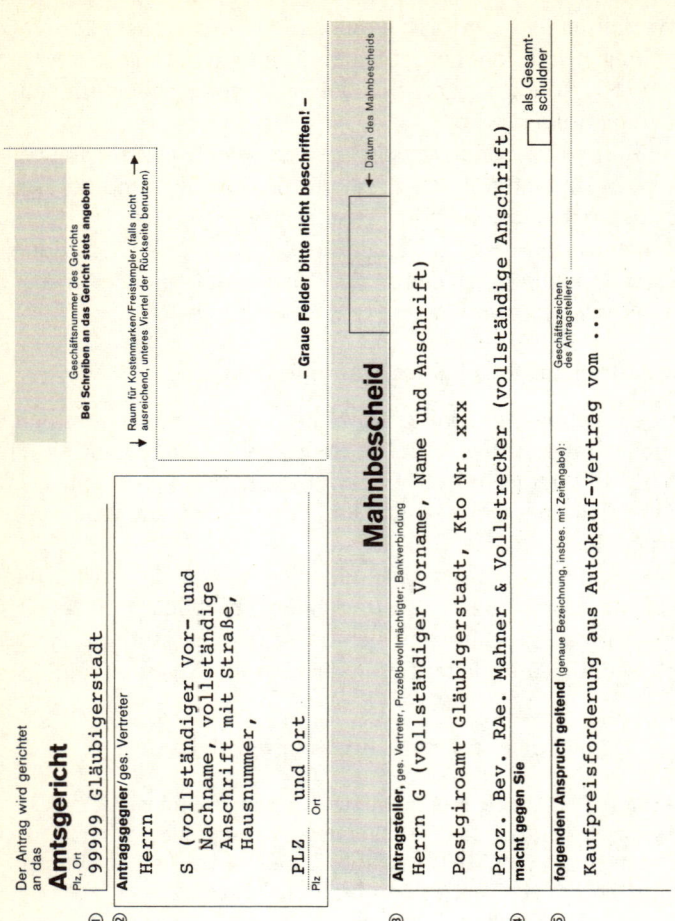

Hinweis: Ab 1. 1. 1999 können im Mahnverfahren auch Forderungen in Euro geltend gemacht werden. Dazu werden die amtlichen Formulare dahin geändert werden, daß die Geldbeträge

⑥ Hauptforderung DM 5.000,--

Zinsen, Bezeichnung der Nebenforderung
8 % Zinsen p.a. seit dem (Tag des Verzugs-eintritts) für Inanspruchnahme von Bank-kredit

⑦ Nebenforderung DM 10,00

⑧ Kosten dieses Verfahrens (Summe ⑧ bis ⑨) DM 497,60

1) Gerichtskosten	2) Auslagen d. Antragst.	3) Gebühr d. ProzeßBev.	4) Auslagen d. ProzeßBev.	5) MwSt. d. ProzeßBev.
80,-- DM	-,-- DM	320,-- DM	40,-- DM	57,60 DM

⑨ Gesamtbetrag DM 5.507,60

zuzüglich der laufenden Zinsen   % ab Zustellung dieses Mahnbescheids

Der Antragsteller hat erklärt, daß der Anspruch von einer Gegenleistung [X] nicht abhänge. [ ] abhänge, diese aber erbracht sei.

**Das Gericht hat nicht geprüft, ob dem Antragsteller der Anspruch zusteht.
Es fordert Sie hiermit auf, innerhalb von z w e i W o c h e n seit der Zustellung dieses Bescheids e n t w e d e r die vorstehend bezeichneten Beträge, soweit Sie den geltend gemachten Anspruch als begründet ansehen, zu begleichen o d e r dem Gericht auf dem beigefügten Vordruck mitzuteilen, ob und in welchem Umfang Sie dem Anspruch widersprechen.**

Wenn Sie die geforderten Beträge nicht begleichen und wenn Sie auch kein Widerspruch erheben, kann der Antragsteller nach Ablauf der Frist einen **Vollstreckungsbescheid** erwirken und aus diesem die Zwangsvollstreckung betreiben.
Der Antragsteller hat angegeben, ein streitiges Verfahren sei durchzuführen vor dem

⑩ Amtsgericht Schuldnerstadt

An dieses Gericht, dem eine Prüfung seiner Zuständigkeit vorbehalten bleibt, wird die Sache im Falle Ihres Widerspruchs abgegeben.

Rechtspfleger

Anschrift des Antragstellers/Vertreters/Prozeßbevollmächtigten

⑪ Rechtsanwälte
Mahner & Vollstrecker
(vollständige Anschrift)

Plz .... Ort ....

Blatt 1: Antrag und Urschrift

Antrag

Ort, Datum
Gläubigerstadt, den .....

Eingangsstempel des Gerichts

Ich beantrage, aufgrund der vor-stehenden Angaben einen Mahn-bescheid zu erlassen.

⑫ [ ] Im Falle des Widerspruchs beantrage ich die Durchführung des streitigen Verfahrens.

⑬ [ ] Ordnungsgemäße Bevollmächtigung versichere ich.   [X] Antragsteller ist nicht zum Vorsteuer-abzug berechtigt.

⑭ Hier die Zahl ohne ausgefüllten Vordrucke angeben, falls sich der Antrag gegen mehrere Antragsgegner richtet.

gez. Mahner-Rechtsanwalt
Unterschrift des Antragstellers/Vertreters/Prozeßbevollmächtigten

---

entweder in DM oder in Euro genannt werden können. Ab 1. Januar 2002 wird es wiederum neue Formulare geben, die nur noch den Euro enthalten.

Zu Zeile 4: Richtet sich der Anspruch gegen mehrere Schuldner, z. B. mehrere Gesellschafter einer OHG, so ist für jeden Schuldner ein Formular auszufüllen, in Zeile 4 anzukreuzen, daß die Inanspruchnahme als Gesamtschuldner erfolgt und in Zeile 14 die Zahl der insgesamt ausgefüllten Vordrucke anzugeben.

Zu Zeile 5: Der Anspruch selbst muß ausreichend bezeichnet werden, am besten wie im Muster mit Angabe der Vertragsart und insbesondere dem Vertrags- oder Rechnungsdatum.

Zu Zeile 6: Zinsen sollten ab Verzugsbeginn und in Höhe der vom Gläubiger selbst gezahlten Sollzinsen geltend gemacht werden.

Zu Zeile 7 und 8: In die Rubrik „vorgerichtliche Kosten" kann z. B. eine Kostenpauschale von 10,– DM für die nach Verzugsbeginn erfolgten Mahnungen aufgenommen werden. Unter der Rubrik „Auslagen des Antragstellers" können die Kosten für das Mahnbescheidsformular (1,80 DM) aber auch Kosten für Registerauszüge etc. geltend gemacht werden.

Zu Zeile 9: Hier **muß** eine der beiden vorgegebenen Erklärungen zur Gegenleistung angekreuzt werden.

Zu Zeile 10: Hier **muß** der Gläubiger das Abgabegericht angeben, nämlich das Gericht, bei dem der **Schuldner** seinen Sitz hat, oder auch ein anderes, etwa durch AGB oder Vereinbarung zuständiges Gericht für das streitige Verfahren (§ 690 ZPO i. d. Fassung ab 1. 1. 1992). Bei Forderungen bis zu 10 000,– DM ist dort das Amtsgericht zuständig, bei höheren Beträgen das Landgericht, und dieses durch die Kammer für Handelssachen, wenn es sich um eine Forderung gegen einen Vollkaufmann handelt. Für auswärtige Orte kann die gerichtliche Zuständigkeit in handelsüblichen Ortsverzeichnissen für die Bundesrepublik geklärt werden.

Zu Zeile 12: Die Stellung dieses Antrages allein bewirkt nichts. Denn es muß außerdem nach dem Widerspruch noch der zweite Gerichtskostenteil von 2,5 Gebühren eingezahlt werden. Eine halbe Gerichtsgebühr nach dem Streitwert (vgl. Anhang 3) muß schon mit dem Antrag selbst eingezahlt werden.

Ab 1. 1. 1999 können die Beträge auch in Euro angegeben werden, ab 1. 1. 2002 müssen sie es. Im Formular ist in dieser Übergangsphase zu kennzeichnen, ob alle Beträge in Euro oder in DM angesetzt werden.

3. Weiteres Verfahren, wenn kein Widerspruch eingelegt wird

Der Mahnbescheid wird beim Amtsgericht vom Rechtspfleger auf formelle Ordnungsmäßigkeit geprüft, also im wesentlichen auf die Berücksichtigung der oben unter 2. gegebenen Hinweise. Bei ordnungsgemäßem Antrag und Einzahlung der erforderlichen Gerichtsgebühr wird aus dem Durchschreibsatz die Ausfertigung für den Antragsgegner/Schuldner herausgetrennt und ihm zugestellt. Der Antragsteller wird vom Gericht unterrichtet, wann der Mahnbescheid dem Antragsgegner zugestellt wurde, und zwar durch Übersendung des gelben Blattes Nr. 3 aus dem Durchschreibsatz (vergl. dazu § 693 ZPO). Mit diesem gelben Formular kann der Antragsteller frühestens 14 Tage nach dem Zustellungsdatum bei Gericht den Antrag auf Erlaß des Vollstreckungsbescheides stellen. In dem Antrag müssen etwaige Zahlungen des Schuldners angegeben und etwaige weitere Kosten des Gläubigers berechnet werden.

Außerdem muß durch Ankreuzen der entsprechenden Rubrik oberhalb der Unterschrift angegeben werden, ob der Vollstreckungsbescheid dem Schuldner vom Gericht zugestellt werden soll, oder ob er zur weiteren Veranlassung an den Gläubiger übersandt werden soll.

Der Antrag auf Erlaß des Vollstreckungsbescheides muß **spätestens 6 Monate** nach der Zustellung des Mahnbescheides erfolgen, (§ 701 ZPO). Er kann also nicht beliebig lange zurückgestellt werden.

Wenn der Rechtspfleger den Erlaß des Vollstreckungsbescheides verfügt hat, kann der Antragsgegner/Schuldner nur noch Einspruch einlegen, § 694 ZPO. Er kann damit noch ein Urteilsverfahren über die Forderung erzwingen. Der Gläubiger erhält aber bereits den Vollstreckungsbescheid, der einem für vorläufig vollstreckbar erklärten Versäumnisurteil gleichsteht, § 700 ZPO. Aus ihm kann also insbesondere ohne Leistung einer Sicherheit vollstreckt werden.

4. Verfahren bei Widerspruch

Der Antragsgegner kann Widerspruch erheben, solange der Vollstreckungsbescheid nicht vom Rechtspfleger verfügt ist, § 694 ZPO. Je nachdem, wann der Antragsteller Vollstreckungsbescheid beantragt und wann der Rechtspfleger ihn verfügt, wird dadurch die im Gesetz mit 14 Tagen bemessene Widerspruchsfrist erheblich verlängert. Das Gericht setzt den Antragsteller vom Widerspruch in Kenntnis und berechnet die bei Überleitung ins Prozeßverfahren zu zahlende Gerichtsgebühr.

Bei rechtzeitigem Widerspruch kann Vollstreckungsbescheid nicht ergehen. Das **Mahnverfahren ruht** nunmehr, bis entweder der Antragsteller oder auch der Antragsgegner die Durchführung des streitigen Prozeßverfahrens beantragt, § 696 Abs. 1 ZPO. Das Verfahren wird dann abgegeben an das im Mahnbescheid bezeichnete Abgabegericht. Wenn der Gläubiger die Wahl zwischen mehreren Prozeßgerichtsständen hat, so übt er sie durch Benennung des Abgabegerichtes im MB aus. Deshalb ist jetzt bei Beantragung eines MB die ggf. schwierige Entscheidung über den Gerichtsstand für den Prozeß zu treffen.

Durch die Abgabe und eine etwa erforderliche weitere Verweisung, die je zumindest Wochen in Anspruch nehmen, dauert das Verfahren nach Widerspruch erheblich länger, als wenn gleich beim zuständigen Gericht Klage erhoben worden wäre.

Abschnitt C. Titulierungswirkungen und Vollstreckungsvoraussetzungen

I. Sonstige Wirkungen des Titels

Hauptzweck der Titulierung ist, die Rechtmäßigkeit der Forderung zu bescheinigen und damit die Vollstreckungsorgane zu ihrer zwangsweisen Durchsetzung zu ermächtigen und zu verpflichten. Daneben gibt es andere Titulierungswirkungen, die manchmal schon für sich allein die Titulierung einer Forderung rechtfertigen, selbst wenn eine Vollstreckung z. Zt. ersichtlich aussichtslos ist.

1. Formelle Rechtskraft

Wie erwähnt können gerichtliche Urteile nur binnen bestimmter Fristen angefochten werden. Nach Ablauf dieser Fristen sind sie, von Ausnahmen abgesehen, rechtskräftig, d. h. unabänderlich. Das gilt in ähnlicher Weise für die sonstigen Vollstreckungstitel auch. Zwar unterliegt das vollstreckbare notarielle Schuldanerkenntnis und nach neueren Gerichtsurteilen sogar der Vollstreckungsbescheid im größeren Umfange als das Urteil der Vollstreckungsabwehrklage nach § 767 ZPO (dazu Kapitel 7, S. 198 ff.). Aber bei jeder Titulierung verschiebt sich jedenfalls die Beweislast auf den Schuldner, so daß alle Titulierungsarten in mehr oder minder starkem Maße die Forderung zugunsten des Gläubigers außer Streit stellen.

2. Verlängerte Verjährung

Ein weiterer wesentlicher Gesichtspunkt ist, daß nach § 218 BGB ein rechtskräftig festgestellter Anspruch in 30 Jahren verjährt, „auch wenn er an sich einer kürzeren Verjährung unterliegt". Durch Titulierung hält man sich also die Möglichkeit offen, ggf. nach langen Jahren noch einmal gegen einen Schuldner zu vollstrecken, selbst wenn z. Zt. eine Vollstreckung bei ihm aussichtslos ist.

Das gilt für Zinsen nur teilweise. Die künftigen, nach Rechtskraft des Titels auflaufenden Zinsen verjähren trotz Titulierung nicht in 30 Jahren, § 218 Abs. 2 BGB, sondern in der gesetzlichen Frist von 4 Jahren, § 197 BGB.

Durch die Restschuldbefreiung nach der InsO (vgl. unten, Kapitel 6, S. 171 f.) kann in Zukunft aber die Wirksamkeit eines Titels auch ohne vollständige Zahlung ggf. schon nach 7 Jahren enden.

II. Sonstige Vollstreckungsvoraussetzungen

Für die Einschaltung der staatlichen Vollstreckungsorgane braucht also der Gläubiger zunächst einen Vollstreckungstitel. Vor Beginn der Vollstreckung sind aber noch 2 weitere formale Voraussetzungen zu erfüllen:

1. Vollstreckungsklausel

a) einfache Vollstreckungsklausel

Nach §§ 724, 725 ZPO darf die Zwangsvollstreckung aus einem Urteil nur aufgrund einer mit einer Vollstreckungsklausel versehenen Ausfertigung (Abschrift) des Urteils durchgeführt werden. Diese Vollstreckungsklausel lautet gem. § 725 ZPO:

> „Vorstehende Ausfertigung wird dem usw. (Bezeichnung der Partei) zum Zwecke der Zwangsvollstreckung erteilt."

Da ein gerichtliches Urteil häufig in mehreren Ausfertigungen existiert, muß verhindert werden, daß ein Gläubiger zunächst aus der einen Ausfertigung vollstreckt und dann vielleicht nach Jahr und Tag (bis zu 30 Jahren!) eine weitere Ausfertigung vorlegt, um nochmals zu vollstrecken. Deshalb gibt es regelmäßig nur eine vollstreckbare Ausfertigung des Urteils, eben eine mit der genannten Klausel versehene Urteilsabschrift, die nach erfolgreicher Vollstreckung an den Schuldner herausgegeben werden muß.

Bei Urteilen muß also der Gläubiger bei Gericht beantragen, ihm eine **vollstreckbare Ausfertigung** zu erteilen. Die vollstreckbare Ausfertigung einer notariellen Urkunde wird von dem Notar erteilt, der die Urkunde verwahrt, § 797 Abs. 2 ZPO. Vollstreckungsbescheide (und Arrestbefehle) benötigen keine Vollstreckungsklausel, § 796 ZPO.

b) qualifizierte Klausel

In besonderen Fällen, etwa bei Rechtsnachfolge auf Gläubiger- oder Schuldnerseite kann durch eine sogenannte qualifizierte Vollstreckungsklausel der Titel für einen neuen Gläubiger oder gegen einen neuen Schuldner umgeschrieben werden, § 727 ZPO. Dann muß **nur die Rechtsnachfolge,** nicht aber erneut das Bestehen der Forderung nachgewiesen werden.

2. Zustellung des Titels

Nach § 750 Abs. 1 ZPO muß jeder Vollstreckungstitel (mit Ausnahme der Arrestbefehle, § 929 Abs. 3 ZPO) dem Schuldner vor Beginn der Vollstreckung zugestellt werden. Damit wird dem Schuldner vor Augen geführt, daß nunmehr ein Vollstreckungstitel gegen ihn vorhanden ist, so daß er eine letzte Gelegenheit hat, durch freiwillige Zahlung die Vollstreckung abzuwenden.

Da der Gerichtsvollzieher sowohl die Zustellung vornehmen als auch bewegliche Sachen pfänden kann, kann bei Mobiliarpfändung die Zustellung des Titels mit dem Beginn der Vollstreckung zeitlich zusammenfallen.

Vor Beginn zwangsweiser Vollstreckung durch staatliche Vollstreckungsorgane müssen daher regelmäßig drei Voraussetzungen erfüllt sein:

– für die zu vollstreckende Forderung muß ein **Vollstreckungstitel** vorliegen.

– die dem Vollstreckungsorgan vorgelegte Ausfertigung des Titels muß – außer beim Vollstreckungsbescheid und beim Arrestbefehl – mit einer **Vollstreckungsklausel** versehen sein.

– vor oder spätestens bei Beginn der Vollstreckung muß die **Zustellung** des Titels erfolgen (außer beim Arrestbefehl).

Abschnitt D. Wirtschaftliche Überlegungen und Kostenhinweise

I. Übersicht über die Titulierungskosten

1. Vollstreckbares notarielles Schuldanerkenntnis

Hier entsteht eine volle Gebühr nach der Gebührentabelle zur Kostenordnung (Anhang 2, zzgl. Schreibgebühren und Mehrwertsteuer). Soweit der Gläubiger einen Anwalt einschaltet, entstehen auch noch Anwaltskosten nach der BRAGO (vgl. Anhang 1), deren Höhe sich nach dem Umfang der Tätigkeit des Anwalts richtet.

2. Gerichtliches Mahnverfahren

Hier entsteht beim Gericht eine halbe Gebühr nach der Gerichtskostentabelle zum Gerichtskostengesetz (Anhang 3). Schaltet der Gläubiger einen Anwalt ein, so entsteht für die Beantragung des Mahnbescheides eine volle $^{10}/_{10}$ Gebühr nach der

BRAGO (Anhang 1) zzgl. Schreibgebühren und Mehrwertsteuer, und für die Beantragung des Vollstreckungsbescheides eine halbe ($^5/_{10}$) Gebühr zzgl. Schreibgebühr und Mehrwertsteuer.

3. Versäumnisurteil

Hier entstehen statt der halben drei volle Gerichtsgebühren zzgl. Zustellkosten. Bei Einschaltung eines Anwalts entstehen dieselben Anwaltskosten wie für das gerichtliche Mahnverfahren.

4. Streitiger Zivilprozeß

Hier entstehen beim Gericht drei volle Gebühren nach der Gerichtskostentabelle (Anhang 3) zzgl. Zustellkosten. Der Kläger/ Gläubiger muß diese drei Gebühren bei Einreichung der Klage verauslagen.

Für den Anwalt des Gläubigers entstehen Gebühren nach der BRAGO (Anhang 1) je nach Umfang der Tätigkeit, bei Urteil nach Beweisaufnahme z. B. drei volle Gebühren ($^{30}/_{10}$) zzgl. Nebenkosten.

Dazu können noch Zeugengebühren und Sachverständigenkosten in manchmal ganz erheblicher Höhe kommen.

5. Tabellarischer Kostenvergleich

In der Tabelle auf S. 62 sind die normalen Kosten für die drei wichtigsten Titulierungsarten und für beispielhafte Streitwerte zwischen 600,– DM und 100 000,– DM zusammengestellt, sowie der normale Zeitbedarf dieser Verfahren.

Die Lehre daraus ist offenkundig: Aus Zeit- und Kostengründen sollte möglichst unstreitig tituliert werden.

II. Folgerungen

1. Titulieren, ausbuchen oder Mithaftung/Durchgriffshaftung

Die Gebührentabellen sowohl für die Notare als auch für die Gerichte als auch für die Rechtsanwälte sind degressiv, d. h. sie sind bei kleinen Streitwerten **prozentual** höher als bei großen

Streitwerten. Selbst die Titulierung durch Vollstreckungsbescheid kostet, jedenfalls bei Einschaltung eines Anwalts, bei kleineren Streitwerten 30–40 % der Forderung selbst. Deswegen muß gerade vor Beginn der Titulierung der Gläubiger nochmals erwägen, ob sich diese Ausgabe lohnt. Je sicherer er jetzt schon weiß, daß eine Vollstreckung erfolglos sein würde, desto eher sollte er die Forderung gar nicht erst titulieren.

Ganz unsinnig ist die gar nicht so seltene Einstellung, zwar noch „der Ordnung halber" die Forderung zu titulieren, dann aber aus Furcht vor Kosten von der Vollstreckung abzusehen. Wenn man nicht, auch späterhin nicht, vollstrecken will, erübrigt sich die Titulierung. Und die Kosten der Zwangsvollstreckung sind im Verhältnis zu den Titulierungskosten relativ gering.

Dann sollte man aber erwägen, ob andere Personen, die vielleicht zahlungsfähiger sind, neben dem direkten Schuldner mithaften.

a) Das gilt z. B. für die persönlich haftenden Gesellschafter einer OHG oder KG, § 128 HGB (vgl. unten S. 70), aber auch für den selbstschuldnerischen Bürgen, den vertraglichen Mitschuldner oder den Vermögensübernehmer (§ 149 BGB) der Firmenübernehmer (§ 25 HGB).

b) Bei Geschäften des täglichen Lebens haftet auch der Ehepartner des Schuldners mit, sog. Schlüsselgewalt, § 1357 BGB.

c) Insbesondere bei einer Schuldner-GmbH, die „pleite" ist, sollte man eine Durchgriffshaftung der handelnden Personen prüfen (Handelnden-Haftung, Konzernhaftung, Kostenhaftung nach § 26 Abs. 3 InsO etc.). Dazu wird man regelmäßig anwaltlichen Rat einholen müssen (vgl. auch unten, Kap. 6 A. II., S. 166).

2. Titulierungskosten vermindern

Daran, die Titulierungskosten so gering wie möglich zu halten, sind Gläubiger und Schuldner gleichermaßen interessiert. Der Gläubiger muß diese Kosten regelmäßig verauslagen. Der Schuldner muß sie, wenn er zahlt, zusätzlich zahlen.

Deshalb sollte der Gläubiger stets erwägen, ob nicht der Schuldner zur Abgabe eines vollstreckbaren notariellen Schuldanerkenntnisses zu bewegen ist.

Kostenvergleich verschiedener Titulierungsarten (alte Bundesländer)[A]

Gegenstandswert (= Forderung)	I. freiwillige Titulierung durch not. Schuldanerkenntnis			II. unstreitige Titulierung durch MB und VB			III. streitige Titulierung durch Prozeß mit Beweisaufnahme[D]		
	Notarkosten (incl. MWSt)	$7,5/10$ [B] Anwaltsgeb.	Summe	$1/2$ Gerichtsgeb.	$15/10$ [C] Anwaltsgeb.	Summe	3 Gerichtsgeb.	$30/10$ Anwaltsgeb.	Summe
DM	DM	DM	DM	DM	DM	DM	DM	DM	DM
600	25	49	74	25	99	124	150	200	350
1200	25	89	114	35	178	213	210	359	569
3000	40	208	248	65	408	473	390	777	1167
5000	57	317	374	80	598	678	480	1160	1640
10000	92	559	651	117,50	1072	1189,50	705	2117	2822
30000	138	999	1137	237,50	1952	2189,50	1425	3891[E]	5316
50000	184	1275	1499	327,50	2504	2831,50	1965	5005	6970
100000	299	1878	2177	477,50	3711	4188,50	2865	7441	10306
Zeitbedarf:	ca. 1 Woche			ca. 6 Wochen			ca. 9 Monate[F]		

Anmerkungen

A Die Beträge sind gerundet, mithin ca.-Werte. Gebühren nach dem Stand vom 1. 10. 1998. In Ostdeutschland werden nach dem Einigungsvertrag nur 90 % dieser Gebühren erhoben.

B Diese Kosten entfallen natürlich, wenn kein Anwalt eingeschaltet wird. Es entsteht dann aber beim Gläubiger kalkulatorischer Bearbeitungsaufwand, der ihm nicht erstattet wird. Unterstellt wird hier nur geringe Anwaltstätigkeit ohne mündliche Verhandlung mit dem Schuldner.

C Auch diese Kosten sind bei Streitwerten bis 10000,– DM nicht zwingend erforderlich, vgl. Anm. B.

D Unterstellt wird der Fall von nur „taktischen", d. h. zur Verzögerung der Titulierung erhobenen Einwänden gegen die an sich unstreitige Forderung. Zu den reinen Gerichtsgebühren kommen hier meist noch weitere Kosten hinzu, Zeugengebühren, Sachverständigenkosten etc.

E Da bei Werten über 10000,– DM Anwaltszwang besteht, muß der Schuldner hier dieselben Gebühren noch einmal für seinen Anwalt einkalkulieren.

F Diese Zeitangaben sind natürlich grobe Durchschnittswerte. Die Titulierung durch vollstreckbare notarielle Urkunde kann notfalls binnen Stunden erfolgen.

3. Mahnbescheid oder Versäumnisurteil

Der häufigste Fall der Inkassopraxis ist, daß der Schuldner zwar keine Einwände gegen die Forderung erhebt, aber auch sonst nicht reagiert. Dann ist zu entscheiden, ob im gerichtlichen Mahnverfahren oder durch Klage und mit einem zu erwartenden Versäumnisurteil tituliert werden soll.

Das Mahnverfahren verursacht weniger Kosten. Es besteht kein Anwaltszwang, d.h. auch bei Forderungen über 10 000,– DM kann der Gläubiger den Antrag selbst stellen. Und das Ausfüllen des Antragsformulars ist etwas weniger aufwendig als die Fertigung einer Klage.

Der Nachteil des Mahnverfahrens ist das Risiko des Zeitverlustes. Legt der Schuldner zur Verzögerung Widerspruch ein, muß das Verfahren abgegeben werden. Bei höheren Forderungen gegen gewerbliche Schuldner, die in Zahlungsschwierigkeiten sind, ist deshalb das Klagverfahren vorzuziehen.

III. Titulierung (und Vollstreckung) durch Anwalt?

Die Kostenübersicht (vgl. oben, S. 62) scheint zu lehren, daß die Einschaltung eines Anwalts die Titulierung erheblich verteuert. Das ist wirtschaftlich auf seiten des Gläubigers nicht richtig.

1. Umfang der Kostenerstattungspflicht des Schuldners

Nach § 91 Abs. 2 ZPO sind von der unterlegenen Partei stets „die gesetzlichen Gebühren und Auslagen des Rechtsanwalts der obsiegenden Partei" zu erstatten, was entsprechend für das gerichtliche Mahnverfahren gilt.

Führt die Partei Prozeß oder Mahnverfahren selbst, so gilt für sie § 91 Abs. 1 ZPO. Danach sind zwar notwendige verauslagte Kosten zu erstatten, einschließlich einer Entschädigung für Zeitversäumnis durch notwendige Reisen oder notwendige Wahrnehmung von Terminen. Das bedeutet aber zugleich, daß der sonstige Zeitaufwand der Partei gerade nicht entschädigt wird (BGHZ Bd. 66, S. 114).

2. Das Kostenparadox

Soweit nicht ohnehin (bei Klagen über 10 000,– DM) Anwaltszwang besteht, verzichtet also der Gläubiger, der Mühe und Zeit für Klage oder Mahnantrag selbst aufwendet, auf Entschädigung für diesen Aufwand durch den Schuldner. Überträgt er die Bearbeitung einem Anwalt, so muß der Schuldner in Form der Anwaltsgebühren gerade diesen Bearbeitungsaufwand erstatten. In allen Fällen, in denen der Schuldner letztlich zur Zahlung gezwungen werden kann, spart der Gläubiger sich Aufwand, wenn er die Bearbeitung seiner Inkassosache schon bei der Titulierung einem Anwalt überträgt.

Bleiben Titulierung und Vollstreckung erfolglos, muß der Gläubiger allerdings, für ihn höchst ärgerlich, obendrein noch Anwaltskosten tragen. Er hat aber dafür eigenen Bearbeitungsaufwand erspart.

Nimmt man hinzu, daß beim Anwalt durch die Spezialisierung auch für Sonder- und Ausnahmefälle das Forderungsinkasso schneller und effektiver betrieben werden kann, sollten die entstehenden Gebühren für den Gläubiger in der Regel kein Grund sein, seine Inkassosachen selbst zu bearbeiten. Die bei erfolgloser Vollstreckung von ihm zu zahlenden Gebühren sind lediglich ausgewiesener Bearbeitungsaufwand – steuerlich absetzbar. Bei Bearbeitung durch den Gläubiger selbst entsteht dieser Aufwand auch. Er wird nur kalkulatorisch nicht erfaßt, bei erfolgreicher Beitreibung nicht erstattet und steuerlich nicht abgesetzt.

IV. Zum 3. Fallbeispiel (oben S. 35)

Wenn die Angaben von S spezifiziert und belegt werden, er die Forderung schriftlich anerkennt und bald gezahlt werden soll, könnte G abwarten. Sonst sollte G die Titulierung betreiben. Da S sich immerhin gemeldet und Entschuldigungen vorgebracht hat, sollte er zur Abgabe eines vollstreckbaren notariellen Schuldanerkenntnisses unter Fristsetzung aufgefordert werden. Nach Fristablauf sollte G Mahnbescheid beantragen oder beantragen lassen.

Abschnitt E. Hinweise für Schuldner

Durch Titulierungskosten kann sich die Schuldenlast eines Schuldners erheblich erhöhen, insbesondere, wenn er viele kleinere Verbindlichkeiten hat. Deshalb muß der Schuldner vor Einleitung von Titulierungsmaßnahmen durch seine Gläubiger aktiv handeln.

I. Titulierung entbehrlich machen

Der Schuldner kann für den Gläubiger die Titulierung schlechthin entbehrlich machen, selbst wenn er nichts zahlen kann.

Als Vollstreckungsgrundlage ist der Titel für den Gläubiger uninteressant, wenn der Schuldner ihm **nachweist,** daß er keine der Vollstreckung unterliegende Vermögensgegenstände hat, bzw. wenn er vorhandene Vermögensgegenstände freiwillig dem Gläubiger überträgt. Dazu gehört insbesondere auch eine Abtretung des pfändbaren Teils künftiger Gehaltsansprüche des Schuldners.

Die verjährungsverlängernde bzw. -unterbrechende Wirkung eines Titels ebenso wie seine Rechtskraftwirkung erübrigen sich im wesentlichen durch die Abgabe eines unbedingten schriftlichen Schuldanerkenntnisses. Es unterbricht gem. § 208 BGB die Verjährung und kann wiederholt werden, wenn erneut Ablauf der Verjährung droht. Mit ihm wird zugleich die Forderung außer Streit gestellt.

Bei solchem Verhalten eines redlichen Schuldners hat der Gläubiger kein Interesse an einer Titulierung seiner Forderung.

II. Billig titulieren

Ist entgegen obigem Ratschlag Titulierung gleichwohl nicht zu vermeiden, sollte der Schuldner in seinem Kosteninteresse anbieten, ein vollstreckbares Schuldanerkenntnis beim Notar oder vor einer öffentlichen Schiedsstelle (vgl. oben, S. 45) abzugeben. Kann er die Notarkosten nicht zahlen, wird ein verständiger Gläubiger sie an den Notar vorschießen. Denn bei gerichtlicher Titulierung müßte er höhere Kosten vorschießen.

III. Abwehr unberechtigter Forderungen

Die drohende Titulierung ist zugleich der Zeitpunkt, wo der Schuldner sich unbedingt schlüssig werden muß, ob er berechtigte Einwendungen gegen eine Forderung hat, auch gegen Teil- und Nebenforderungen, etwa einen überhöhten Zinssatz u.ä. Denn dann muß er diese Einwendungen im Rahmen des Titulierungsverfahrens geltend machen, durch Klagerwiderung im Klageverfahren, oder durch Widerspruch gegen einen Mahnbescheid. Sowohl Klagerwiderung als auch Widerspruch können ohne weiteres auf die streitigen Teile der Forderung beschränkt werden, was im Kosteninteresse dringend zu empfehlen ist.

Versäumt der Schuldner die Gegenwehr im Titulierungsverfahren, so wird vom Gesetz unterstellt, daß er berechtigte Einwendungen gegen die Forderung nicht hat. Damit verliert er diese Einwendungen. Denn nach rechtskräftiger Titulierung kann der Schuldner nur in Ausnahmefällen (Wiederaufnahmeverfahren, Verfahren nach § 826 BGB, evtl. Vollstreckungsgegenklage) und meist mit sehr viel mehr Aufwand und wesentlich größerem Risiko noch Einwendungen geltend machen.

Zur Verzögerung Einwendungen zu erheben, die unberechtigt sind, ist dagegen für den Schuldner grob schädlich. Durch das von ihm erzwungene streitige Verfahren entstehen, wie mehrfach ausgeführt, erhebliche zusätzliche Titulierungskosten, die sich noch erhöhen, wenn der Schuldner selbst einen Anwalt einschaltet.

Vor allem verliert der Schuldner durch unberechtigte Einwendungen das Vertrauen des Gläubigers und erschwert damit Stundungs- und Vergleichsbemühungen. Abgesehen davon kann die Erhebung wissentlich falscher Einwendungen versuchter Prozeßbetrug sein.

Der durch solche Einwendungen erlangte Zeitgewinn kann wohl etliche Monate betragen. Er wiegt, insbesondere wenn der Gläubiger alle Verzugsschäden geltend macht, die Nachteile nie auf.

Checkliste zu Kapitel 3: Titulierung

Für Gläubiger:
1. Kontakt zum Schuldner und Schuldner gutwillig:
   Vollstreckbares Schuldanerkenntnis

2. Kein Kontakt zum Schuldner aber Schuldner gutwillig:
   Mahnbescheid

3. Unberechtigte Einwände oder nicht gutwilliger Schuldner:
   Klage, wenn möglich Urkundsklage

4. Schuldner „bricht seine Zelte ab":
   ggf. Arrest

5. Schuldner (z. B. GmbH) ist erkennbar auf Dauer vermögenslos:
   Vor Titulierung ausbuchen!

Für Schuldner:
1. Titulierung(-skosten) erübrigen (z. B. durch Anerkenntnis und Ratenvereinbarung)

2. Sonst billigst titulieren, bei Notar oder Gütestelle.

Kapitel 4. Informationsgewinnung

4. Fallbeispiel (im Anschluß an Beispiel 3, oben S. 35):

G beantragt einen Mahnbescheid gegen S. Nach 3 Wochen erhält er vom Amtsgericht Nachricht, daß S von der bisherigen Anschrift verzogen sei. G wird aufgefordert, eine neue ladungsfähige (d. h. vollständige) Anschrift anzugeben. Was kann G tun?

Abschnitt A. Informationserfordernisse

Erfolgreiche Einziehung von Forderungen steht und fällt in allen Stadien des Verfahrens mit möglichst weitreichender und vollständiger Information über
– den Schuldner
– und sein Vermögen.
Das gilt vor allem für drei Verfahrensabschnitte:

I. Für die Bonitätsprüfung

In Kapitel 1 war dringend empfohlen worden, vor Begründung einer Forderung zu prüfen, ob beim Schuldner der Wille und die Fähigkeit zur Zahlung vorhanden sind. Ersteres läßt sich ggf. aus Bank- oder Kreditauskünften ablesen, die über das bisherige Zahlungsverhalten dieses Schuldners berichten. Letzteres ist von der Vermögenslage des Schuldners abhängig. Insbesondere wegen der besitzlosen Pfandrechte (Eigentumsvorbehalt und Sicherungsübereignung) kann man diese nicht nach dem äußeren Schein (Besitz) ermitteln, sondern braucht viele weitere Indikatoren.

II. Zur Titulierung

Insbesondere für die Titulierungsverfahren durch Mahnbescheid oder Klage ist eine vollständige Schuldnerbezeichnung (Rubrum) erforderlich. Schon bei Menschen kann die Ermittlung von Vornamen und vollständiger Anschrift schwierig sein. Bei Handelsfirmen und juristischen Personen müssen **vor Beginn** der Titulierung die Rechtsform, die Haftungs- und die Vertretungsverhältnisse eindeutig geklärt sein. Genauigkeit geht dabei vor Schnelligkeit. Denn eine falsche Schuldnerbezeichnung (z. B. der Geschäftsführer wird verklagt, Schuldner ist aber die von ihm vertretene GmbH) führt zumindest zu erheblichen Verzögerungen und Kosten oder macht den Titel wertlos.

Abgesehen von **Straße, Hausnummer, Postleitzahl und Ort,** die man bei Titulierung gegen jeden Schuldner braucht, sind in den sieben Hauptfällen des Rubrums noch folgende Angaben insbesondere hinsichtlich der Haftungs- und Vertretungsverhältnisse erforderlich.

1. Gegen Privatperson

Name (ggf. auch Künstlername bzw. Geburtsname) und möglichst sämtliche Vornamen sowie Geburtsdatum und Berufsbezeichnung, um den Schuldner, auch bei gleichnamigem Vater o. ä. sicher identifizieren zu können.

2. Gegen einen eingetragenen Vollkaufmann

Genannt werden sollte die eingetragene Firma, der jetzige Inhaber und, zur Vermeidung von Rückfragen, die Handelsregisternummer (z. B. „Firma Müller, Inhaber Fritz Meyer, eingetragener Kaufmann, HRA Nr. 1111").

3. Gegen OHG (Offene Handelsgesellschaft)

Hier haften das Vermögen der OHG und die Privatvermögen aller Gesellschafter. Titulierung sollte deshalb gegen die OHG, vertreten durch ihre Gesellschafter und gegen jeden einzelnen Gesellschafter persönlich betrieben werden (z. B. „1. gegen X-OHG, vertreten durch die persönlich haftenden Gesellschafter A und B; 2. gegen A; 3. gegen B").

4. Gegen KG (Kommanditgesellschaft)

Sie wird vertreten durch die persönlich haftenden Gesellschafter (Komplementäre), und diese haften auch neben der KG mit ihrem Privatvermögen, sind also neben der KG bei Titulierung in Anspruch zu nehmen (z. B. „1. gegen X-KG, vertreten durch die Komplementäre A und B; 2. gegen A; 3. gegen B").

Die übrigen Gesellschafter (Kommanditisten) haften nicht, soweit sie ihre Kommanditeinlage gezahlt haben.

5. Gegen GmbH (Gesellschaft mit beschränkter Haftung)

Sie haftet beschränkt, nur mit dem Gesellschaftsvermögen, nicht mit dem Privatvermögen der Gesellschafter oder Geschäftsführer. Titulierung wird also nur gegen die GmbH betrieben, vertreten durch den oder die Geschäftsführer (z. B. „X-GmbH, vertreten durch den Geschäftsführer A").

6. Gegen AG (Aktiengesellschaft)

Auch bei ihr haftet nur das Gesellschaftsvermögen, nicht das Privatvermögen der Aktionäre. Sie wird vertreten durch den Vorstand (z. B. „X-AG, vertreten durch den Vorstand A, B, . . .").

7. Gegen GmbH & Co. KG

Dies ist eine praktisch (aus Steuergründen) sehr verbreitete Kombination aus einer Kommanditgesellschaft, in der eine GmbH alleinige Komplementärin ist. Es haftet also das Vermögen der KG und das Vermögen der GmbH, die aber meist nur über das Mindeststammkapital von 50 000,– DM verfügt. Zu titulieren ist sowohl gegen die KG als auch gegen die GmbH. Vertreten wird die KG durch die GmbH und diese wiederum durch ihren Geschäftsführer (z. B. 1. „X-KG, vertreten durch die Komplementärin, die A-GmbH, diese wiederum vertreten, durch den Geschäftsführer B; 2. A-GmbH, vertreten durch den Geschäftsführer B").

III. Zur Vollstreckung

Für die Zwangsvollstreckung selbst ist die Kenntnis konkreter Vermögensstücke des Schuldners erforderlich. Denn der Gläubiger muß den staatlichen Vollstreckungsorganen die Vermögensstücke genau bezeichnen, in die hinein gepfändet werden soll. Bei der Vollstreckung in Grundstücke muß deren genaue Belegenheit und Grundbuchbezeichnung angegeben werden, bei der Forderungspfändung müssen Drittschuldner und Forderung genau bezeichnet werden. Bei der Vollstreckung in bewegliches Vermögen durch den Gerichtsvollzieher genügt zwar eine adressenmäßige Bezeichnung etwa der Wohnung des Schuldners. Die Effektivität dieser Vollstreckung wird aber durch konkrete Hinweise (auf ein Auto, auf Aufbewahrungsort eines Sparkassenbuches etc.) erheblich erhöht.

In der früheren DDR wurde die Vollstreckung einschließlich der Ermittlung des Schuldnervermögens auf Antrag von Amts wegen durch den Sekretär des Kreisgerichtes vorgenommen. Hier bürdet das gesamtdeutsche Recht dem Gläubiger weit mehr Initiative – und damit Aufwand und Kosten – auf.

Abschnitt B. Information über gewerblich tätige Schuldner

Über Gewerbetreibende, insbesondere über Handelsfirmen und Handelsgesellschaften werden zahlreiche Informationen von Gesetzes wegen gesammelt und öffentlich zugänglich gemacht, mit der ausdrücklichen gesetzgeberischen Absicht, die Information zu erleichtern.

I. Der Handelsregisterauszug

1. Das Handelsregister

Eine ganze Reihe von Informationen enthält das Handelsregister (§§ 8–16 des Handelsgesetzbuches). Es wird bei den Amtsgerichten geführt. Es besteht aus zwei Abteilungen. In Abteilung A sind eingetragen die Einzelkaufleute und die handelsrechtlichen Personengesellschaften (insbesondere OHG und KG). In Abteilung B sind eingetragen die Kapitalgesellschaften (insbesondere GmbH und AG). § 9 Abs. 1 Handelsgesetzbuch bestimmt:

„Die Einsicht des Handelsregisters sowie der zum Handelsregister eingereichten Schriftstücke ist jedem gestattet."

2. Antrag auf Erteilung von Registerauszug und Abschriften

Ein solcher Antrag kann wie folgt lauten:

An das
Amtsgericht
HANDELSREGISTER
99999 Schuldnerstadt

Über die Firma Schuldner & Zahler GmbH erbitte ich
– unbeglaubigten Registerauszug
– Abschrift der letzten Gesellschafterliste
– Abschrift des Gesellschaftsvertrages
– Abschrift des letzten eingereichten Jahresabschlusses (sofern nicht umfangreicher als 10 Blatt).

Für entstehende Kosten komme ich auf.

gez. Gläubiger

Die Auskunft kann man auch einholen über die Mailbox Alexis der Hans-Soldan-Stiftung, Postfach 11 03 51 in Essen.

3. Auswertung (Bonitätskriterien)

Die Angaben aus dem Handelsregistereintrag und den sonstigen Unterlagen bedürfen sorgfältiger Bewertung in Kombination mit den sonstigen Informationen über das eingetragene Unternehmen. Das erfordert lange Erfahrung. Hier nur einige Hinweise: Bei Kapitalgesellschaften ist die Angabe des Stammkapitals jedenfalls ein grober Maßstab nicht nur für die wirtschaftliche Größe, sondern auch für die Bonität. Denn prozentual werden wesentlich mehr kleine Kapitalgesellschaften insolvent als große.

Neuerdings (§§ 325 ff. HGB) müssen insbesondere die größeren Kapitalgesellschaften Bilanzen und weitere Geschäftsunterlagen zum Handelsregister einreichen. Soweit das – bislang in der Praxis nur zögernd – geschieht, ist sogar eine professionelle Bilanzanalyse möglich.

Die Angaben über persönlich haftende Gesellschafter und Geschäftsführer geben Hinweise auf die handelnden Menschen, deren Bonität dann wiederum zu beurteilen ist. Wenn etwa der tatsächliche Leiter der Geschäfte nicht auch der eingetragene Geschäftsführer ist, ist das bedenklich.

Ein wichtiges Datum ist auch der Tag der ersten Eintragung. Denn junge Unternehmen in den ersten Jahren ihres Bestehens werden prozentual weit häufiger insolvent als Unternehmen, die schon acht oder zehn Jahre überstanden haben.

Auch die Unternehmensform ist ein Maßstab. Eine GmbH ist insolvenzgefährdeter als andere Unternehmensformen.

Aus der Gesellschafterliste und dem Gesellschaftsvertrag kann man zusätzliche Rückschlüsse auf die hinter der Gesellschaft stehenden Personen und Art und Ausmaß ihres Einflusses ziehen.

Auch die aus dem Registereintrag ersichtliche Branche gibt Bonitätshinweise. Einige Branchen sind, vor allem bei schlechter Konjunktur, weit mehr insolvenzgefährdet (etwa Baubranche oder EDV-Softwarebranche) als andere.

Das durchschnittliche Insolvenzrisiko eines Unternehmens liegt bei normaler Konjunktur bei etwa 0,5–1 % jährlich. Bei den einzelnen genannten Negativkriterien (geringes Alter, geringes Stammkapital, GmbH, Branche) steigt dies Risiko um ein mehrfaches. Insbesondere wenn mehrere Negativkriterien zusammenkommen, wird das Insolvenzrisiko erheblich (z. B. bei einer jüngst gegründeten GmbH im Baubereich mit nur 50 000,– DM Stammkapital, deren eingetragener Geschäftsführer sie nicht faktisch leitet). Kommt hier etwa ein Scheckprotest hinzu, wird die Insolvenz wahrscheinlich.

II. Partnerschaftsregister

Für die neue Gesellschaftsform der Partnerschaftsgesellschaft für freie Berufe hat das ebenfalls beim Amtsgericht geführte Partnerschaftsregister dieselbe Funktion wie das Handelsregister für die gewerblichen Gesellschaften.

III. Gewerberegister

Bei den Wirtschafts- und Ordnungsbehörden werden aus gewerbepolizeilichen Gründen Register über die angezeigten stehenden Gewerbe gem. § 14 der Gewerbeordnung geführt, also auch, soweit sie nicht im Handelsregister einzutragen sind. Über diese Eintragungen wird Auskunft erteilt, wobei aus datenschutzrechtlichen Gründen ein berechtigtes Interesse an der Auskunft dargelegt werden sollte. Die Notwendigkeit, gegen den Gewerbetreibenden eine Forderung zu titulieren oder gar beizutreiben, begründet dies Interesse stets. Dies sollte aber in der Anfrage angegeben werden. Sie ist etwa zu richten an:

An die
Gemeindeverwaltung
GEWERBEREGISTER
– Rathaus –
99999 Schuldnerstadt

Über die Firma (Name, Anschrift) erbitte ich
Gewerberegisterauskunft mit Angabe der Privatanschrift.

Für die Kosten komme ich auf.

gez. Gläubiger

Die Gewerberegisterauskunft liefert
– genaue Angaben über die handelnden Personen,
– auf entsprechende Anfrage die Privatanschriften der handelnden Personen (auch der Geschäftsführer einer GmbH). Das kann für Zustellungen etc. außerordentlich wichtig sein,

– eine Angabe über den Zeitpunkt der Eintragung des Gewerbes. Daraus ergibt sich wiederum ein entsprechendes Indiz auf die Bonität (je älter desto besser).

Sowohl für das Handels- als auch für das Gewerberegister gilt, daß auch Negativauskünfte bedeutsam sind, und zwar als negative Indizien für die Bonität. Denn wer eine registerpflichtige Firma oder ein registerpflichtiges Gewerbe betreibt, ohne ordnungsgemäß eingetragen zu sein, hat mit einiger Wahrscheinlichkeit auch keine besonders geordneten Vermögensverhältnisse.

IV. Sonstige Informationsquellen

Weitere Informationsquellen über gewerbetreibende Schuldner können nachfolgend nur stichwortartig genannt werden:

1. Bankauskunft

Ein sehr gutes und für Gewerbetreibende bislang nicht durch den Datenschutz lahmgelegtes Informationsmittel ist die Bankauskunft. Sie gibt, wenn auch in verklausulierter Form, Hinweise auf das bisherige Zahlungsverhalten dieses Schuldners gegenüber Kreditinstituten. Man holt sie über die eigene Hausbank ein.

2. Kreditauskunft

In allen größeren Städten (Branchenfernsprechbuch) gibt es Kreditauskunfteien, die gewerbsmäßig Informationen über Personen und Unternehmen liefern. Die Güte der Information ist unterschiedlich, manchmal überholt und beruht häufig lediglich auf den hier genannten allgemein zugänglichen Informationsquellen.

3. Schuldnerregister/Insolvenzgericht

Die bei den Amtsgerichten geführten Schuldnerregister (vgl. dazu unten Abschnitt E IV., S. 91) sind für gewerbetreibende Schuldner kaum aussagekräftig. Denn bei ihnen tritt meist vollständige Zahlungsunfähigkeit ein, Monate bevor es zu einer Eintragung im Schuldnerregister kommt. Wichtiger sind sie zur Beurteilung privater Schuldner.

Die Insolvenzgerichte erteilen Auskunft, ob über das Vermögen einer Schuldnerfirma ein Insolvenzverfahren eröffnet oder mangels Masse abgelehnt ist. Sie erteilen keine Auskunft, ob ein Insolvenzantrag anhängig ist, über den noch nicht entschieden wurde!

4. Schuldnerbriefkopf

Eine nicht zu unterschätzende Informationsquelle ist der Briefkopf des Schuldners bzw. des Schuldnerunternehmens.

a) Für Kapitalgesellschaften (GmbH und AG) verlangt der Gesetzgeber, daß auf den Geschäftsbriefen die Rechtsform, die vertretungsberechtigten Personen, das Handelsregistergericht und die Handelsregisternummer angegeben werden (§ 35 a GmbH-Gesetz und § 80 Aktiengesetz). Das ermöglicht die weitere Information über das Handelsregister.

b) Im eigenen Interesse geben fast alle Gewerbetreibenden auf ihren Geschäftsbriefen ihre Kontoverbindungen bekannt. Das liefert alle erforderlichen Angaben für eine Kontopfändung.

c) Fehlen auf einem Geschäftsbriefkopf die unter a) und b) genannten Angaben teilweise oder ganz, obwohl sie erforderlich wären (z. B. GmbH-Briefkopf ohne die fraglichen Angaben), so ist das ein äußerst bedenkliches Bonitätsindiz.

5. Selbstauskunft

Weitere Informationen kann und sollte man bei Anbahnung einer Geschäftsbeziehung im Wege der Selbstauskunft direkt vom Vertragspartner/Schuldner einholen, etwa indem bei Abfassung eines schriftlichen Vertrages alle Angaben zur Firmenform, zu den Haftungs- und Vertretungsverhältnissen, zur Anschrift, zur Privatanschrift etc. abgefragt und in den Vertrag aufgenommen werden.

6. Telefonanruf und Augenschein

Wo solche Angaben noch fehlen, etwa bei Beginn einer Titulierung, kann ein Versuch, sie durch Telefonanruf im schuldnerischen Betrieb festzustellen, nichts schaden. In kaum einem Gewerbebetrieb wird die Antwort auf Fragen nach den Namen des

Inhabers oder Geschäftsführers etc. verweigert werden. Ertönt beim Anruf die Ansage: „Dieser Anschluß ist vorübergehend nicht erreichbar", so ist das ein äußerst schlechtes Bonitätsindiz.

Schließlich schadet es nicht, wenn es ohne zu großen Aufwand möglich ist, den schuldnerischen Betrieb oder die Schuldnerwohnung einmal selbst in Augenschein zu nehmen, um sich von Größe, Ausstattung etc. ein Bild zu machen („Einmal sehen ist besser als 100mal hören").

7. Handels- und Handwerkskammer

Man kann dort anfragen, ob die Schuldnerfirma Mitglied ist, und dann z. B. den Geschäftsführer ermitteln.

Abschnitt C. Information über Privatschuldner

I. Anschriftenermittlung

Nach Erhebungen von Versandhändlern beträgt die Wahrscheinlichkeit, daß ein Privatschuldner innerhalb eines Jahres umzieht, etwa 33 %. Anders als bei einem gewerblichen Betrieb, dessen Nichterreichbarkeit an der alten Anschrift meist zugleich sein wirtschaftliches Ende signalisiert, besagt der Umzug einer Privatperson wenig. Es ergibt sich daher in allen Stadien der Forderungseinziehung immer wieder die Notwendigkeit, eine neue Schuldneranschrift zu ermitteln, gelegentlich auch einen neuen Namen, etwa bei Heirat der Schuldnerin oder auch des Schuldners.

1. Postanschriftenprüfung (PA)

Durch Postkarte kann bei dem für den Schuldner zuständigen Postamt angefragt werden, ob die – auf der Postkarte anzugebende – Anschrift des Schuldners richtig ist.

Der zuständige Zustellbeamte teilt dann mit, ob an der Anschrift dem Schuldner Post zugestellt werden kann. Ist der Schuldner verzogen, teilt der Zustellbeamte die neue Anschrift mit. Ist ihm diese unbekannt, vermerkt er „unbekannt verzogen", was ein schlechtes Bonitätsindiz ist.

Auch eine Bestätigung der Anschrift gibt keine Gewähr, daß der Schuldner sich dort aufhält. Es kann sich um die Anschrift von Verwandten oder Bekannten handeln, die Post für den Schuldner entgegennehmen und ggf. seinen Namen am Briefkasten führen.

2. Einwohnermeldeamtsauskunft

Nach § 1 des Melderechtsrahmengesetzes (MRRG) haben die Meldebehörden der Länder

> „die in ihrem Zuständigkeitsbereich wohnhaften Einwohner zu registrieren, um deren Identität und Wohnungen feststellen und nachweisen zu können".

Um das zu ermöglichen, ist nach § 11 MRRG jedermann verpflichtet, sich bei Einzug in eine Wohnung bei der Meldebehörde anzumelden und bei Auszug abzumelden. Ein Verstoß dagegen ist ordnungswidrig. Bußgelder werden aber nur selten und in geringer Höhe verhängt.

Nach § 21 Abs. 1 MRRG wird auf Anfrage Auskunft über die aktuelle Meldeanschrift erteilt, bei Nennung der bisherigen Wohnung also angegeben, wohin die fragliche Person sich abgemeldet hat.

Bei berechtigtem Interesse – welches ein Gläubiger zur Suche nach dem Schuldner in der Regel darlegen kann – können darüber hinaus weitere Auskünfte erteilt werden, insbesondere Geburtsdatum, frühere Vor- und Familiennamen, Familienstand und frühere Anschriften. Das kann wertvolle Hinweise für eine Ermittlung des Schuldners liefern.

Auch die Meldeanschrift besagt nicht, daß der Schuldner an der Anschrift tatsächlich wohnhaft ist. Es besagt nur, daß er sich dort einmal gemeldet hat.

3. Postfach

Manche Schuldner korrespondieren unter einer Postfach-Anschrift, um ihre Wohnung nicht bekanntzugeben. Die zuständige Niederlassung der Deutschen Post AG teilt aber auf Anfrage

Name **und Anschrift** des Postfachinhabers mit, ggf. nachdem man sein rechtliches Interesse (z. B. für eine Zustellung, die im Postfach nicht möglich ist) dargelegt hat.

4. Telefon- und Adreßbuch, Internet

Telefonbücher, bundesweite Telefondisketten und, wo sie noch erscheinen, Adreßbücher sind häufig aktueller als etwa das Melderegister, jedenfalls solange der Schuldner Wert auf Telefonkontakt legt.

„Moderne" Schuldner, etwa Computerfirmen, verfügen möglicherweise über eine eigene Web-Seite mit näheren Angaben.

5. Anruf bei Verwandten oder Arbeitgebern

Auch Schuldnern, die sich unter Verstoß gegen die Meldeanschriften von einer bisherigen Anschrift davonmachen, gelingt es nicht immer, zugleich Verwandte, Bekannte oder gar den Arbeitgeber zum Stillschweigen zu verpflichten. Deshalb können Anrufe dort, sofern man solche Personen ermitteln kann, zum Erfolg führen.

6. Detekteien

Schließlich gibt es Detekteien und Auskunfteien, die insbesondere auf die Ermittlung von Anschriften spezialisiert sind. Dies kann dann etwa durch Befragung von Nachbarn, Bekannten u. ä., aber auch durch Recherche in verschiedenen Registern und Dateien geschehen.

7. Lösungshinweis zum 4. Fallbeispiel (vgl. oben, S. 69)

G sollte zunächst gleichzeitig durch Postanschriftenprüfung und Melderegisteranfrage eine neue Anschrift von S ermitteln. Schlägt das fehl, kann unterstellt werden, daß S sich bewußt und vorsätzlich der Zahlung entziehen will. Weitere Ermittlungen können dann gemäß den oben beschriebenen Schritten Nr. 3–6 versucht werden. Bleibt auch dies erfolglos, so ist eine Strafanzeige wegen des Verdachts des Eingehungsbetruges zu erwägen. Das kann, bei Ermittlung des S durch die Polizei und späterer Akteneinsicht durch Anwalt, zur Ermittlung der Anschrift für G führen.

II. Bank- und Kreditauskunft

Verläßliche Informationen über die allgemeine Vermögenslage von Privatpersonen sind noch schwerer zu erlangen als bei Gewerbetreibenden. Insbesondere der umsichgreifende Datenschutz macht z. B. Bankauskünfte über Privatpersonen von deren Zustimmung abhängig. Auch Kreditauskünfte über Privatpersonen sind deshalb häufig unvollständig und lückenhaft. Eine Auskunft, wonach der Schuldner seiner Bank Auskünfte über sich nicht erlaubt, wird man als negatives Bonitätsindiz werten müssen.

III. Schuldnerregister

Das in Abschnitt E unter IV. (S. 91) näher behandelte, bei den Amtsgerichten geführte Schuldnerregister registriert Personen, deren Zahlungsunfähigkeit nach den Eintragungsvoraussetzungen unterstellt wird. Nach § 915 b Abs. 1 ZPO ist auf Antrag Auskunft zu erteilen, ob eine bestimmte Person in den letzten 3 Jahren eingetragen worden ist oder nicht. Das ist nur eine absolute Negativkontrolle, weil es viele zahlungsunfähige aber im Schuldnerverzeichnis noch nicht eingetragene Personen gibt. Immerhin kann man so leicht feststellen, ob ein Schuldner sogar schon im Schuldnerregister eingetragen ist. Die Anfrage wäre zu richten an:

An das
Amtsgericht
SCHULDNERREGISTER
Amtsgerichtsgebäude
99999 Schuldnerstadt

Ich bitte zum Zweck der Prüfung der Zahlungsfähigkeit um Auskunft, ob (Name, Vorname, Anschrift) im dortigen Register eingetragen ist.

gez. Gläubiger

IV. Schufa-Auskunft

Insbesondere Banken und Versandhändler führen im Rahmen der Schutzgemeinschaft für Abzahlungskäufe (Schufa) ein bundesweites privates Schuldnerregister. In ihm sind Art und Höhe von Kreditverpflichtungen einzelner Personen registriert und zusätzlich sogenannte Negativmerkmale, wie etwa erforderlich gewordene Vollstreckungsmaßnahmen, insbesondere aber die Eintragung in das gerichtliche Schuldnerregister. Da die Firmen der angeschlossenen Branchen **vor Abschluß** von Geschäften bei der Schufa nach dem künftigen Schuldner rückfragen, führt die Eintragung solcher Negativmerkmale dazu, daß der Schuldner bei den angeschlossenen Firmen keinen oder jedenfalls keinen ungesicherten Kredit erhält, weder in Form von Geld noch in Form von vorgeleisteten Waren.

Wegen der umfassenden und bundesweiten Verbreitung der Angaben wird die Schufa-Eintragung bei Schuldnern meist wesentlich mehr gefürchtet als die Eintragung im Schuldnerregister ihres örtlichen Amtsgerichts.

Die Schufa-Auskunft steht nicht nur den dort angeschlossenen Großfirmen zur Verfügung. Denn jedermann kann von der Schufa Auskunft über die zu seiner Person gespeicherten Daten einholen. Und jeder Gläubiger, etwa ein Vermieter, kann von seinem künftigen Schuldner die Vorlage eines solchen Auszuges verlangen (Kosten: ca. 20,– DM).

V. Gerichtsvollzieherprotokoll

Die Formulare der Gerichtsvollzieherprotokolle für Vollstreckungen enthalten Rubriken zur Aufnahme von Hinweisen über bekanntgewordene sonstige Vermögensstücke des Schuldners (Grundstücke, Forderungen, Arbeitsstelle, sowie für Angaben über eine bereits abgegebene eidesstattliche Versicherung über das Schuldnervermögen). Deshalb **kann** auch ein Gerichtsvollzieherprotokoll über erfolglose Pfändung wertvolle Hinweise für die weitere Vollstreckung – oder auch deren Einstellung – liefern. Auch ein persönliches Telefonat mit dem örtlich zuständigen Gerichtsvollzieher kann zusätzliche Informationen liefern. Gemäß § 806 a ZPO ist der GVZ verpflichtet, seine Erkenntnisse über Geldforderungen und Arbeitgeber des Schuldners dem Gläubiger mitzuteilen.

VI. Selbstauskunft

Wie bei den gewerbetreibenden Schuldnern ist auch und gerade bei privaten Schuldnern die Selbstauskunft insbesondere vor oder bei Vertragsschluß eine bei weitem zuwenig ausgeschöpfte Informationsquelle. Schuldner, die in diesem Stadium betrügerisch falsche oder unvollständige Angaben machen, sind selten.

Zumindest sollte man sich auf diese Weise vollständig Namen und Anschrift des Schuldners verschaffen. Durch entsprechende Rubriken etwa in dem verwendeten Vertragsformular kann man sich aber Geburtsdatum, Beruf bzw. Arbeitgeber und ggf. Familienstand, Kinderzahl, Bankverbindung und Telefonnummer aufgeben lassen, sämtlich Angaben, die im Rahmen von Titulierung und Zwangsvollstreckung bitter notwendig sein können.

Abschnitt D. Information über einzelne Vermögensstücke

Zur Ermittlung spezieller Vermögensstücke (oder des Zugangs dazu) noch einige Hinweise:

I. Kontoverbindungen

Kontoverbindungen kann man insbesondere bei gewerblichen Schuldnern häufig dem Briefkopf entnehmen, sonst ggf. aus früheren Überweisungen dieses Schuldners. Manchmal helfen geschickte Anfragen beim Schuldnerbetrieb, bei Dritten, die das Konto kennen (z. B. Arbeitgeber) oder bei der Bank, bei der man ein Konto vermutet. Schließlich kann in eine mögliche Kontoverbindung auch auf Verdacht und ohne Angabe einer Kontonummer gepfändet werden.

II. Grundbesitz

1. Grundeigentümerverzeichnis

Bei den Grundbuchämtern (eine Abteilung des Amtsgerichtes), z. T. auch bei den Katasterämtern werden Grundeigentümerverzeichnisse geführt. Dort kann man erfragen, ob eine bestimmte Person im Bezirk des betreffenden Amtes als Grundeigentümer in einem der dort geführten Grundbücher verzeichnet ist. Man erhält so die grundbuchblattmäßige Bezeichnung des fraglichen Grundstücks und kann bei Darlegung eines rechtlichen Interesses einen Grundbuchauszug über das Grundstück anfordern. Die Absicht, aus einem vorhandenen Titel die Zwangsvollstreckung zu betreiben, begründet stets das rechtliche Interesse im Sinne von § 12 der Grundbuchordnung.

2. Grundstücksverzeichnis

Bei manchen Amtsgerichten oder an anderen Orten bei den Katasterämtern werden auch Verzeichnisse über die grundbuchmäßige Zuordnung postalischer Anschriften geführt. So kann man also die grundbuchmäßige Bezeichnung eines Grundstücks ermitteln, von dem man zunächst nur die Postanschrift kennt.

III. Sonstiges

1. Arbeitgeberermittlung

Auf die für die Lohnpfändung wesentliche Ermittlung eines Arbeitgebers sind wiederum viele Detektivbüros spezialisiert, die dergleichen durch Anfragen bei Nachbarn etc. zu ermitteln versuchen.

2. Kfz-Halter-Ermittlung

Nach § 39 Straßenverkehrsgesetz erteilen die Zulassungsstellen Auskunft über den Halter eines bestimmten Fahrzeugs, wenn man dessen Kennzeichen kennt. Das gilt aber nur für Ansprüche „im Zusammenhang mit der Teilnahme am Straßenverkehr". Und: Der Halter eines Fahrzeugs muß nicht notwendig dessen Eigentümer sein.

3. Strafermittlungsakte

Bei Verdacht einer Straftat des Schuldners (etwa Eingehungsbetrug) kann, i. d. R. durch einen Anwalt, bei der zuständigen Staatsanwaltschaft eine etwa dort schon geführte Ermittlungsakte eingesehen werden. Sie gibt Informationen ggf. über den Verbleib der ertrogenen Sachen, aber auch über den Aufenthalt des Schuldners und seine sonstigen Lebensumstände (z. B. Haft!).

Abschnitt E. Das Offenbarungsverfahren

Letztlich bieten alle bisher erwähnten Register und sonstigen Auskunftsquellen zur Vermögenslage des Schuldners nur Teilauskünfte. Und es mag ja unter dem Gesichtspunkt des „gläsernen Menschen" auch gut sein, daß nicht in öffentlichen Registern vollständige Übersichten über jedermanns Vermögenslage enthalten sind. Für eine gezielte Zwangsvollstreckung, insbesondere nach erfolgloser Vollstreckung mit „normalen" Mitteln ist aber eine solche vollständige Übersicht über die Vermögenslage des Schuldners unabweislich. Und liefern kann sie letztlich nur der Schuldner selbst. Deshalb kann man den Schuldner zur Hergabe einer solchen Vermögensübersicht zwingen.

I. Voraussetzungen und Antrag

1. Die Unpfändbarkeitsvoraussetzung

Nach der Neuregelung per 1. 1. 1999 sind die Voraussetzungen, um den Schuldner zu einer Vermögensoffenbarung zu zwingen, etwas erleichtert worden. Mit einem vollstreckbaren, zugestellten Titel (Urteil, Mahnbescheid o. ä.) kann man den Schuldner zur Vermögensoffenbarung vorladen lassen, wenn eine der nachfolgenden Voraussetzungen erfüllt sind (§ 807 Abs. 1 ZPO):

– Eine Pfändung hat nicht zu einer vollständigen Befriedigung des Gläubigers geführt, oder
– der Gläubiger kann sonst glaubhaft machen, daß seine Forderung durch eine Pfändung nicht vollständig befriedigt wird, oder
– der Schuldner verweigert die Durchsuchung seiner Wohnung durch den GVZ, oder
– der GVZ kann den Schuldner in seiner Wohnung nach Vorankündigung nicht antreffen.

Die letzten beiden neueingeführten Möglichkeiten werden hoffentlich einige Durchsuchungsbeschlüsse und Vollstreckungsversuche erübrigen.

Sinnvoller wäre gewesen, der Gesetzgeber hätte die Voraussetzung, daß der Gläubiger die Unpfändbarkeit des Schuldners oder Indizien dafür nachweisen muß, schlechthin gestrichen. Das hätte vermutlich Millionen überflüssiger Pfändungsversuche erspart und damit Hunderte von Millionen DM an Kosten, die zunächst die Gläubiger, aber letztlich die Schuldner treffen.

Es sollte ja primär die Sache des Schuldners selbst sein, etwa bei ihm vorhandene pfändbare Gegenstände zur Bezahlung seiner Schulden einzusetzen und zu verwerten.

So bleibt es dabei, daß der Gläubiger regelmäßig durch einen Pfändungsversuch mit dem GVZ (vgl. 5. Kapitel Abschnitt B, S. 109) die Unpfändbarkeitsvoraussetzung nachweisen muß.

2. Antrag auf Offenbarungsversicherung

Liegt eine der genannten Voraussetzungen nach § 807 Abs. 1 ZPO vor, so kann der Gläubiger zur Ermittlung weiterer Vermögensgegenstände des Schuldners den Antrag auf Abnahme der Offenbarungsversicherung gem. §§ 807, 900 ZPO stellen, etwa wie folgt:

An das
Amtsgericht
Verteilungsstelle für GVZ-Aufträge
Amtsgerichtsgebäude
99999 Schuldnerstadt

Antrag auf Abnahme der eidesstattlichen Versicherung gem. §§ 807, 900 ZPO

In Sachen

G   gegen   S (vollständiger Name, vollständige Anschrift)

Nach den beigefügten Vollstreckungstiteln schuldet S folgende Beträge:
1. Hauptforderung...

...

Nach den beigefügten Unterlagen (z. B. ein Schreiben des Schuldners über seine Vermögenslage o. ä.) würde ein Pfändungsversuch bei dem Schuldner erfolglos bleiben.
Ich bitte danach, den Schuldner zur eidesstattlichen Versicherung vorzuladen. 40 DM Kosten füge ich zur Beschleunigung mit Verrechnungsscheck bei.

Erscheint der Schuldner zum Offenbarungstermin nicht, so beantrage ich bereits jetzt bei dem zuständigen Amtsgericht

Haftbefehl zur Erzwingung der Abgabe anzuordnen.

Den zuständigen GVZ bitte ich um Einreichung des Haftantrages an das Amtsgericht und beauftrage ihn mit der Vollziehung, sobald der Haftbefehl erlassen wird.

G

Beizufügen sind dem Antrag also der (bereits zugestellte) Vollstreckungstitel mit Vollstreckungsklausel, Belege für etwa schon entstandene Vollstreckungskosten und Unterlagen über die Unpfändbarkeit (vgl. § 900 Abs. 1 ZPO).

In der Praxis wird ein solcher isolierter Offenbarungsantrag nach dem 1. 1. 1999 die Ausnahme sein. Der Antrag wird, weil jetzt auch dafür der GVZ zuständig ist, regelmäßig mit dem Pfändungsauftrag kombiniert (vgl. 5. Kapitel, Abschnitt B, S. 109).

II. Übersicht über das Offenbarungsverfahren

1. Ablauf und Zeitbedarf

Wenn die Verfahrensvoraussetzungen gegeben sind, setzt der GVZ (der seit dem 1. 1. 1999 hierfür zuständig ist) einen Termin zur Abgabe der Offenbarungsversicherung an. Der Schuldner wird zu diesem Termin geladen, der Gläubiger über den Termin benachrichtigt. Der Schuldner erhält zugleich ein formularmäßiges Vermögensverzeichnis mit der Aufforderung, es ausgefüllt zum Termin mitzubringen. Der GVZ kann die Offenbarungsversicherung jetzt auch bei anderer Gelegenheit, etwa bei einem Pfändungsversuch im Hause des Schuldners, abnehmen (vgl. 5. Kapitel, Abschnitt B, S. 109). Es ist zu hoffen, daß dies das Verfahren beschleunigt.

2. Der Offenbarungstermin

Im Offenbarungstermin bespricht der GVZ mit dem Schuldner das von diesem ausgefüllte Formular mit dem Vermögensverzeichnis. Der GVZ hat auf **vollständige** Beantwortung aller gestellten Fragen zu sehen. Insbesondere muß er, was in der Praxis häufig nicht geschieht, den Schuldner anhalten, für seine angegebenen Forderungen gem. § 807 ZPO „den Grund und die Beweismittel zu bezeichnen". Unterläßt der GVZ dies, so ist das amtspflichtwidrig und kann zu Schadensersatzansprüchen führen. Wenn das Verzeichnis vollständig ausgefüllt ist, nimmt er dem Schuldner die eidesstattliche Versicherung ab, daß die gemachten Angaben nach bestem Wissen und Gewissen richtig und vollständig sind. Der Schuldner übernimmt damit das Risiko einer Bestrafung gem. § 156 StGB bei schuldhaft unrichtigen oder unvollständigen Angaben (Freiheitsstrafe bis zu 3 Jahren oder Geldstrafe).

Der Offenbarungstermin ist nicht öffentlich. Der Gläubiger oder sein Vertreter können aber teilnehmen. Das ist wenig gebräuchlich. In Sonderfällen sollte der Gläubiger aber durchaus teilnehmen, um selbst auf die Vollständigkeit der Schuldnerangaben zu sehen und ggf. ergänzende Fragen zu stellen.

3. Das Verhaftungsverfahren

Da die Offenbarung aus verschiedensten Gründen und geradezu sprichwörtlich („das ist ein Offenbarungseid") für den Schuldner unangenehm ist, erscheinen die Schuldner häufig nicht zum Offenbarungstermin oder verweigern die Offenbarung ihres Vermögens. Es ergeht dann auf Antrag, der zweckmäßigerweise schon mit dem Offenbarungsantrag gestellt wird (vgl. Muster), eine Haftanordnung, § 901 ZPO, die in Form eines Haftbefehls, § 908 ZPO, erlassen wird.

Mit dem Haftbefehl kann der Gläubiger den Schuldner durch den GVZ verhaften lassen. Der Schuldner hat dann die Wahl, entweder in eine Haftanstalt eingeliefert zu werden, oder nunmehr doch zu offenbaren. Praktisch kommt nur letzteres vor. Durch die Verhaftung zögert der Schuldner also, sofern er nunmehr nicht untertaucht, die Offenbarungsversicherung lediglich um einige Wochen hinaus.

4. Wiederholungs- und Ergänzungsoffenbarung

a) Wiederholungsoffenbarungsversicherung

Es wäre unzumutbar, könnte der Schuldner von verschiedenen Gläubigern oder gar von demselben Gläubiger alle paar Wochen erneut gezwungen werden, ein Vermögensverzeichnis abzugeben. Der Gesetzgeber hat deshalb in § 903 ZPO eine 3-Jahres-Frist bestimmt, binnen derer der Schuldner regelmäßig nicht erneut offenbaren muß. Stellt innerhalb dieses Zeitraums ein anderer Gläubiger erneut den Antrag, so erhält er eine Abschrift des bis zu 3 Jahre alten Vermögensverzeichnisses. Lediglich

„wenn glaubhaft gemacht wird, daß der Schuldner später Vermögen erworben hat oder das ein bisher bestehendes Arbeitsverhältnis mit dem Schuldner aufgelöst ist" muß der Schuldner auch vor Ablauf von 3 Jahren erneut offenbaren, § 903 ZPO, und zwar nunmehr ohne daß noch zusätzlich die Unpfändbarkeit dargelegt werden muß.

Vermögenserwerb muß keine Millionen-Erbschaft sein. Auch der Zufluß beispielsweise von einigen tausend Mark aus dem Verkauf eines Kraftfahrzeuges berechtigt zur erneuten Vorladung, um zu ermitteln, wo dies Geld ist.

b) Ergänzungsoffenbarung

Hat der Schuldner das Vermögensverzeichnis unvollständig abgegeben, so ist er auf Gläubigerantrag zur Ergänzung verpflichtet und wird dazu vom GVZ, wiederum mit Haftandrohung für den Fall des unentschuldigten Nichterscheinens, erneut geladen.

III. Auswertung des offenbarten Vermögensverzeichnisses

1. Allgemeininformationen über den Schuldner

Das Vermögensverzeichnis enthält zunächst die wichtigsten Allgemeininformationen über den Schuldner (die ein vorsichtiger Gläubiger längst kennen sollte!), nämlich insbesondere den vollständigen Namen, das Geburtsdatum, den Beruf, die ausgeübte Tätigkeit sowie den Familienstand und die Zahl der unterhaltsberechtigten Kinder sowie den ehelichen Güterstand.

2. Einzelne Vermögensstücke

Die verwendeten Formulare enthalten dann ca. 30 Rubriken für verschiedenste Vermögensgegenstände. Bei Erwerbsgeschäften, bei Grundbesitz und bei Lebensversicherungen sind Anhänge mit zusätzlichen Angaben auszufüllen.

Praktisch bei weitem am wichtigsten sind die Angaben des Schuldners über seinen Arbeitgeber oder seine sonstige Haupteinkommensquelle, daneben noch Angaben über Kontoverbindungen, Steuererstattungsansprüche oder bestehende Lebensversicherungen.

Daß pfändungswürdige bewegliche Gegenstände genannt werden (Auto, Video-Anlage etc.), ist selten, zumal derlei eigentlich vom Gerichtsvollzieher hätte gepfändet werden sollen. Vor allem aber finden sich solche Gegenstände meist in der weiteren Rubrik wieder, in der anzugeben ist, welche der benannten Gegenstände unter Eigentumsvorbehalt gekauft oder zur Sicherung übereignet sind. Darüber hinaus sind Angaben über pfändungswürdige Vermögensstücke, etwa realisierbare Forderungen des Schuldners oder unbelasteter Grundbesitz, seltene Glücksfälle. Denn jeder verständige Schuldner wird natürlich solche Vermögensgegenstände verwerten, um durch Zahlung an den Gläubiger die Vollstreckung und damit auch die Offenbarungsversicherung abzuwenden.

Sehr häufig liefert in der Praxis das Vermögensverzeichnis lediglich den Nachweis, daß pfändbares Vermögen beim Schuldner nicht vorhanden ist. Welche Erwägungen dann anzustellen sind, ist unten in Kapitel 8 (Seite 206 ff.) beschrieben.

Der Schuldner muß lediglich Vermögensgegenstände angeben, aber nicht seine Schulden. Deshalb läßt das Verzeichnis die vollständige wirtschaftliche Situation des Schuldners höchstens ahnen. Aus den geforderten Angaben über bestehende Belastungen an Vermögensstücken (Pfandrechte, Abtretungen, Grundpfandrechte) erhält man leider nur ganz unvollständig Informationen darüber, welche anderen Gläubiger und welche anderen Verbindlichkeiten vorhanden sind.

Im Vollstreckungsrecht der früheren DDR (§ 86 ZPO-DDR) war dagegen – weit zweckmäßiger – der Schuldner verpflichtet, zu Beginn der Vollstreckung seine Vermögensverhältnisse, also auch seine Schulden zu offenbaren.

IV. Das Schuldnerregister

1. Zweck des Schuldnerregisters

Nach § 915 ZPO führt das Vollstreckungsgericht, also das örtliche Amtsgericht,

„ein Verzeichnis der Personen, die in einem bei ihm anhängigen Verfahren die eidesstattliche Versicherung nach § 807 abgegeben haben oder gegen die nach § 901 die Haft angeordnet ist...."

Die Führung dieses Verzeichnisses soll dem Schutz des soliden Geschäftsverkehrs vor unzuverlässigen Schuldnern dienen. Denn die Eintragungsvoraussetzungen (Titulierung, erfolglose Vollstreckung und Nichtabwendung des Offenbarungsverfahrens) belegen die nachhaltige Zahlungsunfähigkeit und damit die Kreditunwürdigkeit. Zu Recht heißt das Verzeichnis im Volksmund „Schwarze Liste".

2. Benutzung des Schuldnerverzeichnisses

Wie oben schon erwähnt, kann jedermann zum Zweck der Bonitätsprüfung auch ohne Vollstreckungstitel erfragen, ob eine bestimmte Person in dem Verzeichnis eingetragen ist. Ist ein Eintrag vorhanden, wird man diesem Schuldner ohne bankmäßige Sicherheit weder Geld- noch Warenkredit geben.

Auch bei oder nach Titulierung einer Forderung sollte beim Schuldnerregister, ggf. auch erneut, nach einer Eintragung über den Schuldner gefragt werden. Ist er eingetragen, so sollte man, wenn konkrete Vollstreckungsinformationen fehlen, vor Einleitung irgendwelcher Vollstreckungsmaßnahmen unter Vorlage des Titels das Vermögensverzeichnis anfordern. Man kann dann gezielter zugreifen oder feststellen, daß Vollstreckungsmaßnahmen aussichtslos sind.

Abschnitt F. Wirtschaftliche Überlegungen und Kostenhinweise

I. Vom Wert der Negativinformation

Auch die negativste Information über den Schuldner (vollständig vermögenslos und vollkommen unzuverlässig) ist **sehr wertvoll,** wenn sie sicher ist. Vor Begründung einer Forderung wird sie Anlaß geben, von einem Kreditgeschäft mit diesem Schuldner Abstand zu nehmen. Nach Begründung dieser Forderung kann eine solche sichere Information die Ausbuchung der Forderung rechtfertigen und damit, je nach Stadium, Titulierungs- und/oder Vollstreckungskosten ersparen.

II. Kosten

1. Porto- und Kopierkosten

Einige der wichtigsten der in den Abschnitten B und C erwähnten Auskunftsquellen sind gegen die bloßen Portokosten der eigenen Anfrage und ggf. gegen Kopierkosten bei der auskunftgebenden Stelle zugänglich. Das gilt für die Postanschriftenprüfung, die Schuldnerregisteranfrage und die Auskunft über ein Postfach. Auch die Selbstauskunft des Schuldners und die Einholung telefonischer Auskünfte über ihn kosten praktisch nur den eigenen Aufwand.

Sofern es nicht um Bagatellgeschäfte geht, dürfte die Einholung dieser Informationen daher nicht an Kosten scheitern.

2. Gebührenpflichtige Auskünfte

Insbesondere die Auskünfte aus dem Gewerberegister und den Melderegistern sind gebührenpflichtig, in von Gemeinde zu Gemeinde wechselnder Höhe, meist zwischen 10,– DM und 20,– DM, inzwischen aber auch bis zu 35,– DM. Handelsregisterauszüge kosten 20,– DM.

3. Verkaufte Auskünfte

Schufa-Auskünfte, Kreditauskünfte und Detektivermittlungen kosten ihren Preis, der im Einzelfall zu erfragen ist. Bei Detektivermittlungen nach Anschriften oder Arbeitgebern muß man mit Kosten von 50,– DM bis 200,– DM rechnen.

4. Kosten des Offenbarungsverfahrens

a) Gerichtskosten

Da der Aufwand für die Offenbarung eines Vermögensverzeichnisses von der Höhe der Gläubigerforderung praktisch unabhängig ist, hat der Gesetzgeber die Gebühr des GVZ für dies Verfahren einheitlich auf 40,– DM festgesetzt (§ 27a Abs. 1 Gerichtsvollzieherkostengesetz).

b) Anwaltskosten

Bei Einschaltung eines Anwalts entsteht eine $^3/_{10}$-Gebühr nach dem Streitwert, maximal jedoch nach dem Wert von 3000,– DM (§ 58 Abs. 3 Nr. 11 BRAGO). Mit Nebenkosten sind das maximal 84,10 DM.

Abschnitt G. Hinweise für Schuldner

I. Datenschutz ist kein Schuldnerschutz

Auch redliche Schuldner – die also nicht Vermögensgegenstände verheimlichen wollen – neigen dazu, sich ab Verzugseintritt jedem Kontakt mit dem Gläubiger zu entziehen und sich in Stillschweigen zu hüllen. Wohlmeinende Datenschützer, Richter und Rechtspfleger glauben gelegentlich, dem Schuldner Gutes zu tun, indem sie Mitwirkungs- oder Duldungspflichten des Schuldners einschränkend interpretieren (z. B. durch das Recht des Schuldners, seine Daten im Melderegister für Auskünfte sperren zu lassen oder durch das Erfordernis eines „frischen" Unpfändbarkeitsattestes für die Abnahme der Offenbarungsversicherung). In der Praxis schädigt dies informationsverweigernde Verhalten massiv die Interessen des redlichen Schuldners:

1. Mehrkosten

Die Verweigerung direkten Zugriffs auf eine Information zwingt den Gläubiger regelmäßig, einen Umweg zu machen, mit dem er an dasselbe Ziel kommt, jedoch fast immer unter Aufwendung zusätzlicher Kosten. Eine Datensperre im Melderegister zwingt den Gläubiger z. B., ggf. einen Detektiv zur Anschriftenermittlung einzuschalten, was ein vielfaches der Kosten einer Registeranfrage verursacht. Die Forderung nach einem „frischen" Unpfändbarkeitsattest löst einen aussichtslosen, aber kostenträchtigen Pfändungsversuch aus. Da diese Kosten durch die Informationsverweigerung notwendig werden, sind sie gem. § 788 ZPO letztlich wieder als Kosten der Zwangsvollstreckung vom Schuldner zu tragen.

2. Vertrauensverlust

Gläubiger neigen dazu, Schweigen des Schuldners als Verheimlichung von Vermögensstücken und Vollstreckungsmöglichkeiten anzusehen. Das spornt den Gläubiger zu zwangsweiser Vollstreckung geradezu an. Und der Schuldner verbaut sich damit die Möglichkeit einer Schuldenbereinigung.

Gerade wenn keine Vermögensstücke zu verheimlichen sind, weil der Schuldner vermögenslos ist, hat er allen Grund, dies so frühzeitig wie möglich allen seinen Gläubigern mitzuteilen, um nämlich diesen und damit letztlich sich selbst Titulierungs- und Vollstreckungskosten zu ersparen.

Wer als Schuldner die Offenbarungsversicherung abgegeben und dabei hat offenbaren müssen, daß er keinerlei zugriffsfähige Vermögensstücke besitzt und etwa von Sozialhilfe lebt, hat allen Grund, diese Tatsache per Rundbrief und möglichst unter Beifügung einer Kopie des Vermögensverzeichnisses seinen übrigen Gläubigern mitzuteilen, um diesen Kosten und sich selbst die Belastung durch weitere Titulierungs- und Vollsteckungsversuche zu ersparen.

II. Gegenrechte des Schuldners

1. Offenbarung nur alle 3 Jahre

Wie schon erwähnt, braucht der Schuldner gem. § 903 ZPO im Regelfall nur alle 3 Jahre sein Vermögen zu offenbaren. Dies sollte der Schuldner gegen einen Antrag auf Offenbarungsversicherung ggf. einwenden, insbesondere wenn die frühere Versicherung wegen Wohnungswechsels bei einem anderen Amtsgericht abgegeben wurde.

2. Offenbarungsabwendung durch Ratenzahlung

§ 900 Abs. 3 ZPO kann der Schuldner die Abnahme der Offenbarungsversicherung verhindern, wenn er glaubhaft macht,

„daß er die Forderung des Gläubigers binnen einer Frist von 6 Monaten tilgen werde".

Wenn binnen 6 Monaten $^3/_4$ der Forderung getilgt sind, kann die Frist zur Zahlung des Restes nochmals bis zu 2 Wochen verlängert werden (§ 900 Abs. 3 Satz 2 ZPO).

Auch wenn die Abzahlung nur in noch längerem Zeitraum erfolgen kann, sollte der Schuldner dies anbieten. Wenn der Gläubiger zustimmt, wird der GVZ dann das Offenbarungsverfahren ruhen lassen, solange die Ratenzahlungsvereinbarung eingehalten wird.

3. Löschung im Schuldnerregister

Seine Löschung im Schuldnerregister kann der Schuldner gem. § 915 Abs. 3 ZPO betreiben, wenn

„seit dem Schlusse des Jahres, in dem die Eintragung in das Verzeichnis erfolgt ist, 3 Jahre verstrichen"

sind. Auch wenn er vor Ablauf dieser Frist den Gläubiger befriedigt, der das seinerzeitige Verfahren betrieben hat, kann schon vorher die Löschung verlangt werden.

Nicht möglich ist die Löschung im Schuldnerverzeichnis aufgrund einer nach Abgabe der Offenbarungsversicherung zustande gekommenen, aber noch nicht ausgeführten Tellzahlungsvereinbarung. Denn nur bei **Befriedigung** kann gelöscht werden. Deshalb sollte der Schuldner eine solche Tellzahlungsvereinbarung unbedingt vor Abnahme der Offenbarungsversicherung oder vor Ergehen eines Haftbefehls abschließen.

Checkliste zu Kapitel 4: Informationen sammeln

Für Gläubiger:
1. Habe ich spätestens bei Vertragsschluß eine vollständige (für Klageerhebung ausreichende) Parteibezeichnung?

2. Bei Firmenschuldner: Stets Registerauskünfte einholen!

3. Als absolute Negativkontrolle
   a) bei Privatpersonen: Anfrage beim örtlich zuständigen Schuldnerregister
   b) bei Firmen: Anfrage beim örtlich zuständigen Insolvenzgericht

Für Schuldner

Wenn ich nicht zahlen kann und nichts (kein Vermögensstück) zu verbergen habe: Gläubiger vollständig (und ggf. mit Belegen) unterrichten, um ihm und mir unnötige (und kostenträchtige) Maßnahmen, auch zur Informationsbeschaffung, zu erübrigen.

Kapitel 5. Die einzelnen Zwangsvollstreckungsverfahren

> **5. Fallbeispiel** (im Anschluß an Beispiel 4, oben S. 69):
>
> G hat seine Forderung durch Vollstreckungsbescheid tituliert. Er hat inzwischen im Sportverein erfahren, daß und wo S arbeitet, und bei welcher Bank er sein Konto hat. Was soll G tun?

Abschnitt A. Übersicht über die Vollstreckungsverfahren

I. Vermögensbegriff und Vermögenseinteilung

1. Was ist vollstreckungsrechtlich Vermögen?

Für das Vollstreckungsrecht kann man Vermögen definieren als die Gesamtheit der einer bestimmten Person (auch einer juristischen Person) zustehenden geldwerten Sachen und Rechte. Dazu gehört **nicht die Arbeitskraft des Schuldners.** Sie unterliegt nicht der Zwangsvollstreckung, d. h. der Schuldner kann nicht gezwungen werden, zur Befriedigung von Verbindlichkeiten zu arbeiten. Er kann also eine lukrative Tätigkeit aufgeben, wenn seine Gläubiger ihm nicht bezüglich der pfändbaren Beträge entgegenkommen. Nur bei Nichtbezahlung von Unterhaltsforderungen kann das Unterlassen möglicher Arbeitsaufnahme als Verletzung der Unterhaltspflicht nach § 170 b Strafgesetzbuch strafbar sein.

2. Einteilung der Vermögensstücke

Nach ihrer Beschaffenheit kann man die Vermögensstücke einteilen zunächst einmal in Sachen, d. h. körperliche anfaßbare Gegenstände einerseits sowie Forderungen und Rechte andererseits.

Die Sachen kann man gerade für praktische Zwecke der Vollstreckung nochmals unterscheiden in unbewegliche Sachen (Grundstücke) und bewegliche Sachen:

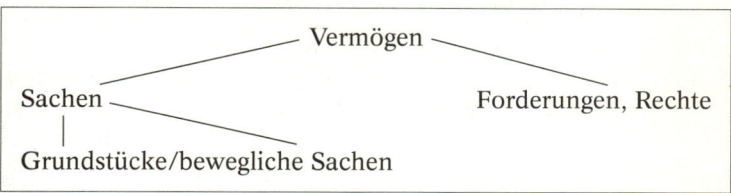

Die Einteilung wird aus Zweckmäßigkeitsgründen in verschiedener Hinsicht durchbrochen. Die wichtigsten Durchbrechungen sind:

a) Eingetragene Seeschiffe

Da diese, obgleich beweglich, im Schiffsregister mit ähnlicher Wirkung eingetragen sind wie Grundstücke im Grundbuch, erfolgt Vollstreckung in sie ähnlich der in Grundstücke (§ 870 a ZPO).

b) Grundstückszubehör

Nach § 1120 BGB erstreckt sich die Haftung eines Grundstücks für Grundpfandrechte u.a. auch auf das Zubehör des Grundstücks, also alle die Gegenstände, die dem Zwecke des Grundstücks zu dienen bestimmt sind. Dazu gehören z.B. bei Gewerbegrundstücken praktisch das gesamte Betriebsinventar einschließlich eines betrieblichen Fuhrparkes, also u.U. höchst wertvolle und höchst bewegliche Gegenstände. Näheres findet man in den Kommentierungen zu §§ 97, 98 BGB.

II. Einzelzwangsvollstreckung und Gesamtzwangsvollstreckung

Grundsätzlich zu unterscheiden ist zwischen den hier näher behandelten Verfahren der Einzelzwangsvollstreckung einerseits und den nun einheitlich in der Insolvenzordnung (InsO) geregelten und in Kapitel 6 kursorisch behandelten Verfahren der Gesamtzwangsvollstreckung. Beide Arten der Vollstreckung erfolgen nach ganz wesentlich unterschiedlichen Grundsätzen:

1. Zahl der Gläubiger

Einzelzwangsvollstreckung wird nach der Konzeption der ZPO betrieben von einem einzelnen Gläubiger gegen einen Schuldner. Die Gesamtzwangsvollstreckung wird dagegen betrieben von bzw. für die Gesamtheit der Gläubiger eines Schuldners. Deshalb ist auch während der Dauer dieser Gesamtvollstreckung die Vollstreckung durch einzelne Schuldner ausgeschlossen, § 89 InsO.

2. Die erfaßten Vermögensstücke

Die Verfahren der Einzelzwangsvollstreckung erfassen auch jeweils nur ein einzelnes Vermögensstück des Schuldners, eine bewegliche Sache, eine Forderung oder ein Grundstück. Bei der Gesamtvollstreckung wird dagegen das Gesamtvermögen des Schuldners, soweit es der Vollstreckung unterliegt, beschlagnahmt und verwertet (vgl. § 80 InsO).

3. Vollstreckungsprinzipien

Diese beiden verschiedenen Grundarten der Vollstreckung folgen auch gänzlich unterschiedlichen Prinzipien zur Regelung der Konkurrenz zwischen mehreren Gläubigern.

a) In der Einzelvollstreckung, die in der Praxis häufig von einer Mehrzahl von Gläubigern zugleich gegen einen Schuldner betrieben wird, gilt der Grundsatz der Priorität. Wer zeitlich zuerst ein Vermögensstück des Schuldners pfänden läßt, wird aus dessen Erlös zunächst einmal vollständig befriedigt, bevor der zeitlich nächst zugreifende Gläubiger etwas erhält. Nur in den seltenen Fällen des zeitlich völlig gleichen Zugriffs erhält jeder beteiligte Gläubiger einen Anteil vom Erlös. Es gilt also das Prinzip: „Wer zuerst kommt, mahlt zuerst!"

b) In der Gesamtvollstreckung gilt dagegen, wenngleich vielfach durch gesetzliche Vorrechte durchbrochen, der Grundsatz der Gleichbehandlung aller Gläubiger, die quotenmäßig befriedigt werden, wenn das Schuldnervermögen zur vollständigen Befriedigung aller Verbindlichkeiten nicht ausreicht. Auf die zeitliche Reihenfolge der Geltendmachung der Forderungen kommt es in dem Insolvenzverfahren also nicht an.

III. Vollstreckungsarten und Vollstreckungsorgane

1. Zwangsvollstreckung wegen Geldforderungen: Der Grundvorgang

Wenn der Schuldner Geld nicht freiwillig zahlt, wäre die einfachste Zwangslösung, die entsprechende Geldsumme bei ihm zu beschlagnahmen und an den Gläubiger abzuliefern. So geschieht es, wenn der Schuldner tatsächlich Geld in der geschuldeten Höhe hat, §§ 808, 815 ZPO. Regelmäßig hat aber der Schuldner die entsprechende Geldsumme gerade nicht herumliegen.

Dann wird an einem zur Verwertung geeigneten Vermögensstück des Schuldners durch staatliche Hoheitsmaßnahme zunächst einmal zwangsweise ein Pfandrecht begründet. Anschließend wird das Vermögensstück verwertet, d. h. in Geld umgesetzt („versilbert"). Und aus dem Verwertungserlös wird der Gläubiger aufgrund seines Pfandrechtes befriedigt.

Dieser Grundvorgang der Vollstreckung ist bei allen Verfahren der Einzelzwangsvollstreckung und im Prinzip auch im Insolvenzverfahren gleich.

2. Übersicht über die Verfahren der Einzelzwangsvollstreckung und die Vollstreckungsorgane

a) Je nach dem vom Gläubiger zu bezeichnenden Vermögensstück, in das die Vollstreckung betrieben werden soll, werden bei der Vollstreckung wegen Geldforderungen verschiedene staatliche Vollstreckungsorgane in **fünf** verschiedenen Vollstreckungsarten tätig:

- Pfändung und Verwertung beweglicher Sachen (Mobiliarpfändung) erfolgt durch den Gerichtsvollzieher (vgl. unten Kap. 5 Abschnitt B, S. 109)
- Die Pfändung und Verwertung von Forderungen und Rechten (Forderungspfändung) erfolgt durch das Vollstreckungsgericht,

eine Abteilung des Amtsgerichtes (vgl. unten Kap. 5, Abschnitt C, S. 122)
- Die Pfändung und Vollstreckung in Grundstücke (Grundstückszwangsvollstreckung) erfolgt auf dreierlei Weise:
- im Verfahren zur Eintragung einer Zwangshypothek durch das Grundbuchamt (vgl. unten Kap. 5, Abschnitt D II., S. 148),
- im Verfahren der Grundstückszwangsversteigerung durch das Vollstreckungsgericht (vgl. unten Kap. 5, Abschnitt D III., S. 152),
- im Verfahren der Grundstückszwangsverwaltung ebenfalls durch das Vollstreckungsgericht (vgl. unten Kap. 5, Abschnitt D IV., S. 158).

b) Staatliche Vollstreckungsorgane in der Einzelzwangsvollstreckung sind danach
- der Gerichtsvollzieher
- das Vollstreckungsgericht
- das Grundbuchamt.

Daraus ergibt sich die Übersicht auf Seite 103.

3. Vollstreckung wegen sonstiger Ansprüche

Außer wegen einer Geldforderung kann eine Zwangsvollstreckung auch wegen anderer titulierter Ansprüche eines Gläubigers betrieben werden. Diese Vollstreckungsarten sollen hier nur genannt, aber nicht näher behandelt werden:

a) Bei Verurteilung zur Herausgabe von Sachen, insbesondere bei Verurteilung zur Räumung von Wohnungen, erfolgt die Vollstreckung nach §§ 883–886 ZPO (Wegnahme der Sache durch den GVZ).

b) Bei vertretbaren Handlungen (d. h. solchen, bei denen der Schuldner durch einen Dritten vertreten werden kann) ermächtigt nach § 887 ZPO das Prozeßgericht den Gläubiger, die Handlung auf Kosten des Schuldners vornehmen zu lassen. Dann verbleibt eine Geldforderung gegen den Schuldner, wegen derer dann normal vollstreckt werden kann.

c) Bei unvertretbaren Handlungen (die nur er selbst vornehmen kann) wird gem. § 888 ZPO gegen den Schuldner durch Verhängung von Zwangshaft oder Zwangsgeld vollstreckt.

d) Bei der Verurteilung zu Unterlassungen oder zu Duldungen

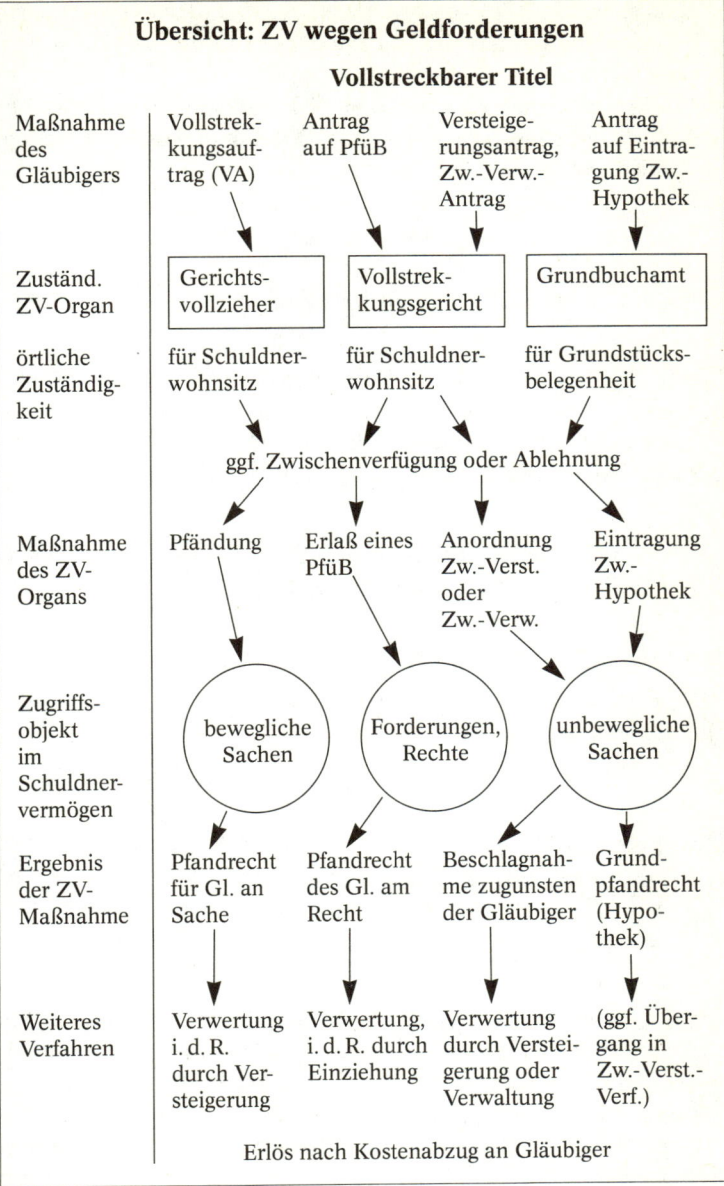

wird gem. § 890 ZPO dadurch vollstreckt, daß bei Verstößen gegen den Schuldner Ordnungshaft oder Ordnungsgeld festgesetzt wird.

e) Bei Verurteilung zur Abgabe einer Willenserklärung, etwa zur Auflassung eines Grundstücks in Erfüllung eines entsprechenden Kaufvertrages

„gilt die Erklärung als abgegeben, sobald das Urteil die Rechtskraft erlangt hat" (§ 894 ZPO).

4. Unterschiede zur DDR-Vollstreckung

In der früheren DDR war einziges Vollstreckungsorgan der Sekretär des Kreisgerichtes. Er führte auf **einen** Antrag des Gläubigers alle in Betracht kommenden Vollstreckungsmaßnahmen aus, einschließlich der Vorladung des Schuldners zur Vermögensoffenbarung. Das hatte Vorteile, aber auch Nachteile.

IV. Übersicht über Vollstreckungsaussichten, Zeit- und Kostenbedarf

1. Vollstreckungsaussichten

Eine statistische Auswertung von Forderungseinziehungen ergab folgendes Bild:

a) Von den Schuldnern zahlten auf anwaltliche Mahnung
ca. 30 %
b) Während der Titulierung (Mahnbescheid oder Klage) ca. 20 %
c) Auf die erste Vollstreckungsmaßnahme hin   ca. 15 %
d) Im weiteren Verlauf der Vollstreckung   ca. 5 %
e) Im ersten Vollstreckungsdurchgang überhaupt nicht ca. 30 %
                                                      100 %

Die Quoten werden von Branche zu Branche schwanken. Bei ausschließlich privaten Schuldnern liegen die Erfolgsquoten niedriger als bei gewerbetreibenden Schuldnern. Im Durchschnitt der Schuldner und Branchen dürften diese Quoten aber typisch sein.
Danach kann nach erfolgloser betrieblicher Mahnung durchschnittlich nur noch in 70 % der Fälle mit Einbringung der Forde-

rung gerechnet werden, und nach Durchführung der Titulierung sogar nur noch in ca. 20 % der Fälle.

Daraus zu folgern, man solle die Forderungseinziehung nur bis zur Titulierung betreiben, wäre ein Trugschluß. 50 % der Schuldner zahlen vor oder während der Titulierung ja deshalb, weil sie die sonst anschließende Vollstreckung fürchten. Spricht sich herum, daß ein Gläubiger es bei der Titulierung beläßt, so wird sehr schnell die Zahlungsquote drastisch sinken.

2. Zeitbedarf der Vollstreckung

a) In der nachfolgenden Übersicht sind durchschnittliche Erledigungszeiten für verschiedene Titulierungs- und Vollstreckungsverfahren genannt.

Übersicht: Zeitbedarf in der ZV

I. Durchschnittliche Erledigungszeiten der Vollstreckungsorgane
Die Erledigungszeiten wechseln von Gericht zu Gericht, auch nach Saison (Urlaubszeit!) und Geschäftsanfall. Die nachfolgenden Angaben sind daher nur geschätzte Durchschnittswerte:

1. Erlaß eines Mahnbescheides	2–4 Wochen
2. Erlaß eines Vollstreckungsbescheides	1–2 Wochen
3. Durchführung Vollstreckungsauftrag	3–4 Wochen
4. Anberaumung OV-Termin	3–4 Wochen
5. Übersendung des OV-Protokolls	ca. 2 Wochen
6. Durchführung eines Verhaftungsauftrages	4–6 Wochen
7. Erlaß eines Pfändungsbeschlusses	2–4 Wochen
8. EMA-Anfrage	1–2 Wochen
9. HRG	1–2 Wochen

II. Hinzu kommt bei jedem Vollstreckungsschritt die Bearbeitungszeit im Anwaltsbüro oder im eigenen Haus

III. Die Zeiten verlängern sich erheblich bei jeder Beanstandung durch das Vollstreckungsorgan z. B. wegen fehlerhafter Schuldnerbezeichnung oder wegen eines Wohnungswechsels. Bei bloßer Rückfrage zur Klärung verdoppeln

---

sich bereits in etwa die obigen Erledigungszeiten. Ist eine Rückfrage beim Mandanten, beim Einwohnermeldeamt o.ä. erforderlich, kommen die dortigen Erledigungszeiten hinzu.

IV. Für einen ganz durchschnittlichen ZV-Verlauf mit MB, VB, VA, Unpfändbarkeitsbescheinigung, OV-Antrag, Haftbefehl, Verhaftungsauftrag, OV und PfüB ergibt sich daraus bereits ein Zeitbedarf von mindestens 25 Wochen, d.h. von mindestens einem halben Jahr.

b) Bei den Verfahren der Grundstücksvollstreckung muß bis zu etwaigen Zahlungen an den Gläubiger mit noch erheblich längeren Fristen (ca. ein bis zwei Jahre) gerechnet werden.

3. Kostenrisiko

In der nachfolgenden Übersicht sind für einen kleinen, einen mittleren und einen größeren Streitwert typische Vollstreckungskosten für einen typischen Vollstreckungsverlauf zusammengestellt. Bei der kleinen Forderung von 100,– DM übersteigen schon für diesen Vollstreckungsverlauf die Kosten (ohne Titulierungskosten!) die Forderung. Bei der mittleren Forderung betragen sie immerhin schon 21 %, bei der größeren Forderung nur noch gut 6 %.

Auch hinsichtlich der Vollstreckungskosten ist also das Kostenrisiko bei kleineren Forderungen prozentual erheblich höher, so daß sie eher ausgebucht werden sollten.

Übersicht: Kosten der ZV

I. Jedes ZV-Organ erhält für jede von ihm auf Antrag vorzunehmende Maßnahme eine Gebühr, die jeweils detailliert gesetzlich geregelt ist für GVZ im GV-Kostengesetz, für Vollstr. Gericht und Grundbuchamt im Gerichtskostengesetz bzw. der Kostenordnung. Sind mehrere ZV-Organe beteiligt, erhalten alle Gebühren (z.B. bei PfüB).

II. Der betreibende Anwalt erhält für jede ZV-Maßnahme Gebühren, die in der BRAGO geregelt sind, und zwar je eine

$^3/_{10}$-Gebühr (§ 57 BRAGO) zzgl. 15 % Auslagenpauschale (max. 40 DM) und zzgl. MwSt.

III. Für diese Kosten, soweit sie notwendig waren, haftet jeweils der Schuldner, § 788 ZPO. Wird bei ihm nichts beigetrieben, muß der Gläubiger die Kosten tragen.

IV. Da verschiedene Gebühren vom Streitwert abhängen, sind nachfolgend 3 Beispiele gerechnet, mit Streitwert von A = 100,– DM, B = 1000,– DM und C = 10 000,– DM.

1. Pfandauftrag

	Anwalt	Vollstr. Gericht	GVZ (mit Nebenkosten)
A	26,68 DM	–	ca. 25 DM
B	35,97 DM	–	ca. 30 DM
C	238,19 DM	–	ca. 125 DM

2. OV-Antrag (Anwaltsgebühren nach maximal 2400 DM)

A	26,68 DM	40,– DM + Schreib-	
B	35,97 DM	40,– DM kosten	
A	84,10 DM	40,– DM	

3. Haftauftrag

A	–	–	ca. 45 DM
B	–	–	ca. 45 DM
C	–	–	ca. 45 DM

4. PfüB

A	26,68 DM	20,– DM	ca. 20 DM
B	35,97 DM	20,– DM	ca. 20 DM
C	238,15 DM	20,– DM	ca. 20 DM

Für einen ganz normalen, recht kurzen Vollstreckungsverlauf (VA, OV-Antrag mit Verhaftung, PfüB, z. B. auf Lohn) entstehen also an Kosten jeweils für einen Streitwert von

	Anwalt	Gericht	GVZ	insgesamt
A = 100 DM	80,58 DM	20 DM	130,– DM	230,58 DM
B = 1000 DM	107,91 DM	20 DM	135,– DM	262,91 DM
A = 10 000 DM	560,40 DM	20 DM	230,– DM	810,40 DM

V. Bei Fortsetzung der ZV, etwa weil die Lohnpfändung erfolglos war, entstehen weitere ZV-Kosten. Hinzu kommen

meist noch kleinere Nebenkosten, wie Einwohnermelde-
amtsanfrage, HRG-Auszüge, Kosten für Anschriftenermitt-
lungen etc.

VI. In den neuen Bundesländern werden zwar nur 90 % der
vorstehenden Gebühren berechnet. An den genannten
Folgerungen ändert das nichts.

V. Vollstreckung, Rechtsschutzversicherung und Kreditversicherung

1. Rechtsschutzversicherung

Nach § 2 Abs. 3 b der allgemeinen Rechtsschutzversicherungsbe-
dingungen (ARB) trägt der Rechtschutzversicherer die Kosten einer Zwangsvollstreckung nur für bis zu 3 Anträgen auf Vollstreckung je Vollstreckungstitel und nur innerhalb von 5 Jahren
nach Rechtskraft des Titels.

Das trägt der oben belegten Tatsache Rechnung, daß nach drei
Vollstreckungsversuchen und nach fünf Jahren erfolgloser Vollstreckung ein Vollstreckungserfolg nur noch in Ausnahmefällen
zu erwarten ist.

2. Kreditversicherung

Nach § 2 der Allgemeinen Versicherungs-Bedingungen für die
Warenkreditversicherung gilt ein Schuldner dann als zahlungsunfähig und der Versicherungsfall bei Einzelzwangsvollstreckung als
eingetreten, wenn **eine** Vollstreckungsmaßnahme erfolglos war.
Auch dem liegt die Einschätzung zugrunde, daß nach einer ersten
erfolglosen Vollstreckungsmaßnahme weitere Vollstreckung nur
noch ausnahmsweise Aussicht auf Erfolg hat.

Abschnitt B. Pfändung in bewegliche Sachen

I. Stellung des Gerichtsvollziehers

1. Dienstrechtliche Stellung

Für die Pfändung beweglicher Sachen ist der Gerichtsvollzieher (GVZ) zuständig. Er ist sicherlich das bekannteste Vollstreckungsorgan, zumal er jetzt auch noch die Offenbarungsversicherung abnimmt.

Zu GVZ werden ernannt Justizbeamte, die eine besondere dreijährige Ausbildung durchlaufen und mit einer Prüfung abgeschlossen haben. Ihr Dienstverhältnis ist für unser Beamtenrecht höchst ungewöhnlich ausgestaltet, nämlich mit Elementen freiberuflicher Tätigkeit. So unterhält der GVZ auf eigene Kosten Diensträume, meist in der eigenen Wohnung, und führt auch seinen dienstlichen Schriftverkehr auf eigene Kosten. Dafür ist er an den von ihm für seine Tätigkeit erhobenen staatlichen Gebühren (vgl. Anhang 4) direkt beteiligt, d. h. er erhält einen Anteil davon. Das soll ihn zu rascher und effektiver Durchführung der ihm übertragenen Vollstreckungsaufträge veranlassen.

Der GVZ untersteht der Dienstaufsicht des jeweiligen Amtsgerichtspräsidenten.

In der Art und Weise der Durchführung seiner Tätigkeit ist der GVZ darüber hinaus selbständig und kann nur mit dem Rechtsbehelf der Erinnerung (vgl. Kapitel 7, S. 201 ff.) auf Antrag einer Partei des Vollstreckungsverfahrens vom Richter zu einem bestimmten Vorgehen angewiesen werden.

Da der GVZ in erheblichem Umfange mit fremden Geldern umgeht und Gebühren erhebt, wird sein dienstlicher Geldverkehr in regelmäßigen Abständen besonders überprüft.

Im einzelnen ist die Tätigkeit des GVZ in der Gerichtsvollziehergeschäftsanweisung (GVGA) geregelt, die man bei Streit mit dem GVZ über sein Verfahren zu Rate ziehen sollte.

2. Organisation des GVZ-Wesens

Es gab in Deutschland 1997 ca. 4089 Gerichtsvollzieher. Neben Zustellungen (vgl. oben, Kapitel 2, Abschnitt B, S. 21) ist ihr Haupttätigkeitsfeld die Mobiliarvollstreckung, ab dem 1. 1. 1999 auch die Abnahme der Offenbarungsversicherung (vgl. Kapitel 4, Abschnitt E, S. 85). Die GVZ erhielten 1997 ca. 9,9 Millionen Vollstreckungsaufträge. Dabei trieben sie ca. 2,6 Milliarden DM Parteigelder ein. Dazu kann man Beträge sicherlich gleicher Größenordnung rechnen, die im Zusammenhang mit dem Auftreten des GVZ von den Schuldnern direkt an die Gläubiger gezahlt werden. Da bei den meisten Amtsgerichten mehrere GVZ tätig sind, sind die Gerichtsbezirke dann in mehrere Gerichtsvollzieherbezirke aufgeteilt. Dadurch soll erreicht werden, daß der GVZ, der dort manchmal jahrzehntelang tätig ist, die Schuldner seines Bezirkes recht gut kennt.

II. Der Vollstreckungsauftrag und seine Durchführung

1. Der Vollstreckungsauftrag

Der GVZ wird nur auf Auftrag des Gläubigers tätig. Zuständig ist der für den Ort der vorzunehmenden Mobiliarpfändung, meist also die Wohnung des Schuldners, örtlich zuständige GVZ. Um dem Gläubiger die Ermittlung dieses zuständigen GVZ zu ersparen, sind bei allen Amtsgerichten (AG) Verteilungsstellen für GVZ-Aufträge eingerichtet. Der Gläubiger muß also nur das zuständige AG ermitteln (Ortsverzeichnisse mit entsprechenden Angaben sind im Buchhandel erhältlich) und seinen Auftrag an die dortige Verteilungsstelle richten.

Die Vollstreckungsvoraussetzungen müssen erfüllt sein, d. h. es muß ein Titel mit einer Vollstreckungsklausel vorliegen (vgl. Kapitel 3, S. 58).

Beim Auftrag an den GVZ muß die Zustellung des Titels noch nicht erfolgt sein. Denn da der GVZ auch für Zustellungen zuständig ist, kann er diese vor Beginn seiner Vollstreckungshandlung zunächst vornehmen.

Ab dem 1. 1. 1999 ist der GVZ außer für die vorbereitende Maß-

nahme der Zustellung auch für die bei erfolgloser Pfändung regelmäßig nachfolgende Maßnahme der Abnahme der Offenbarungsversicherung zuständig. Das macht es möglich, alle diesbezüg-
lichen Anträge gleich zu kombinieren. Der Gläubiger erhält dann
auf einen Antrag – ggf. aber erst nach geraumer Zeit – entweder
sein Geld oder aber ein offenbartes Vermögensverzeichnis des
Schuldners.

   Dieser umfassend kombinierte Antrag könnte wie folgt aussehen:

An die Verteilungsstelle
für Gerichtsvollzieheraufträge
bei dem Amtsgericht
99999 SCHULDNERSTADT

Betr.: Auftrag zur Mobiliarpfändung gegen ...... (**vollständiger**
      Schuldnername und **genaue** Anschrift)

Anliegend überreiche ich Vollstreckungstitel mit der Bitte
a) um Zustellung der Titel (streichen, wenn schon zugestellt)
b) um Mobiliarpfändung wegen der titulierten Beträge (ggf.: wegen eines Teilbetrags von ...), nämlich

Hauptforderung	DM ...
dazu x % Zinsen darauf seit dem ... (Datum des **titulierten** Zinsbeginns)	DM ...
Festgesetzte Kosten	DM ...
dazu 4 % Zinsen seit dem ...	DM ...
bisherige Vollstreckungskosten (Belege sind beigefügt)	DM ...
Summe ohne Zinsen	DM ...

   Ich bitte in jedem Fall um Abschrift des Pfändungsprotokolls.
Bei Feststellung pfändbarer Forderungen bitte ich um Ausbrin-
gung einer Vorpfändung gem. § 845 ZPO.
   Besondere Hinweise: ...
   Bei erfolgloser Pfändung, bei Durchsuchungsverweigerung
durch den Schuldner oder bei Nichtantreffen des Schuldners trotz
Ankündigung beantrage ich bereits jetzt,

   dem Schuldner gemäß § 900 ZPO die eidesstattliche Versicherung zur Offenbarung seines Vermögens abzunehmen.

   Für den Fall, daß die Offenbarungsversicherung im Anschluß

an den Vollstreckungsversuch beim Schuldner abgenommen wird, verzichte ich auf die Anwesenheit dabei.

Erscheint der Schuldner zum Offenbarungstermin nicht oder verweigert er die Abgabe ohne ausreichenden Grund

so beantrage ich hiermit bei dem zuständigen Amtsgericht den Erlaß eines Haftbefehls gegen den Schuldner.

Ich bitte den zuständigen Gerichtsvollzieher, in diesem Falle diesen Antrag bei dem zuständigen Amtsgericht vorzulegen und bitte das Amtsgericht, den Haftbefehl wiederum dem zuständigen Gerichtsvollzieher auszuhändigen.

Für diesen Fall beauftrage ich wiederum den zuständigen Gerichtsvollzieher hiermit bereits jetzt,

den Schuldner zur Erzwingung der Abgabe der Offenbarungsversicherung zu verhaften.

Die anfallenden Kosten der genannten Verfahren bitte ich, bei mir zu erheben.

Mit freundlichem Gruß
Franz Gläubiger

2. Verfahren des Gerichtsvollziehers

a) bei erfolglosem Pfändungsversuch

Aufgrund dieses Vollstreckungsauftrages (VA) sucht der GVZ, sobald es seine Dienstgeschäfte zulassen, die angegebene Schuldneranschrift auf. Findet er dort den Schuldner nicht (etwa weil dieser inzwischen verzogen ist), so teilt er dies dem Gläubiger mit. Dieser muß dann eine neue Anschrift des Schuldners ermitteln (vgl. Kapitel 4, S. 78), sofern sie nicht zufällig vom GVZ ermittelt werden konnte.

Wird zwar der Schuldner an der angegebenen Anschrift ermittelt, finden sich aber bei ihm keine pfändbaren beweglichen Sachen, so kann der GVZ bei entsprechendem Auftrag (vgl. Formular) sogleich die Abnahme der Offenbarungsversicherung einleiten (vgl. oben Kapitel 4, Abschnitt E, S. 85).

b) bei erfolgreicher Pfändung

Findet der GVZ pfändbare bewegliche Sachen beim Schuldner vor, so pfändet er diese zu Gunsten des Gläubigers. Wertsachen, etwa Schmuck, nimmt der GVZ dann in eigene Verwahrung. Sonstige Sachen (Möbel, Fernsehgeräte, etc.) beläßt er zunächst im Gewahrsam des Schuldners. Er macht die Pfändung aber kenntlich, indem er an unauffälliger Stelle eine Siegelmarke mit seinem Dienstsiegel anbringt. Da die Siegelmarke früher den Hoheitsadler zeigte, spricht der Volksmund vom „Kuckuck".

Die Entfernung dieser Siegelmarke oder auch das Beiseiteschaffen der ganzen Pfandsache sind strafbar (Siegelbruch, § 136 StGB und Pfandentstrickung, § 137 StGB), und praktisch selten.

Nach erfolgter Pfändung setzt der GVZ einen Termin zur öffentlichen Versteigerung der Pfandsache an. Sofern sie beim Schuldner verblieb, wird sie einige Tage vor dem Versteigerungstermin bei ihm abgeholt und zum Versteigerungsort geschafft. Dort werden die Pfandsachen meistbietend und gegen Barzahlung versteigert (vgl. § 817 ZPO). Vom Erlös zieht der GVZ zunächst seine Gebühr ab und kehrt den Rest an den Gläubiger aus bis zur Höhe von dessen tituliertes Forderung.

So erfolgreich verläuft aber die Pfändung beweglicher Sachen nur in seltenen Ausnahmefällen (ca. 0,25 % aller Fälle). Sonst zahlt der Schuldner entweder vorher, ggf. in Raten, oder die Pfändung ist, in ca. 90 % der Fälle, erfolglos.

c) bei Anschlußpfändung

Sind Sachen des Schuldners bereits für andere Gläubiger gepfändet, aber noch nicht verwertet, so kann der GVZ eine Anschlußpfändung vornehmen (vgl. §§ 826, 827 ZPO). Er nimmt dann nur die Erklärung der Pfändung in sein Protokoll auf. Eine Siegelmarke ist am Pfandgegenstand ja schon angebracht. Wirtschaftlich sinnvoll ist die Anschlußpfändung nur, wenn der mutmaßliche Versteigerungserlös für die Sache größer ist als die Forderung des vorpfändenden Gläubigers.

Denn der Anschlußgläubiger erhält erst Zahlung aus dem Versteigerungserlös, wenn der vorpfändende Gläubiger vollständig befriedigt ist („Prioritätsprinzip", § 804 Nr. 3 ZPO).

3. Durchsuchungserlaubnis und Nachtbeschluß

a) Durchsuchungserlaubnis

Jahrzehntelang gab der Vollstreckungstitel dem GVZ zugleich die Berechtigung, die Schuldnerwohnung auch gegen den Willen des Schuldners auf pfändbare Sachen zu durchsuchen – notfalls durch Aufbrechen der Tür und mit Amtshilfe der Polizei.

Durch die völlig praxisfremde Entscheidung des Bundesverfassungsgerichts (NJW 1979, S. 1540), jetzt geregelt in § 758a ZPO, darf nun die Wohnung nur noch durchsucht werden, wenn der Schuldner dem GVZ dies erlaubt. Verweigert der Schuldner die Durchsuchung, muß der Gläubiger beim örtlich zuständigen Amtsgericht einen Antrag auf richterliche Gestattung der Durchsuchung stellen.

Mit diesem Beschluß kann der GVZ auch gegen den Willen des Schuldners in dessen Wohnung eindringen.

Diese Regel erzwang bisher jährlich Hunderttausende von zusätzlichen Vollstreckungshandlungen und gerichtlichen Durchsuchungsbeschlüssen – mit entsprechenden Kosten. Zugute kommt dies **ausschließlich** unredlichen Schuldnern. Sie können den GVZ zunächst wegschicken, um bis zu dessen erneuten Erscheinen ein oder zwei Wochen später etwa vorhandene pfändbare Sachen aus der Wohnung zu entfernen.

Der redliche Schuldner braucht den ihm vom Verfassungsgericht angedienten Schutz nicht. Die der Zahl nach bedeutungslosen Sonderfälle, in denen ein redlicher Schuldner berechtigte Einwände gegen die Durchsuchung der Wohnung haben könnte (z. B. ein dort im Sterben liegendes Familienmitglied), konnten auch nach der früheren Rechtslage berücksichtigt werden (z. B. durch einen Vollstreckungsschutzantrag gem. § 765a ZPO).

In Zukunft wird der Gläubiger besser den GVZ beauftragen, bei Durchsuchungsverweigerung sogleich das Offenbarungsverfahren einzuleiten (vgl. Auftragsformular).

b) Nachtbeschluß

Ein besonderer Beschluß für die Vollstreckung nachts oder an Sonn- und Feiertagen ist nicht mehr generell erforderlich. Nur bei Vollstreckung in Wohnungen (ohne Zustimmung des Schuldners) ist dafür weiterhin eine besondere Anordnung des Amtsrichters erforderlich, § 758 a Abs. 4 ZPO.

4. Auswertung des Pfandprotokolls

Der GVZ muß über jede Vollstreckungshandlung ein detailliertes Protokoll erstellen. Der Gläubiger sollte stets beantragen, ihm davon eine Kopie zu übersenden. Das kostet zwar wenige Mark Kopiergebühren. Der mögliche Inhalt des Vollstreckungsprotokolls ist diesen Kostenaufwand **immer** wert.

Schon die Bestätigung, daß etwa der Schuldner zu einem bestimmten Zeitpunkt, z. B. vormittags, an der angegebenen Anschrift angetroffen wurde, kann z. B. auf Arbeitslosigkeit hindeuten.

Der GVZ soll aber auch sonstige Informationen über den Schuldner aufnehmen (vgl. § 806 a ZPO), etwa Angaben über einen Arbeitgeber machen, oder darüber, ob der Schuldner bereits die Offenbarungsversicherung abgegeben hat.

Stellt der GVZ Forderungen des Schuldners gegen Dritte fest, so kann er sogar in diese Forderungen eine Vorpfändung (§ 845 ZPO und Abschnitt C, S. 127) ausbringen. Den dazu erforderlichen Auftrag an den GVZ sollte der Gläubiger **stets** mit dem VA erteilen (vgl. Muster, S. 111).

III. Wirtschaftliche Überlegungen und Kostenhinweise

1. GVZ- und Anwaltskosten

Der GVZ erhebt für seine Tätigkeiten Gebühren nach dem Gerichtsvollzieher-Kostengesetz. Sie sind, wie Gerichts- und Anwaltskosten, der Höhe nach abhängig vom Streitwert, also dem Betrag der Forderung, wegen der vollstreckt wird. Die Höhe der Gebühr ergibt sich aus der als Anlage 4 abgedruckten Tabelle.

Zusätzlich zu diesen Grundgebühren fallen noch Nebenkosten wie Schreibgebühren etc. an. Für einen erfolglosen Vollstreckungsversuch – auch wenn z. B. der Schuldner die Durchsuchung verweigert – fällt eine halbe Gebühr an.

Wenn der Vollstreckungsauftrag per Anwalt erteilt wird, erhält dieser dafür eine $^3/_{10}$-Gebühr nach der Tabelle im Anhang 1 zuzüglich Schreibgebühr und Mehrwertsteuer. Diese Gebühr deckt auch die Beantragung einer Durchsuchungserlaubnis ab.

Für GVZ- und Anwaltskosten gilt die generelle Regel, daß sie als Kosten der Vollstreckung gem. § 788 ZPO vom Schuldner zu tragen sind. Bleibt aber die Vollstreckung erfolglos, so muß der Gläubiger sowohl die GVZ-Kosten als auch die Anwaltskosten verauslagen.

2. Erfolgsquoten und Teilauftrag

In der Praxis endet ein Vollstreckungsauftrag regelmäßig mit dem Unpfändbarkeitsattest und nur ausnahmsweise mit erfolgreicher Pfändung und Versteigerung.

Diese Mißerfolgsquote ist sicher durch das Erfordernis einer Durchsuchungserlaubnis erhöht worden. Sie beruht aber wesentlich schon auf den gesetzlichen Schuldnerschutzvorschriften (vgl. unten IV., S. 119).

Deren Anwendung schließt in einem Haushalt etwas schlichteren Zuschnitts die Pfändung weitgehend aus. Die normalen Haushaltsgegenstände lohnen regelmäßig eine zwangsweise Verwertung wirtschaftlich nicht und diese ist deshalb auch rechtlich unzulässig. Wertvollere Haushaltsgegenstände, etwa Video-Geräte, erweisen sich meist als auf Kredit gekauft und noch nicht abgezahlt.

Aus Gläubigersicht rechtfertigt sich der VA deshalb nur, wenn keinerlei Information über sonstige Vermögensgegenstände des Schuldners vorliegt.

Dann ist der VA erforderlich, nicht, weil man einen Vollstreckungserfolg erhofft, sondern weil man das Unpfändbarkeitsattest als Voraussetzung für die Abnahme der Offenbarungsversicherung benötigt.

Da größere Beträge durch Mobiliarpfändung fast nie beizutreiben sind, sollte man bei Titeln über hohe Forderungen den VA nur über einen Teilbetrag erteilen, etwa bis 5000,– DM, um unnötige Kosten zu sparen.

3. Hinweise und Hilfestellung für den GVZ

Die Erfolgsaussichten eines VA erhöhen sich wesentlich, wenn der Gläubiger dem GVZ bei Auftragserteilung möglichst genaue Informationen über pfändbare Sachen des Schuldners gibt. Etwa ein auf der Straße abgestelltes Auto des Schuldners kann der GVZ praktisch nur erkennen, wenn der Gläubiger es ihm benannt und beschrieben hat. Ähnlich ist es mit Hinweisen auf Münz- und Briefmarkensammlungen etc.

Bei umfangreichen Pfändungen, etwa von Warenlagern oder reich ausgestatteten Haushalten können Kosten und Zeit gespart werden, wenn der Gläubiger dem GVZ Transportmittel stellt.

Solche Hinweise und Hilfestellungen setzen natürlich entsprechende Informationen beim Gläubiger voraus (vgl. dazu Kapitel 4, S. 69 ff.).

4. Anwesenheit bei der Vollstreckung

Der Gläubiger kann verlangen, daß der GVZ ihn über den Zeitpunkt seines Vollstreckungsversuches unterrichtet, um dann anwesend zu sein (§ 62 Nr. 5 Gerichtsvollziehergeschäftsanweisung).

Dann kann er seine Hinweise an Ort und Stelle geben, aber auch darauf achten, daß der GVZ alle in Betracht kommenden Räume und Behältnisse durchsucht.

Wegen des Zeitaufwandes, insbesondere bei mehreren Vollstreckungsversuchen, wird die Anwesenheit des Gläubigers oder eines mit schriftlicher Vollmacht versehenen Vertreters sich nur ausnahmsweise lohnen.

5. Besondere Verwertungsarten

Bei erfolgreicher Pfändung scheitert die Vollstreckung gleichwohl häufig noch daran, daß im Versteigerungstermin niemand das Mindestgebot in Höhe der Hälfte des gewöhnlichen Verkaufswertes der Pfandsache abgibt. Dann wird ggf. die Pfändung aufgehoben. Das läßt sich häufig durch den Antrag auf eine andere Verwertung gem. § 825 ZPO an den GVZ verhindern. So kann man z. B. beantragen, daß die in einer Landgemeinde gepfändeten

Antiquitäten, die dort voraussichtlich schlecht zu verkaufen sind, statt dessen in einer größeren Stadt versteigert werden.

Auch andere Verwertungen sind möglich, etwa die Zuweisung des Eigentums an den Gläubiger oder an einen zum Erwerb bereiten Dritten, zu einem bestimmten angemessenen Preis. Damit kann der Kostenaufwand einer möglicherweise erfolglosen Versteigerung erspart werden.

Solche Kostenersparnis ist auch im Schuldnerinteresse. Deshalb kann auch der Schuldner den Antrag nach § 825 ZPO stellen.

6. Austausch- und Vorwegpfändung

a) Bestimmte durch Schuldnerschutzvorschriften der Pfändung entzogene Sachen können gem. § 811a ZPO mit Zustimmung des Vollstreckungsgerichtes gleichwohl gepfändet werden,

> „wenn der Gläubiger dem Schuldner vor der Wegnahme der Sache ein Ersatzstück, das dem geschützten Verwendungszweck genügt, oder den zur Beschaffung eines solchen Ersatzstückes erforderlichen Geldbetrag überläßt."

So kann ein teures Auto, das der Schuldner beruflich benötigt, gleichwohl gepfändet werden, wenn ihm zum Ersatz ein Kleinwagen gestellt wird.

Wirtschaftlich sinnvoll ist das nur, wenn der Vollstreckungserlös den Wert des Ersatzstückes erheblich übersteigt.

b) Eine an sich unpfändbare Sache kann gem. § 811d ZPO gleichwohl gepfändet werden, wenn sie demnächst pfändbar wird. So kann etwa das beruflich benötigte Auto gepfändet werden, wenn der Schuldner demnächst in den Ruhestand geht. Die Verwertung erfolgt dann erst, wenn die Sache pfändbar geworden ist.

Das muß spätestens binnen eines Jahres der Fall sein, § 811d Abs. 2 ZPO.

In beiden Fällen muß der Gläubiger diese Pfändung ausdrücklich beantragen. Der GVZ nimmt sie nicht von Amts wegen vor.

IV. Hinweise für Schuldner

1. Widerspruch gegen Durchsuchung?

Der redliche Schuldner begeht eine Dummheit, wenn er dem GVZ beim ersten Besuch die Durchsuchung verweigert. Hat er keine pfändbaren Sachen, so spart er sich Kosten und einen zweiten Besuch des GVZ, wenn er dies sogleich feststellen läßt.

Sonst kann sein redliches Interesse nur dahin gehen, die **Verwertung** der Pfandstücke zu erübrigen, indem er zahlt oder eine Stundungs- und Ratenvereinbarung trifft. Dazu ist Durchsuchungsverweigerung nicht erforderlich, da dies auch in der Zeit zwischen Pfändung und Verwertung geschehen kann, jetzt ausdrücklich gemäß § 813 a ZPO.

Aus Gläubigersicht weckt Durchsuchungsverweigerung daher stets den Anschein, der Schuldner wolle in der Zwischenzeit pfändbare Sachen beiseite schaffen – was strafbare Vollstreckungsvereitelung ist, § 288 StGB.

Jetzt schafft Verweigerung der Durchsuchung dem Gläubiger sogar die Möglichkeit, sofort zum Offenbarungsverfahren überzugehen. Die Verweigerung ist also nun für den Schuldner endgültig kontraproduktiv.

2. Pfändungsschutzvorschriften

In der Antike mußte der Schuldner für seine Verbindlichkeiten nicht nur mit seiner sämtlichen Habe sondern sogar mit der eigenen Person einstehen. Zur Abdeckung von Schulden konnten er selbst und seine Familie in die Sklaverei verkauft werden. Noch vor ca. 150 Jahren mußte er ggf. Zwangsarbeit zur Schuldentilgung leisten.

Davon sind wir, Gott lob, weit entfernt. Unter dem Sozialstaatsgebot des Grundgesetzes hat der Schuldner, egal wie hoch seine Verbindlichkeiten sind, Anspruch nicht nur auf Unversehrtheit seiner Person, sondern auch auf Belassung eines Mindestbestandes von für die Lebensführung erforderlichen Sachen.

a) Im einzelnen regelt ein Katalog in § 811 ZPO, welche Sachen dem Schuldner nicht weggepfändet werden dürfen, nämlich insbesondere eine Haushaltsgrundausstattung sowie zum Erwerb des Lebensunterhaltes bestimmte Gegenstände.

Im einzelnen ist die Abgrenzung fließend und auch vom allgemeinen Lebensstandard abhängig. Seit ca. zwanzig Jahren ist z. B. ein einfaches Radio unpfändbar, seit einigen Jahren auch statt dessen ein einfaches Fernsehgerät.

Seit neuestem sind Haustiere nur noch im Ausnahmefall pfändbar, vgl. § 811 c ZPO.

b) Eine andere in ihrem Zweck auf der Hand liegende Pfändungsbeschränkung enthält § 803 Abs. 2 ZPO.

Danach hat die Pfändung von Sachen zu unterbleiben,

„wenn die von der Verwertung der zu pfändenden Gegenstände ein Überschuß über die Kosten der Zwangsvollstreckung nicht erwarten läßt."

Das schließt die Pfändung von Sachen mit geringem Versteigerungswert aber hohem Transportaufwand meist aus.

c) Für Hausrat bestimmt § 812 ZPO noch weitergehend, daß im Haushalt des Schuldners benützte Gegenstände auch dann nicht gepfändet werden sollen,

„wenn ohne weiteres ersichtlich ist, daß durch ihre Verwertung nur ein Erlös erzielt werden würde, der zu dem Wert außer allem Verhältnis steht."

Da Hausrat geringe Verwertungserlöse, aber hohen Transport- und Versteigerungsaufwand hat, trifft diese Vorschrift auf fast alle einfachen Hausratsgegenstände zu.

Zu pfänden sind daher in der Regel nur ausgesprochene Wertgegenstände. Und es gibt zahllose Haushalte in der Bundesrepublik, in denen solche Wertgegenstände kaum zu finden sind.

d) Die geringe Erfolgsquote der Mobiliarpfändung ergibt sich im wesentlichen aus diesen drei Schuldnerschutzvorschriften. Beiseiteschaffen von pfändbaren Gegenständen durch den Schuldner oder unzureichende Durchsuchung seitens der GVZ beeinträchtigen die Erfolgsquote sicherlich nur geringfügig.

Auf diese drei Schuldnerschutzvorschriften sollte der Schuldner sich stets berufen. Sie schaffen ihm legal einen Mindestbesitz, den ihm kein Gläubiger nehmen darf.

Pfändet der GVZ Sachen, die der Schuldner für unpfändbar hält, sollte er sich nicht scheuen, dagegen beim Amtsgericht Erinnerung einzulegen (vgl. Kapitel 7, S. 201).

3. Mindestgebot § 817 a ZPO

Entgegen der Absicht des Gesetzgebers führt die öffentliche Versteigerung regelmäßig nicht zu einem marktgerechten Preis für die Pfandsache. Da jeder Interessent bei der Versteigerung weiß, daß auch zu niedrigerem Preis „verkauft" d. h. zugeschlagen wird, sinken die Preise stark.

Um diese Verschleuderung zu Lasten des Schuldners zu verhindern, darf nach § 817 a ZPO nur auf ein Gebot zugeschlagen werden, „das mindestens die Hälfte des gewöhnlichen Verkaufswertes der Sache erreicht (Mindestgebot)".

Damit wird die in der Regel vom GVZ gem. § 813 ZPO vorzunehmende Schätzung des gewöhnlichen Verkaufswertes für den Schuldner bedeutsam. Hat der Gerichtsvollzieher zu niedrig geschätzt, kann der Schuldner gem. § 813 Abs. 1 Satz 3 ZPO beim Amtsgericht die Schätzung durch einen Sachverständigen beantragen. Zu bedenken ist allerdings, daß dadurch Kosten entstehen, die als Vollstreckungskosten dem Schuldner zur Last fallen. Dies wird sich daher nur bei höherwertigen Gegenständen empfehlen.

4. Freihändige Verwertung

Auch nach § 817 a ZPO kann der Schuldner bei der Versteigerung der Pfandsache noch die Hälfte von deren Wert einbüßen. Und das geschieht in der Praxis auch häufig.

Deshalb ist es wirtschaftlich weitaus besser, die Sache freihändig zu verwerten. Der Schuldner sollte eine pfändbare Sache verkaufen und mit dem Erlös den Gläubiger bezahlen, bevor ihm dieser den GVZ ins Haus schickt.

Aber auch nach der Pfändung sollte freihändige Verwertung angestrebt werden. Der Schuldner kann selbst Interessenten suchen, er kann auch inserieren. Die Übertragung an den Käufer kann entweder mit Zustimmung des Gläubigers geschehen, der dann Zahlung des Kaufpreises an sich verlangen wird. Sie kann sogar gegen den Willen eines uneinsichtigen Gläubigers geschehen, nämlich durch Antrag auf andere Verwertung, § 825 ZPO, auf freihändige Übereignung an den Interessenten.

5. Aussetzung der Verwertung, § 813 b ZPO

Auch der freihändige Verkauf gebrauchter Sachen ist meist wirtschaftlich von Nachteil. Kann der Schuldner die Gläubiger-Forderung nicht sofort bezahlen, so bleibt als dritter und in der Praxis sehr häufiger Ausweg die ratenweise Abzahlung der Schuld. Sie geschieht meist über den GVZ, mit stillschweigender oder ausdrücklicher Duldung des Gläubigers, jetzt nach § 813 a ZPO. Der redliche Schuldner kann eine solche Erledigung durch Ratenzahlung, also eine zeitweilige Stundung, auch zwangsweise gegen den Willen des Gläubigers erreichen.

Er kann nach § 813 b ZPO binnen zwei Wochen nach der Pfändung den Antrag auf Aussetzung der Verwertung gegen Zahlung von Raten stellen.

Die Verwertung darf dadurch nicht länger als ein Jahr hinausgeschoben werden. Bei außergerichtlicher Ratenvereinbarung kann einvernehmlich die Frist noch länger gestreckt werden.

Abschnitt C. Pfändungen in Forderungen und Rechte

I. Vollstreckungsgericht und Rechtspfleger

1. Aufgaben und Zuständigkeit des Vollstreckungsgerichtes

Als Vollstreckungsorgane fast unbekannt sind die Amtsgerichte als Vollstreckungsgerichte, denen nach § 764 ZPO die gerichtliche Anordnung von Vollstreckungshandlungen zugewiesen ist.

Vollstreckungsgericht ist also jeweils dasjenige Amtsgericht,

„in dessen Bezirk das Vollstreckungsverfahren stattfinden soll oder stattgefunden hat." (§ 764 Abs. 2 ZPO)

Neben ca. 1,8 Millionen Offenbarungsverfahren und der Vollstreckung in Grundstücke (unten D., S. 144) erledigen die Vollstreckungsgerichte in Deutschland jährlich ca. 1,8 Millionen

Anträge auf Pfändung von Forderungen. Nach meiner Schätzung wird dadurch wesentlich mehr Geld beigetrieben als durch die Mobiliarpfändung.

2. Stellung des Rechtspflegers

Mit geringen Ausnahmen werden alle Entscheidungen im Vollstreckungsgericht zunächst durch den Rechtspfleger getroffen. Er ist ein Justizbeamter, der ähnlich wie der GVZ eine besondere Ausbildung von drei Jahren abgeleistet und die Rechtspflegerprüfung bestanden hat (§ 2 Rechtspflegergesetz).

Er ist wie ein Richter bei seinen Entscheidungen selbständig und nur dem Gesetz unterworfen (§ 9 Rechtspflegergesetz), d. h. der ihm vorgesetzte Richter kann ihm keine Einzelweisungen erteilen.

Lediglich auf Rechtsbehelf einer Partei (Erinnerung) kann der Richter die Entscheidung des Rechtspflegers überprüfen (§ 11 Rechtspflegergesetz).

II. Der Vorgang der Forderungspfändung

1. Wirtschaftliche Ausgangslage

Viele Schuldner haben selbst Geldforderungen, etwa Lohn als Arbeitnehmer und Rente als Rentner. Dann ist der Schuldner seinerseits Gläubiger anderer Forderungen gegen Dritte, die sogenannten Drittschuldner. Da diese Forderungen gegen Dritte Vermögen sind, kann der Gläubiger des Schuldners auf sie zugreifen. An diesem Rechtsverhältnis der Forderungspfändung sind also drei Personen beteiligt, der Gläubiger (G) der titulierten Forderung (F 1), der Schuldner (S) und der Drittschuldner (D), gegen den der Schuldner seinerseits eine Forderung (F 2) hat. Daß auch diese Forderung tituliert ist, ist nicht erforderlich und auch die Ausnahme.

Die Forderungspfändung bewirkt nun, daß der Gläubiger die Forderung (F 2) seines Schuldners gegen den Dritten für sich einziehen und mit diesem Erlös seine Forderung (F 1) befriedigen kann. Das läßt sich graphisch wie folgt darstellen:

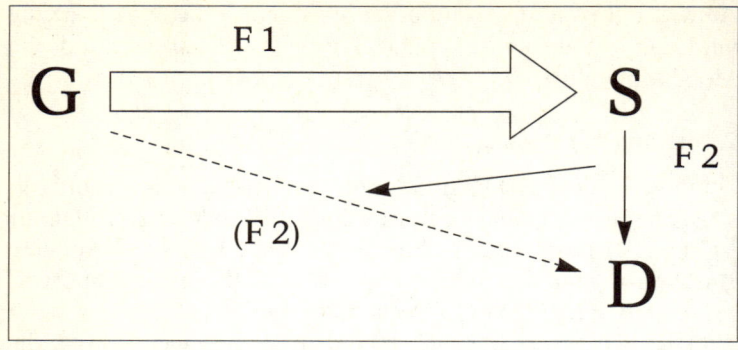

2. Pfändungsantrag und Pfändungsverfahren

a) Voraussetzungen der Forderungspfändung

Wie jede Vollstreckungsmaßnahme setzt die Forderungspfändung einen Vollstreckungstitel mit Klausel und eine bereits **erfolgte Zustellung** voraus.

b) Der Pfändungsantrag

Für die Forderungspfändung ist als Vollstreckungsgericht das Amtsgericht zuständig, bei dem der Schuldner seinen Wohnsitz hat. Bei Firmen kommt es auf den Verwaltungssitz an (§ 17 Abs. 1 Satz 2 ZPO).

Der Antrag auf Forderungspfändung ist also an das danach örtlich zuständige Gericht zu richten (ggf. zu ermitteln in einem handelsüblichen Ortsbuch).

§ 829 ZPO beschreibt den Vorgang der Forderungspfändung:

„Soll eine Geldforderung gepfändet werden, so hat das Gericht dem Drittschuldner zu verbieten, an den Schuldner zu zahlen. Zugleich hat das Gericht an den Schuldner das Gebot zu erlassen, sich jeder Verfügung über die Forderung, insbesondere ihrer Einziehung, zu enthalten".

Der Gläubiger muß also neben seiner eigenen titulierten Forderung darlegen, daß der Schuldner eine **bestimmte Forderung** gegen einen **bestimmten Drittschuldner** hat, deren Pfändung das Gericht aussprechen soll. Dies ist der für die Praxis wichtigste Unterschied zum Vollstreckungsverfahren der früheren DDR:

Dort ermittelte der Sekretär des Kreisgerichtes **von Amts wegen,** ob bzw. welche Forderungen der Schuldner gegen Dritte hatte, und pfändete sie dann. Jetzt liegt die gesamte Initiative – und der Aufwand! – beim Gläubiger.

Daraus ergibt sich folgendes Grundmuster eines Pfändungsantrages:

An das
Amtsgericht
Schuldnerstadt als Vollstreckungsgericht
99999 Schuldnerstadt

Antrag auf Erlaß eines Pfändungs- und Überweisungsbeschlusses

in Sachen

gegen (vollständiger Name und Anschrift des Schuldners)
– Schuldner –

Anliegend überreiche ich Vollstreckungstitel (ggf. näher zu bezeichnen) über folgende Beträge (dann Forderungsaufstellung wie oben Seite 111).

Ich beantrage zu beschließen,
wegen dieser Ansprüche sowie wegen der Kosten für diesen Beschluß und seine Zustellung wird die angebliche Forderung des Schuldners aus (so genau wie möglich bezeichnen) gegen den Drittschuldner (möglichst genaue Bezeichnung und vollständige Anschrift)
einschließlich etwaiger zukünftiger Ansprüche aus diesem Rechtverhältnis gepfändet und dem Gläubiger in Höhe des Pfandbetrages zur Einziehung überwiesen.

Dem Drittschuldner wird verboten, an den Schuldner zu leisten, soweit gepfändet ist.

Dem Schuldner wird verboten, über die Forderung zu verfügen, insbesondere sie einzuziehen, soweit gepfändet ist.

Ich bitte, die Zustellung zu vermitteln, an den Drittschuldner durch Gerichtsvollzieher persönlich mit der Aufforderung zur Drittschuldnerauskunft nach § 840 ZPO.

Mit freundlichem Gruß
Franz Gläubiger

Dieses Antragsmuster soll lediglich der Erläuterung von Pfändungsantrag des Gläubigers und Pfändungsbeschluß des Gerichtes dienen.

In der Praxis empfiehlt es sich **dringend,** für den Antrag ein **handelsübliches Formular** zu verwenden.

Diese Formulare enthalten bereits den Entwurf des Gerichtsbeschlusses, was die Tätigkeit des Vollstreckungsgerichtes erleichtert und damit beschleunigt.

Die Formulare enthalten für die wichtigsten Fälle der Forderungspfändung genaue und vollständige Bezeichnungen der zu pfändenden Forderungen, die der Antragsteller durch einfaches Ankreuzen übernehmen kann.

Mit dem Pfändungsantrag muß beim Gericht die Gebühr von 20,– DM für den Erlaß des Pfändungsbeschlusses eingezahlt werden.

c) *Verfahren des Vollstreckungsgerichtes*

Der Rechtspfleger des Vollstreckungsgerichtes prüft vor allem, ob Titel, Klausel und Zustellung (für die Forderung F 1) vorliegen und ob der Drittschuldner ausreichend, insbesondere mit für die Zustellung ausreichender Anschrift, bezeichnet ist.

Der Rechtspfleger **prüft nicht,** ob die Forderung gegen den Drittschuldner (F 2) besteht! Insofern wird nur die angebliche Forderung gepfändet. Ob diese besteht, muß hinterher, ohne Beteiligung des Vollstreckungsgerichtes, zwischen G und D geklärt werden.

Nur wenn der Rechtspfleger – sehr selten – sicher weiß, daß die zu pfändende Forderung (F 2) nicht besteht, wirksam abgetreten oder unpfändbar ist, besteht für die Pfändung kein Rechtsschutzbedürfnis (OLG Frankfurt a. M., Betrieb 1978, S. 1075).

d) *Zustellung und Pfändungsfolgen*

Nach § 829 Abs. 3 ZPO ist

„mit der Zustellung des Beschlusses an den Drittschuldner . . . die Pfändung als bewirkt anzusehen."

Der vom Rechtspfleger erlassene Beschluß muß also möglichst rasch an den Drittschuldner zugestellt werden – damit nicht vorher die Forderung (F 2) noch eingezogen wird und erlischt. Denn dann würde die Pfändung ins Leere gehen.

Der Gläubiger kann die Zustellung selbst durch Gerichtsvollzieher vornehmen lassen. In der Regel sollte er auf den handelsüblichen Formularen durch Ankreuzen beantragen, daß das Vollstreckungsgericht die Zustellung vermittelt.

Nach der Zustellung an den Drittschuldner muß in gleicher
Weise noch die Zustellung an den Schuldner erfolgen. Neben dem
Vollstreckungsgericht wird also auch noch der GVZ tätig, jedoch
nur für die Zustellungen.

Wenn sie erfolgt sind, sind die gerichtlichen Verbote (an D, zu
zahlen und an S, über die Forderung nicht zu verfügen) in Kraft.
Zahlt der Drittschuldner nunmehr gleichwohl an den Schuldner,
so ist dies wegen Verstoßes gegen das gerichtliche Verbot dem
Gläubiger gegenüber unwirksam (§ 136 BGB).

Der Drittschuldner muß ggf. nochmals zahlen!

3. Vorpfändung, § 845 ZPO

Eine Forderungspfändung ist nur erfolgreich, wenn bei Zustellung des Pfändungsbeschlusses an D die Forderung (F 2)
noch zwischen S und D besteht, insbesondere noch nicht bezahlt ist.

Da es gerade der Zweck einer Forderung ist, daß sie alsbald
nach Fälligkeit durch Zahlung erlischt, besteht weit mehr als bei
einem zu pfändenden Haushaltsgegenstand die Gefahr, daß in der
Zeit zwischen dem Antrag auf Forderungspfändung und der Zustellung des Gerichtsbeschlusses die zu pfändende Forderung
(F 2) bezahlt wird, und die Pfändung ins Leere geht.

Deswegen gibt das Gesetz dem Gläubiger die Möglichkeit der
Vorpfändung nach § 845 ZPO:

„Schon vor der Pfändung kann der Gläubiger aufgrund eines
vollstreckbaren Schuldtitels durch den Gerichtsvollzieher dem
Drittschuldner und dem Schuldner die Benachrichtigung, daß
die Pfändung bevorstehe, zustellen lassen, mit der Aufforderung
an den Drittschuldner, nicht an den Schuldner zu zahlen, und
mit der Aufforderung an den Schuldner, sich jeder Verfügung
über die Forderung, insbesondere ihrer Einziehung zu enthalten.

. . .

. . . Die Benachrichtigung an den Drittschuldner hat die Wirkung

eines Arrestes (§ 930), sofern die Pfändung der Forderung innerhalb eines Monats bewirkt wird."

Der Gläubiger kann also parallel zu seinem Pfändungsantrag an
das Gericht eine von ihm privatschriftlich gefertigte Ankündigung
dieser Pfändung durch den Gerichtsvollzieher zustellen lassen,
zunächst und insbesondere an den Drittschuldner. Dadurch wird
dieser für einen Monat gehindert, die Forderung auszuzahlen. Bis
dahin soll nach der Vorstellung des Gesetzgebers der gerichtliche
Pfändungsbeschluß erlassen und dem Drittschuldner zugestellt
sein.

Die Vorpfändung kann nach folgendem Schema formuliert werden (vgl. auch die handelsüblichen Formulare):

An die
Verteilungsstelle
für Gerichtsvollzieheraufträge
des Amtsgerichts Schuldnerstadt
99999 Schuldnerstadt

Das nachfolgende vorläufige Zahlungsverbot nach § 845 ZPO
bitte ich an den nachfolgend benannten Drittschuldner und den
Schuldner zuzustellen:

Nach dem vollstreckbaren Versäumnisurteil des Amtsgerichts
Schuldnerstadt vom ... Az .... kann ich (Gläubigername und Anschrift)

von dem Schuldner (vollständiger Name, vollständige Anschrift) die Zahlung folgender Beträge verlangen:

1. Hauptforderung ...
2. ...

Wegen dieses Anspruchs steht die Pfändung der angeblichen
Forderung des Schuldners gegen den Drittschuldner (vollständi-
ger Name, vollständig Anschrift) aus (nähere Bezeichnung der
Forderung mit Vertragsdaten etc.) bevor.

Hiervon unterrichte ich hiermit Drittschuldner und Schuldner.
Den Drittschuldner fordere ich auf, nicht an den Schuldner zu
zahlen. Den Schuldner fordere ich auf, sich jeder Verfügung über
die Forderung, insbesondere der Einziehung, zu enthalten.

Ich weise darauf hin, daß diese Benachrichtigung von ihrer Zustellung an die Arrestpfändung der Forderung bewirkt, §§ 845, 930
ZPO.

Franz Gläubiger

Die Vorpfändung kann erfolgen, sobald ein vollstreckbarer
Titel (für F 1) vorliegt. Dafür reicht die mündliche Verkündung eines gerichtlichen Urteils. Klausel und Zustellung sind nicht, bzw.
erst für den Pfändungsbeschluß erforderlich.

Ist bei Ablauf der Monatsfrist abzusehen, daß der gerichtliche
Pfändungsbeschluß nicht rechtzeitig zugestellt werden wird, kann
vorsorglich eine erneute Vorpfändung ausgebracht werden.

Sie hindert den Drittschuldner erneut einen Monat lang an der
Bezahlung der Forderung.

Wegen dieser Wirkung nennt man die Vorpfändung auch vor-
läufiges Zahlungsverbot (VZV).

4. Verwertung der gepfändeten Forderung

a) Überweisung zur Einziehung

Die Forderungspfändung gem. § 829 ZPO bewirkt zunächst
nur, daß D nicht an S zahlen darf.

Damit nun G die Zahlung von D an sich verlangen kann, muß
die Forderung noch gem. § 835 ZPO durch Gerichtsbeschluß dem
Gläubiger zur Einziehung überwiesen werden.

Regelmäßig werden beide Beschlüsse zugleich beantragt und
in einem einheitlichen Pfändungs- und Überweisungsbeschluß
(PfüB) erlassen, vgl. dazu auch die handelsüblichen Formulare.

Die Überweisung zur Einziehung bedeutet, daß der Gläubiger
von D die Zahlung der gepfändeten Forderung (F 2) verlangen
kann. Auf seine Forderung (F 1) muß er sich nur anrechnen lassen, was er tatsächlich von D erhält.

b) Sonstige Verwertung

Die gepfändete Forderung kann nach § 835 ZPO dem Gläubiger auch nach seiner Wahl an Zahlungs statt zum Nennwert überwiesen werden – was praktisch nie beantragt wird.

Ist die gepfändete Forderung (F 2) zur Zeit nicht einziehbar,

(z. B. ein Darlehen mit fester Laufzeit), so kann der Gläubiger gemäß § 844 ZPO eine andere Verwertung beantragen, etwa den Verkauf oder die Versteigerung.

5. Drittschuldnerauskunft, § 840 ZPO

Für die Forderungspfändung gilt in extremer Weise, daß sie ausreichende Informationen auf Gläubigerseite voraussetzt. Denn die Forderungspfändung ist überhaupt nur möglich, wenn einigermaßen konkret Drittschuldner und zu pfändende Forderung bezeichnet werden können. Insbesondere ist meist ungewiß, ob die Forderung bei Zustellung des Pfändungsbeschlusses oder des vorläufigen Zahlungsverbotes **noch** besteht bzw. noch dem Schuldner zusteht. Damit der Gläubiger dies nach der erfolgten Pfändung und Überweisung prüfen kann, ist gemäß § 840 ZPO der Drittschuldner verpflichtet, binnen **zwei Wochen** nach Zustellung des Pfändungsbeschlusses dem Gläubiger zu erklären:

> „1. ob und inwieweit er die Forderung als begründet anerkennt und Zahlung zu leisten bereit sei;
> 2. ob und welche Ansprüche andere Personen an die Forderung machen;
> 3. ob und wegen welcher Ansprüche die Forderung bereits für andere Gläubiger gepfändet sei."

Die Aufforderung zur Abgabe dieser Erklärung wird vom GVZ in die Zustellungsurkunde aufgenommen.

Macht der Drittschuldner gegenüber dem GVZ keine Angaben und äußert er sich auch danach nicht, so sollte man, insbesondere bei einem weniger geschäftserfahrenen Drittschuldner, ihm die drei Fragen gem. § 840 ZPO nochmals brieflich unter Fristsetzung stellen oder ihn anrufen.

Letzteres führt häufig zu zusätzlichen Angaben des Drittschuldners über den Schuldner und seine Vermögensverhältnisse.

6. Drittschuldnerklage (insbesondere bei Lohnpfändung)

a) Problemstellung

Wenn der Drittschuldner die gegen ihn gerichtete Forderung (F 2) bestreitet und diese noch nicht tituliert ist, kann der Gläubiger, dem diese Forderung ja zur Einziehung überwiesen ist, sie einklagen.

Praktisch weit häufiger ist, daß der Drittschuldner überhaupt keine Erklärung abgibt, sei es aus Nachlässigkeit oder Unkenntnis, sei es, weil er den Schuldner schützen will. Naheliegend wäre hier eine Klage von G gegen D auf die nach § 840 ZPO gesetzlich geschuldete Auskunft. Die herrschende Rechtsprechung hält eine solche Auskunftsklage nicht für zulässig. Statt dessen muß der Gläubiger die angebliche gegen D bestehende Forderung einklagen. Dies zwingt in der Tat den Drittschuldner, sich im Prozeß zu der Forderung zu erklären. Erklärt er dort zutreffend bzw. unwiderlegbar, daß die Forderung bei Zustellung des Pfändungsbeschlusses nicht oder nicht mehr bestand (z. B. der Schuldner ist als Arbeitnehmer beim Drittschuldner schon vorher ausgeschieden), so kann der Gläubiger als Schadensersatz für die verspätete Auskunft die Erstattung der Prozeßkosten verlangen (BGHZ 79, S. 275).

b) Informations- und Beweismittelbeschaffung

Da der Gläubiger bei der Begründung der Forderung gegen den Dritten (F 2) unbeteiligt war, hat er selten ausreichend Information und Beweismittel zur erfolgreichen Führung eines streitigen Prozesses gegen den Drittschuldner. Die Vorschrift von § 807 ZPO, wonach der Schuldner in der Offenbarungsversicherung „für seine Forderungen den Grund **und die Beweismittel** zu bezeichnen" hat, wird selten vollständig erfüllt.

Insofern verpflichtet § 836 Abs. 3 ZPO den Schuldner

> „dem Gläubiger die zur Geltendmachung der Forderung nötige Auskunft zu erteilen und ihm die über die Forderung vorhandenen Urkunden herauszugeben. Die Herausgabe kann von dem Gläubiger im Wege der Zwangsvollstreckung erwirkt werden."

Auf diesem Wege kann etwa ein Sparbuch, welches zur Auszahlung eines gepfändeten Sparkontos vorgelegt werden muß, dem Schuldner weggenommen werden. Erteilt der Schuldner die Auskünfte nicht, so kann er jetzt (ab 1. 1. 1999) auf Antrag des Gläubigers vom GVZ zur Offenbarungsversicherung darüber geladen werden, § 836 Abs. 3 S. 2 ZPO.

Die Forderungspfändung umfaßt als Nebenrechte aber auch die

dem Schuldner etwa zustehenden Ansprüche auf Rechnungslegung und Auskunft. Der Gläubiger kann also zunächst diese (etwa eine Lohnabrechnung) vom Drittschuldner verlangen, um z. B. Einwendungen des Drittschuldners gegen die Forderung näher zu prüfen.

c) Obliegenheiten des Gläubigers

Eine erfolgreiche Drittschuldnerklage muß auch im Interesse des redlichen Schuldners liegen. Denn mit der Einziehung der Forderung gegen den Dritten (F 2) durch den Gläubiger wird ja zugleich dessen Forderung gegen den Schuldner (F 1) getilgt. Der Gläubiger ist deshalb gem. § 841 ZPO verpflichtet, dem Schuldner im Drittschuldnerprozeß den Streit zu verkünden, damit der Schuldner die Möglichkeit hat, den Gläubiger im Prozeß zu unterstützen.

Zögert der Gläubiger mit der Einziehung der Forderung gegen den Dritten, und entsteht dadurch ein Schaden (z. B. der Dritte wird zahlungsunfähig), so haftet der Gläubiger dem Schuldner für den Schaden, der nun darin liegt, daß die Forderung F 1 nicht in Höhe der Forderung F 2 getilgt wird.

Deswegen muß der Gläubiger die von ihm gepfändeten Forderungen entweder mit Nachdruck einziehen – was dem Schuldner ja jetzt verboten ist. Oder er muß gem. § 843 ZPO wieder auf sein Pfandrecht an der Forderung verzichten, was durch Zustellung einer entsprechenden Verzichtserklärung an Schuldner und Drittschuldner geschieht.

d) Drittschuldnerklage bei Lohnpfändung

Bei Lohnpfändung kommt es zur Drittschuldnerklage ganz überwiegend dann, wenn der Drittschuldner (also der Arbeitgeber des Schuldners) keine Auskunft gem. § 840 ZPO erteilt hat. Das geschieht vor allem, wenn der Arbeitgeber ein Familienangehöriger des Schuldners ist. Dann muß der Gläubiger, um Zahlungsansprüche berechnen und einklagen zu können, fiktive Lohnangaben machen, etwa den Tariflohn für die Tätigkeit des Schuldners ansetzen (näher dazu Süsse, Betriebsberater 1970, S. 671).

Der Gläubiger macht dabei die Lohnforderung des Schuldners geltend. Deshalb muß er vor dem Arbeitsgericht klagen. Dort wer-

den in I. Instanz Anwaltskosten i. d. R. nicht erstattet (§ 12 a
Arbeitsgerichtsgesetz). Im Drittschuldnerprozeß gilt das nach
überwiegender Meinung nicht, BAG NJW 1990, S. 2643. Die Kosten werden also ggf. erstattet oder können als Schadensersatz
eingeklagt werden.

Es handelt sich auch um Kosten der Zwangsvollstreckung im
Sinne von § 788 ZPO, so daß sie gegen den Schuldner geltend gemacht werden können.

7. Pfändung anderer Vermögensrechte, § 857 ZPO

Neben Geldforderungen gibt es zahlreiche Ansprüche anderer
Art, die mittelbar zu Zahlungen führen können und deshalb einen
Vermögenswert haben. Das gilt etwa für Gesellschaftsanteile, An-
wartschaftsrechte, Grundpfandrechte etc. Für sie bestimmt § 857
Abs. 1 ZPO, daß sie wie Geldforderungen gepfändet werden, also
durch Zustellung eines entsprechenden Pfändungsbeschlusses an
den Drittschuldner.

Bei Rechten, bei denen es keine konkreten Drittschuldner gibt
(z. B. Patenrecht oder Eigentümergrundschuld), ist die Pfändung
gem. § 857 Abs. 2 ZPO bewirkt, wenn

„dem Schuldner das Gebot, sich jeder Verfügung über das Recht
zu enthalten, zugestellt ist."

8. Zusammentreffen mehrerer Pfändungen

Vollstrecken mehrere Gläubiger, so werden sie mit der Zeit alle
auf die Ansprüche des Schuldners gegen Dritte, z. B. seinen
Lohnanspruch, zugreifen. Dann wirkt sich der in § 804 Abs. 3
ZPO niedergelegte zentrale Grundsatz der Einzelzwangsvollstreckung aus:

„Das durch eine frühere Pfändung begründete Pfandrecht geht
demjenigen vor, das durch eine spätere Pfändung begründet
wird".

Aus dem zeitlichen Eingang der Pfändungen – beim Drittschuldner – entsteht also eine Rangfolge für die Befriedigung (wie
bei der Mobiliarpfändung, vgl. oben, S. 100). Die Festlegung dieser Rangfolge kann Schwierigkeiten machen. Denn einen Rang er-

werben nur formell und materiell wirksame Pfändungen. Fehlt z. B. auf der dem Drittschuldner zugestellten Ausfertigung eines Pfändungsbeschlusses der Name des den Beschluß erlassenden Rechtspflegers, so ist die Pfändung unwirksam. Zwar kann der Fehler durch erneute Zustellung mit Angabe des Rechtspflegernamens geheilt werden. Nur steht diese Pfändung im Rang inzwischen erfolgten Pfändungen nach.

Deshalb können sowohl der Drittschuldner zu seinem eigenen Schutz als auch jeder der beteiligten Gläubiger verlangen (§ 853 ZPO) und notfalls gerichtlich erzwingen (§ 856 ZPO), daß die Verteilung der gepfändeten Forderung (F 2) auf die Rangfolge verschiedener pfändender Gläubiger durch das Vollstreckungsgericht im Verteilungsverfahren (§§ 872 ff. ZPO) vorgenommen wird.

9. Aufrechnung statt Forderungspfändung

Steht der Drittschuldner D nicht dem Schuldner S, sondern dem Gläubiger G nahe, kann man sich Pfändungskosten ersparen.

G kann seine Forderung (F 1) an D abtreten. D kann dann, soweit zulässig (z. B. bei Lohnforderung nur gegen den pfändbaren Teil) gegen die Forderung des S (F 2) aufrechnen. Den ersparten Betrag kann er G zahlen.

Bei entsprechender Sachlage (z. B. Schuldner führt gegen Barzahlung Handwerksarbeiten aus und entzieht sich der Vollstreckung) kann man sogar gezielt durch einen Bekannten den Schuldner beauftragen, die Forderung (F 1) an den Bekannten abtreten und diesen gegen die Werklohnforderung des Schuldners aufrechnen lassen.

III. Hinweise zu einzelnen Forderungsarten

1. Allgemeines

Die vollständige Ausschöpfung aller Möglichkeiten der Forderungspfändung erfordert neben umfassender Information über das Vermögen des Schuldners auch umfassende Rechtskenntnisse. Denn pfändbare Ansprüche können sich ergeben aus sämtlichen Rechtsverhältnissen des privaten und des öffentlichen Rechtes. Das sind zumindest Hunderte, wenn nicht Tausende von verschiedenen Anspruchsgrundlagen, die alle zu wirksamer Pfändung eindeutig und vollständig im Pfändungsantrag bezeichnet werden müssen.

Dies relativiert sich dadurch, daß in der Praxis 90 oder 95 % aller Forderungspfändungen auf die 4 oder 5 wirtschaftlich bedeutsamsten Forderungen entfallen, davon wohl mindestens 60–70 % allein auf die Lohnpfändung. Insofern decken die handelsüblichen Formulare fast alle relevanten Pfändungsmöglichkeiten ab. Ergibt sich, daß der Schuldner darüber hinaus Vermögensrechte besonderer Art hat, etwa Beteiligungen an Handelsgesellschaften, so wird man Rechtsrat einholen müssen.

2. Lohnpfändung

a) Umfang und Erweiterungen

Für den in der Praxis bei weitem wichtigsten Anspruch, den des Schuldners gegen einen Dritten auf Zahlung von Lohn oder Gehalt, beschreibt das Gesetz in §§ 833 und 850 ZPO den Umfang der Pfändung so vollständig, daß im Pfändungsantrag die Bezeichnung der Forderung als „Forderung aus Arbeitseinkommen" völlig ausreicht. Selbst eine Kündigungsschutzabfindung wird davon umfaßt.

Auch eine Unterbrechung des Arbeitsverhältnisses bis zu 9 Monaten (z. B. bei Saisonarbeitern) macht die Pfändung jetzt nicht mehr unwirksam, § 833 Abs. 2 ZPO.

b) Pfändungsschutz und dessen Einschränkungen

Nach § 850 a ZPO sind eine Reihe von üblichen Nebenzahlungen im Arbeitsverhältnis der Pfändung nicht oder nur teilweise unterworfen. Vor allem aber schränkt § 850 c ZPO die Lohnpfändung erheblich ein. Ebenso wie dem Schuldner aus sozialstaatlichen Gründen ein Mindestbestand an Hausrat etc. verbleibt, verbleibt ihm auch ein Mindestbetrag von seinem Einkommen, z. Zt. 1219,99 DM monatlich. Von dem darüber hinausgehenden Nettoeinkommen sind $7/10$ pfändbar und $3/10$ verbleiben dem Schuldner. Ein über 3796,– DM hinausgehendes Nettoeinkommen ist vollständig pfändbar. Diese gesetzlichen Pfändungsgrenzen erhöhen sich zugunsten des Schuldners, wenn er gesetzliche Unterhaltspflichten erfüllt, also insbesondere für Ehefrau und Kinder. Hieraus ergibt sich die Lohnpfändungstabelle zu § 850 c ZPO. Sie ist als Anhang 5 auszugsweise abgedruckt. Diese Pfändungsfreigrenzen werden vom Gesetzgeber gelegentlich der Inflationsentwicklung angepaßt, zuletzt 1992.

Wird wegen Unterhaltsansprüchen vollstreckt, gelten die Pfändungsgrenzen nicht. Es wird vom Vollstreckungsgericht festgelegt, wieviel Einkommen dem Schuldner verbleibt (§ 850 d ZPO).

Dasselbe gilt – auf Antrag des Gläubigers –, wenn wegen einer Forderung aus vorsätzlicher unerlaubter Handlung (z. B. Schadensersatz aus einer Straftat) vollstreckt wird (§ 850 f Abs. 2 ZPO) oder bei besonders hohem Schuldnereinkommen (§ 850 f Abs. 3 ZPO).

Ferner kann der Gläubiger beantragen, unterhaltsberechtigte Personen bei der Berechnung des unpfändbaren Teils unberücksichtigt zu lassen, wenn diese Personen eigene Einkünfte haben, wenn etwa die Ehefrau mitarbeitet. Dadurch können sich die pfändbaren Beträge erheblich erhöhen (vgl. § 850 c Abs. 4 ZPO).

Mehrere Einkommen des Schuldners werden zur Ermittlung der unpfändbaren Beträge auf Antrag zusammengerechnet, § 850 e ZPO.

c) Lohnschiebung, § 850 h ZPO

Insbesondere, wenn der Arbeitgeber dem Schuldner nahe steht, kommt nicht selten die Drittschuldnererklärung, daß der Schuldner, z. B. wegen verwandtschaftlicher Beziehungen, zu einem geringen Lohn arbeite, etwa zu 1219,– DM netto monatlich. Für diese Fälle bestimmt § 850 h Abs. 2 ZPO, daß nach der Pfändung im Verhältnis zum Gläubiger eine angemessene Vergütung geschuldet wird. Die pfändbaren Beträge sind dann also nach dem üblichen Nettolohn für die Tätigkeit des Schuldners zu berechnen und so vom Dritten abzuführen.

Schwieriger wird es, wenn geltend gemacht wird, die geringe Bezahlung beruhe auf Teilzeitbeschäftigung. Dann muß der Gläubiger in Erfahrung bringen, in welchem Umfange der Schuldner tatsächlich arbeitet.

Falsche Angaben von Schuldner und Drittschuldner dazu können als Vollstreckungsvereitelung strafbar sein.

3. Kontenpfändung

Die zweithäufigste Art der Forderungspfändung ist die Pfändung der Ansprüche des Schuldners gegen seine Bank aus einer Kontoverbindung, insbesondere auf Auszahlung eines Kontoguthabens, kurz Kontopfändung genannt. Auch sie ist auf den handelsüblichen Pfändungsformularen enthalten, mit all ihren Sonderformen, insbesondere der Pfändung zukünftiger Guthaben des Schuldners. Deshalb erübrigen sich Hinweise zur Forderungsbezeichnung.

Wie die Lohnpfändung typisch ist für Vollstreckung gegen private Schuldner, sollte die Kontenpfändung die erste Vollstreckungsmaßnahme gegen gewerblich tätige Schuldner und Firmen sein. Die Kontoverbindungen ergeben sich meist schon aus dem Briefkopf des Schuldners, Die Pfändung seiner Konten legt nicht nur seinen Geldverkehr lahm sondern schafft auch Bonitätsbedenken bei der Bank des Schuldners. Das wird ihn häufig zu Zahlungen veranlassen, selbst wenn die Pfändung kein oder kein ausreichendes Guthaben erfaßte.

Reagiert ein gewerbetreibender Schuldner auf Kontopfändung nicht, oder erteilt die Bank die Drittschuldnerauskunft, daß die Geschäftsbeziehung nicht mehr besteht, so ist meist Zahlungsunfähigkeit gegeben und die Aussichten weiterer Vollstreckung sind sehr gering.

4. Pfändung von Sozialansprüchen

a) Wirtschaftlicher Hintergrund

Seitdem verschiedenste Sozialansprüche der Höhe nach einkommensersetzend geworden waren und die Freibeträge bei der Lohnpfändung erheblich überstiegen, hat der Gesetzgeber 1976 die Konsequenz gezogen und auch diese vermögenswerten Ansprüche grundsätzlich der Pfändung durch die Gläubiger der Empfänger unterworfen. Bis dahin stand sich häufig der Empfänger eines damals unpfändbaren Sozialanspruchs besser als ein arbeitender Schuldner, dessen Lohnanspruch bis zur Pfändungsfreigrenze gepfändet war.

b) Besondere Pfändungsvoraussetzungen

Die Regelung der Pfändung von Sozialleistungen in § 54 des Sozialgesetzbuches I ist 1994 neu gefaßt worden. Danach ist bei einmaligen Geldleistungen zunächst vom Vollstreckungsgericht anhand einer Reihe von unbestimmten Rechtsbegriffen die Billigkeit der Pfändung zu prüfen. Dabei kommt es wesentlich auf den Zweck des Sozialanspruchs an. Deckt sich die Forderung des Gläubigers mit dem Zweck der Sozialleistung (z. B. der Vermieter pfändet Wohngeld, wodurch sich eine Räumungsklage erübrigt), so entspricht in der Regel die Pfändung der Billigkeit.

Ansprüche auf soziale Sach- und Dienstleistungen sind unpfändbar.

Ansprüche auf laufende Geldleistungen (z. B. Renten oder Arbeitslosenhilfe) können dagegen nunmehr mit geringen Ausnahmen (z. B. Erziehungsgeld und Mutterschaftsgeld) wie Arbeitseinkommen gepfändet werden.

c) Wichtigste Einzelansprüche

Danach sind dem Grunde nach eine Reihe von Sozialleistungen pfändbar, aus deren Bezug immerhin erhebliche Teile der Bevölkerung und damit noch größere Teile der Schuldner ihren Lebensunterhalt bestreiten:
– Arbeitslosengeld
– Altersrenten
– Erwerbs- und Berufsunfähigkeitsrenten.

Drittschuldner sind jeweils die zuständigen Leistungsträger, also das örtlich zuständige Arbeitsamt für das Arbeitslosengeld und die Landesversicherungsanstalt bzw. die BfA für die genannten Renten.

Der Höhe nach scheitert diese Pfändung häufig daran, daß insbesondere bei mehreren unterhaltsberechtigten Familienangehörigen des Schuldners die Pfändungsfreigrenze nicht erreicht wird.

5. Sonstige Ansprüche

Wie schon erwähnt, kommen noch hunderte oder tausende von vermögenswerten Rechtsansprüchen als pfändbar in Betracht. Als praktisch relevant mögen noch erwähnt werden

– Ansprüche aus einer Lebensversicherung des Schuldners (frühestens nach 3 Jahren Laufzeit)
– Steuererstattungsansprüche des Schuldners (bei Lohn- und Einkommenssteuer erst nach Ablauf des betreffenden Jahres und nur bei dem für den Schuldner zuständigen Finanzamt als Drittschuldner möglich, § 46 Abgabenordnung)
– Taschengeldanspruch des nichtverdienenden gegen den verdienenden Ehegatten (nur bei recht hohen Nettoeinkommen des verdienenden Ehegatten, ab ca. 3000 DM, der Höhe nach interessant, zur Berechnung OLG Celle NJW 1991, S. 1960)
– Anteile des Schuldners an Gesellschaften und Gemeinschaften.

Häufig liegt das Problem schon darin, überhaupt einen Anspruch zu erkennen, von dem der Schuldner manchmal selbst nichts weiß. Ist der Schuldner z. B. nur Treuhänder eines Hintermannes und von diesem vorgeschoben, weil er vermögenslos ist, so kann man den Anspruch auf Aufwendungsersatz gem. § 670 BGB pfänden, den der Treuhänder gegen seinen Hintermann hat. Auf diese Weise kann man gegen den nicht vermögenslosen Hintermann vorgehen. Insofern wird man aber bei allen Forderungspfändungen, die nicht von den handelsüblichen Formularen erfaßt werden, wegen der rechtlichen Schwierigkeiten Rechtsrat einholen müssen.

IV. Wirtschaftliche Überlegungen und Kostenhinweise

1. Kosten

a) Bei Einschaltung eines Anwalts erhält dieser für einen Antrag auf Forderungspfändung eine $^3/_{10}$ Gebühr nach §§ 57, 58 Abs. 1 BRAGO mit Nebenkosten, also dieselbe Gebühr wie für einen VA.

b) Beim Vollstreckungsgericht entsteht eine Festgebühr von 20,– DM, unabhängig von der Höhe der titulierten oder zu pfändenden Forderung.

c) Hinzu kommen die Zustellungskosten für die Zustellung des Pfändungsbeschlusses an Drittschuldner und Schuldner, normalerweise zwischen 20,– und 40,– DM je Zustellung.

Da die Anwalts- und Gerichtskosten gleichbleiben, auch wenn der Pfändungsantrag sich auf mehrere Forderungen gegen mehrere verschiedene Drittschuldner bezieht, kann es sich empfehlen, alle dem Gläubiger bekannten Forderungen des Schuldners mit einem einheitlichen Antrag pfänden zu lassen, vgl. jetzt § 829 Abs. 1 S. 3 ZPO. Der Zeitverlust durch die Zustellung des Beschlusses an verschiedene Drittschuldner läßt sich ausgleichen, entweder indem man beim Vollstreckungsgericht mehrere Ausfertigungen des Beschlusses beantragt und sie gleichzeitig zustellen läßt, oder indem man an alle Drittschuldner vorläufige Zahlungsverbote zustellen läßt.

2. Erfolgsquoten

Die Erfolgsquoten der Forderungspfändung sind nach meiner Einschätzung nicht besonders hoch. Selbst die Lohnpfändung schlägt häufig fehl, weil der Schuldner die Stellung wechselt oder arbeitslos wird. Im übrigen gilt, daß selbst ein redlicher Schuldner, der eine pfändbare Forderung gar nicht seinem Gläubiger entziehen will, sich stets in Umständen befinden wird, in denen er alle seine Forderungen alsbald einzieht. Deshalb erweisen sich nicht eingezogene Forderungen des Schuldners gegen Dritte häufig als nicht liquide, d. h. ihnen stehen Gegenrechte, Aufrechnungsmöglichkeiten u. ä. des Dritten entgegen. Deshalb sollte man möglichst viele Informationen einziehen, ggf. auch Schuldner und Drittschuldner anrufen, bevor man wieder und wieder Forderungspfändungen versucht. Jedenfalls bei kleineren Gläubigerforderungen können sich dadurch sehr rasch die Vollstreckungskosten bis zur Höhe der eigenen Forderung des Gläubigers summieren.

3. Einzelhinweise

a) Umgehung der Drittschuldnerklage

Die formell sehr schwierige Drittschuldnerklage, insbesondere vor dem Arbeitsgericht, kann man manchmal dadurch umgehen, daß man gegen den Dritten nicht klagt, sondern einen Mahnbescheid gegen ihn beantragt, insbesondere, wenn er die Dritt-schuldnerauskunft trotz mehrfacher Aufforderung nicht erteilt hat. Wenn er gegenüber dem Mahnbescheid ebenso nachlässig ist, kann auf diese Weise die Forderung gegen den Drittschuldner tituliert werden.

b) Rangverbesserung bei Mehrfachpfändung

Wenn der Drittschuldner mitteilt, daß bereits Vorpfändungen vorliegen, sollte man zunächst eine exakt spezifizierte Angabe ver-langen (Datum der Zustellung der Vorpfändungen, Höhe des Pfändungsbetrages und Gläubiger). Bei Pfändung laufender Lei-stungen, z. B. bei der Lohnpfändung, kann man dann überschlä-gig ermitteln, wann diese Vorpfändungen erledigt sein müßten.

Dann muß man die Vorpfändungen auf ihre Wirksamkeit prü-fen. Schon geringe formelle Mängel können die Vorpfändung un-wirksam machen, was zu ihrem Rangverlust führt. Sofern der Drittschuldner nicht freiwillig Einblick in die Pfändungsunterla-gen gewährt, kann diese Überprüfung durch den Antrag gem. § 853 ZPO und die Durchführung des Verteilungsverfahrens er-zwungen werden.

V. Hinweise für Schuldner

1. Pfändung erübrigen

Daß gegenüber einem redlichen und rational handelnden Schuldner eine Forderungspfändung erforderlich würde, ist ei-gentlich ausgeschlossen. Spätestens dann, wenn der Schuldner weiß, daß dem Gläubiger eine Forderung bekannt ist, etwa weil er sie selbst in der Offenbarungsversicherung angegeben hat, gibt es 2 Möglichkeiten:

a) Die Forderung besteht noch. Dann sollte der Schuldner Ko-sten und Rufschädigung einer Forderungspfändung vermeiden, indem er – kostenfrei – die Forderung an den Gläubiger zur Ein-ziehung abtritt.

b) Die Forderung besteht nicht oder nicht mehr. Dann sollte der Schuldner dies dem Gläubiger **nachweisen** – und so die Pfändung erübrigen.

Gerade im praktisch wichtigsten Fall, der Lohnpfändung, kann die erhebliche Belastung des Arbeitsverhältnisses durch die Pfändung vom Schuldner ganz leicht vermieden werden, indem er den pfändbaren Teil seines Arbeitseinkommens an seinen Gläubiger **abtritt und abführt.**

Insofern sprechen Millionen Forderungspfändungen im Jahr entweder gegen die Redlichkeit oder gegen die Vernunft vieler Schuldner.

In Zukunft kann es aber, wenn der Schuldner ein Insolvenzverfahren anstrebt, sinnvoll sein, es zur Lohnpfändung statt zur Lohnabtretung kommen zu lassen. Denn die Lohnpfändung wirkt in der Insolvenz weniger als die Abtretung, vgl. § 114 InsO.

2. Ausschöpfung der Schuldnerschutzvorschriften

Wie bei der Sachpfändung sollte aber der gesetzliche Schuldnerschutz voll ausgeschöpft werden.

a) Bei der Lohnpfändung ist dieser Schutz über die Pfändungsfreigrenzen weitgehend automatisch gewährleistet. Der Schuldner sollte aber darauf achten, daß alle seine gesetzlichen Unterhaltsverpflichtungen im Rahmen der Pfändungstabelle auch tatsächlich berücksichtigt werden. In besonderen Lagen (vermehrte Bedürfnisse, etwa durch Krankheit oder mehr als 5 Unterhaltsverpflichtungen) kann erweiterter Pfändungsschutz nach § 850 f Abs. 1 ZPO beantragt werden. Änderungen, etwa durch Geburt eines weiteren Kindes, muß er beim Arbeitgeber geltend machen, ggf. auch Änderung beim Vollstreckungsgericht beantragen, § 850 g ZPO.

Bei Gelegenheitsarbeiten kann der Schuldner durch einen Antrag gem. § 850 i ZPO sicherstellen, daß er ebenso Pfändungsschutz erhält wie der Bezieher regelmäßigen Einkommens.

b) Um zu verhindern, daß der unpfändbare Lohnteil etwa der Kontenpfändung unterliegt, sobald er auf ein Konto des Schuldners/Arbeitnehmers ausgezahlt ist, gewährt § 850 k ZPO besonderen Pfändungsschutz für Bankguthaben, die aus Arbeitseinkommen stammen. **Auf Antrag des Schuldners** hebt das Vollstreckungsgericht eine solche Pfändung auf, soweit die unpfändbaren Teile des Arbeitslohnes betroffen sind. Noch weiter geht der

Pfändungsschutz von Bankguthaben aus Sozialleistungen. Bei ihnen gilt ein gleicher Pfändungsschutz gem. § 55 Sozialgesetzbuch I, ohne daß es dazu eines Schuldnerantrages bedürfte.

3. Unterstützung des Gläubigers bei Einziehung

Wie schon erwähnt, muß die Einziehung der Forderung durch den Gläubiger beim Drittschuldner, wenn erst einmal die Pfändung wirksam erfolgt ist, jedenfalls auch im Interesse des Schuldners sein. Denn damit mindert sich zugleich seine eigene Verbindlichkeit gegen den Gläubiger. Deshalb sollte der Schuldner von sich aus den Gläubiger nach Kräften mit Informationen und Beweismitteln bei der Einziehung unterstützen. Ein Mißerfolg des Gläubigers bei der Einziehung, z. B. in der Drittschuldnerklage, ist wirtschaftlich auch ein Mißerfolg für den Schuldner.

VI. Lösungshinweis zum 5. Fallbeispiel (oben S. 98)

Nach den Umständen (nicht eingehaltene Zahlungsversprechen, Umzug etc.) befindet sich S in wirtschaftlichen Schwierigkeiten. Dann liegt die Wahrscheinlichkeit, daß eine Mobiliarpfändung in seiner Wohnung erfolglos bleibt, wohl über 90 %.

Daß eine Offenbarungsversicherung mehr Zugriffsmöglichkeiten eröffnet als die Benennung des Arbeitgebers und der Bankverbindung, ist ebenfalls ganz unwahrscheinlich. Da G diese Angaben schon kennt, lohnt sich für ihn zunächst weder ein Vollstreckungsauftrag noch ein Antrag auf Offenbarungsversicherung. Er sollte vorläufige Zahlungsverbote gegen den Arbeitgeber und die Bank zustellen lassen und mit dem – bereits zugestellten(!) – Vollstreckungsbescheid beim Vollstreckungsgericht Lohnpfändung (gegen den Arbeitgeber von S als Drittschuldner) und Kontopfändung (gegen die Bank von S als Drittschuldner) beantragen – auf dem handelsüblichen Antragsformular.

Abschnitt D. Hinweise zur Vollstreckung in Grundstücke

6. Fallbeispiel (im Anschluß an Beispiel 5, oben S. 98):

Lohn- und Kontopfändung gegen S waren wegen hoher Vorpfändungen erfolglos. G erfragt beim Grundeigentümerverzeichnis des Grundbuchamtes (beim Amtsgericht), daß S Miteigentümer des Reihenhausgrundstückes ist, auf dem er mit seiner Familie wohnt. Ein angeforderter Grundbuchauszug enthält folgendes:

Grundbuch von Schuldnerstadt Blatt 3333

BESTANDSVERZEICHNIS:
1. (Gemarkung pp)   Hausgrundstück Schuldnerstr. 3 b   350 qm
2. (Gemarkung pp)   Wegefläche Schuldnerstraße   27 qm

ERSTE ABTEILUNG:
Eigentümer: a) Herr S
          b) Frau S zu je $^1/_2$
Aufgelassen 3. 4. 92 und eingetragen 29. 6. 1992

ZWEITE ABTEILUNG:
Die Zwangsversteigerung des Grundstücks ist angeordnet (Az. 12 K 3/94). Eingetragen am 6. März 1998

DRITTE ABTEILUNG:
1.–4. gelöscht

5.	200 000 DM	Grundschuld für die Sparkasse Schuldnerstadt mit 15 % Zinsen jährlich, brieflos. Eingetragen gem. Bewilligung vom 20. 4. 1992 am 20. 5. 1992
6.	50 000 DM	Eigentümergrundschuld für Herrn und Frau S mit 15 % Zinsen jährlich eingetragen 15. 5. 1993
7.	17 735,21 DM auf dem $^1/_2$ Anteil von Herrn S	nebst 8 % Zinsen auf 16 321,19 DM seit 18. 12. 1992 und 4 % Zinsen auf 1414,02 DM seit 16. 10. 1993, Sicherungshypothek gem. Urteil des LG Schuldnerstadt 6 0 161/93 vom 5. 10.

1993 imWege der Zwangsvollstreckung eingetragen am 7. 12. 1993 für Fa. X

I. Allgemeines und wirtschaftliche Gegebenheiten

1. Die Verfahren zur Vollstreckung in Grundstücke

Grundstücke (zu denen in Westdeutschland regelmäßig, in Ostdeutschland nur zum Teil auch die darauf befindlichen Gebäude
gehören) sind von erheblichem Wert und bei privaten Schuldnern
fast immer ihr nominell bei weitem wertvollstes Vermögensstück.

Es gibt (§ 866 Abs. 1 ZPO) drei Vollstreckungsverfahren, mit denen der Gläubiger einer titulierten Forderung auf dies Vermögensstück des Schuldners zugreifen kann (wobei er sich aber meist
Rechtsrat wird einholen müssen):

a) Durch Eintragung einer Zwangssicherungshypothek nach
§ 867 ZPO kann der Gläubiger für sich in dem für das
Schuldnergrundstück bestehenden Grundbuch ein Grundpfandrecht eintragen lassen und sich damit einen bestimmten Rang
an dem Grundstück sichern.

b) Auch durch den Antrag auf Zwangsversteigerung des Grundstückes nach § 15 des Zwangsversteigerungsgesetzes (ZVG) sichert sich der Gläubiger zunächst einmal durch Beschlagnahme
des Grundstücks einen Rang (§ 20 ZVG). Mit dem Antrag erzwingt er aber zugleich öffentliche Versteigerung und damit die
Verwertung der wirtschaftlichen Substanz des Grundstückes.
1997 wurden in Deutschland etwa 65 000 solcher Verfahren betrieben.

c) Mit dem Antrag auf Anordnung der Zwangsverwaltung, § 146
ZVG, wird eine Vollstreckung minderen Grades betrieben.
Denn damit erzwingt der Gläubiger nur die Herausgabe der Erträge eines Grundstückes, etwa der Mieten eines Zinshauses
oder der Ernteerträge eines landwirtschaftlichen Grundstücks,
jeweils nach Abzug der Bewirtschaftungskosten.
1997 wurden in Deutschland ca. 18 000 solcher Verfahren betrieben. Der Gläubiger kann verlangen, daß eine dieser Maß-
regeln allein oder neben den übrigen ausgeführt wird (§ 866
Abs. 2 ZPO).

2. System der Grundpfandrechte und Rangverhältnisse

Da insbesondere bebaute Grundstücke erheblichen Wert haben, da sie unbeweglich sind (also vom Schuldner z. B. nicht auf einer Flucht ins Ausland mitgenommen werden können), und da sie sehr wertbeständig sind, sind sie seit dem Altertum die beste und beliebteste Sicherheit für größere Kredite.

Die Besicherung erfolgt in der Weise, daß der Grundstückseigentümer dem Gläubiger ein Grundpfandrecht (Hypothek oder Grundschuld) an dem Grundstück bestellt. Diese Pfandrechtsbestellung erfolgt in dem für das betreffende Grundstück beim Grundbuchamt geführten Grundbuch, indem dieses Grundpfandrecht in der Abteilung III des Grundbuches eingetragen wird. Die Eintragung lautet dahin, daß für den Gläubiger an dem Grundstück z. B. eine Grundschuld von X DM nebst Y % Zinsen jährlich bestellt ist. Dies bewirkt, daß der Gläubiger aus dem Grundstück, notfalls im Wege der Zwangsversteigerung (§ 1147 BGB) für sich den Betrag seines Grundpfandrechtes nebst Zinsen verlangen kann. Bei Eintragung mehrerer Rechte im Grundbuch gilt § 879 BGB:

„Das Rangverhältnis unter mehreren Rechten, mit denen ein Grundstück belastet ist, bestimmt sich, wenn die Rechte in derselben Abteilung des Grundbuchs eingetragen sind, nach der Reihenfolge der Eintragungen. Sind die Rechte in verschiedenen Abteilungen eingetragen, so hat das unter Angabe eines früheren Tages eingetragene Recht den Vorrang..."

Auch hier gilt also, wie bei den Pfandrechten an Sachen und Forderungen, das Prioritätsprinzip („Wer zuerst kommt, mahlt zuerst").

Die eingetragenen Grundpfandrechte behalten ihren Rang auch, wenn das Grundstück insgesamt verkauft wird, oder wenn ein Dritter die Zwangsversteigerung des Grundstückes betreibt.

3. Wirtschaftliche Gegebenheiten

a) Privater Grundbesitz

Private Hausgrundstücke werden heute meist mit ganz geringem Eigenkapital gekauft bzw. bebaut und zu 80 % und mehr finanziert, d. h. mit geliehenem Geld gekauft. In dieser Höhe werden Grundpfandrechte für die kreditgebende Bank oder Sparkasse eingetragen. Verzinsung und Tilgung erfolgen in einer festen Jahreszahlung (Annuität). Sie enthält zunächst nur einen kleinen Tilgungsanteil (häufig 1 %). Die Darlehenssumme verringert sich also in den ersten 5–10 Jahren nach dem Erwerb nur ganz geringfügig. Nun werden in Zwangsversteigerungen, gerade von Wohnhäusern, selten Spitzenwerte erzielt. Selbst wenn bei einer 5 Jahre nach dem Erwerb stattfindenden Zwangsversteigerung der Versteigerungspreis gleich dem ursprünglichen Kaufpreis ist (wegen der Abnutzung kann er durchaus geringer sein), so steht allenfalls ein Bruchteil des Grundstücksgesamtwertes für die vollstreckenden Gläubiger zur Verfügung.

In allen diesen Fällen und bis zu mindestens 10 Jahren nach dem Erwerb ist also, selbst wenn nach der Finanzierung beim Erwerb keine Grundpfandrechte mehr eingetragen wurden, für sonstige Gläubiger allenfalls ein verhältnismäßig geringer durch Zwangsversteigerung realisierbarer Grundstückswert vorhanden.

b) Grundbesitz eines Gewerbetreibenden

Noch wahrscheinlicher ist das bei Grundbesitz eines Gewerbetreibenden, gleichgültig, ob es sich um ein Gewerbegrundstück oder um das Privatgrundstück des Inhabers handelt. Auch diese Grundstücke sind regelmäßig mit erheblichem Fremdkapital erworben und entsprechend belastet. Hier kommt aber hinzu, daß der Gewerbetreibende weiteren Kreditbedarf für sein Geschäft hat. Und auch diese Kredite werden zunächst durch Grundpfandrechte auf dem gewerblichen oder privaten Grundbesitz besichert. Deshalb sind fast regelmäßig diejenigen Ränge im Grundbuch, auf die in der Zwangsversteigerung ein Erlös erwartet werden könnte, ausgeschöpft. An nicht mehr sicherer Rangstelle läßt der Eigentümer dann häufig noch Eigentümergrundschulden eintragen, um sie anderen Gläubigern als (höchst zweifelhafte) Sicherheit anzudienen. Kann er auch damit nicht mehr alle Gläubiger befriedigen, werden die ersten Zwangshypotheken eingetragen und bald danach folgt meistens der Zwangsversteigerungsantrag.

Diese übliche „Karriere" eines Grundstücks bei Vermögensverfall des Eigentümers gibt das 6. Fallbeispiel wieder.

4. Erfolgsquoten in der Grundstücksvollstreckung

Aus dem Grundbuch lassen sich Größe, ggf. Beschaffenheit, Eigentumsverhältnisse und Belastungen mit Grundpfandrechten ablesen, letztere allerdings nur hinsichtlich der Nominalbeträge. Die tatsächlich valutierenden Beträge können geringer, aber durch Zinsrückstände auch höher sein.

Nicht ablesen und auch nur schwer genau ermitteln läßt sich der Verkehrswert des Grundstückes. Hinweise kann der Kaufpreis aus der letzten Veräußerung geben, den man durch Einsicht in die Grundakte feststellen kann.

Die oben unter 3. genannten Gegebenheiten führen dazu, daß bei erst vor kürzerer Zeit erworbenen Privatgrundstücken und bei Gewerbegrundstücken der aus einem Titel vollstreckende Gläubiger meist zu spät kommt, weil die werthaltigen Ränge im Grundbuch bereits mit Grundpfandrechten belegt sind. Bei vor langer Zeit erworbenen oder ererbten Privatgrundstücken, bei denen etwa sogar alle Grundpfandrechte gelöscht sind, kann dies anders sein.

Im Regelfall ist aber das Betreiben oder auch nur die Beteiligung an einer Grundstückszwangsvollstreckung für den normalen Gläubiger ohne Erfolgsaussicht. Diese Verfahren sind deshalb die Domäne der an rangsicherer Stelle mit Grundpfandrechten besicherten Kreditinsitute.

Da der normale Gläubiger in der Grundstücksvollstreckung nur ausnahmsweise zum Zuge kommt, habe ich mich nachfolgend für diese Vollstreckungsverfahren auf die allernotwendigsten Hinweise beschränkt.

II. Zwangssicherungshypothek, § 867 ZPO

1. Voraussetzungen und Antrag

a) Allgemeine Voraussetzungen

Wie bei jedem Vollstreckungsverfahren muß der Gläubiger mit dem Antrag einen dem Schuldner bereits zugestellten Vollstreckungstitel mit Klausel vorlegen (Titel, Klausel, Zustellung).

b) Mindestbetrag

Um das Grundbuch nicht durch Eintragungen aus Kleinstbeträgen unübersichtlich zu machen, darf gem. § 866 Abs. 3 ZPO eine Zwangshypothek „nur für einen Betrag von mehr als 1500 DM eingetragen werden", wobei Zinsen – nicht aber Kosten – unberücksichtigt bleiben.

c) Zuständigkeit

Da die Vollstreckungsmaßnahme lediglich in der zwangsweisen Eintragung eines Grundpfandrechtes in das Grundbuch des Schuldnergrundstückes besteht, ist die Zuständigkeit dem Grundbuchamt als Vollstreckungsorgan übertragen, also einer Abteilung des Amtsgerichtes. Örtlich zuständig ist das Grundbuchamt des Amtsgerichtes, in dessen Bezirk das zu belastende Grundstück liegt.

d) Antragsschema

An das
Amtsgericht Schuldnerstadt
– Grundbuchamt –

99999 Schuldnerstadt

    Antrag auf Eintragung einer Zwangshypothek in Sachen

G (vollständiger Name   gegen   S (vollständiger Name
und vollständige   und vollständige
Gläubigeranschrift)   Schuldneranschrift)

    Nach den beigefügten Vollstreckungstiteln schuldet S folgende Beträge

1. Hauptforderung...
2. ... (genaue Aufstellung der Hauptforderung, evtl. Kostenforderungen und der titulierten Zinsansprüche)

    S ist Eigentümer des Grundstücks X-Straße Nr. Y in 99999 Schuldnerstadt, eingetragen im Grundbuch von Schuldnerstadt Bd...., Bl.... Ich beziehe mich insoweit auf die angegebene Grundbuchstelle.

> Wegen der obigen Ansprüche beantrage ich, auf diesem Grundstück eine Zwangshypothek einzutragen.
>
> Franz Gläubiger

Eingetragen werden kann natürlich nur auf Grundbesitz des Titelschuldners. § 864 Abs. 2 ZPO bestimmt aber erweiternd, daß die Zwangsvollstreckung auch in den Bruchteil eines Grundstückes zulässig ist, „wenn der Bruchteil in dem Anteil eines Miteigentümers besteht..."

Im 6. Fallbeispiel könnte also die Zwangshypothek in Abt. III Nr. 7 auf dem halben Anteil von S. eingetragen werden.

2. Verteilung bei mehreren Grundstücken

Aus § 867 Abs. 2 ZPO ergibt sich, daß der Gläubiger seine titulierte Forderung nur einmal mit einer Zwangshypothek sichern darf. Hat der Schuldner mehrere Grundstücke, so darf nicht auf jedem Grundstück eine Zwangshypothek in voller Höhe des Titels eingetragen werden. Der Gläubiger kann entweder den Gesamtbetrag auf einem Grundstück eintragen lassen, oder er kann den Betrag der Forderung auf die einzelnen Grundstücke verteilen.

Nun können auf einem Grundbuchblatt mehrere Grundstücke im Rechtssinne eingetragen sein, nämlich mit mehreren Nummern im Bestandsverzeichnis (vgl. 6. Fallbeispiel, wo wohl ein besonderes Zuwegungs- oder Garagengrundstück besteht).

Wenn der Gläubiger dies übersieht und den Antrag insgesamt für das Grundbuchblatt stellt, ist sein Antrag unwirksam. Denn er hat nicht die Forderung auf die beiden auf dem Grundbuchblatt eingetragenen Grundstücke verteilt. Das Grundbuchamt wird ihn auffordern, das nachzuholen. Bis das geschehen ist, kann aber bereits der fehlerfreie Eintragungsantrag eines anderen Gläubigers vorliegen (der dann im Rang vorgeht).

Deshalb ist stets zu prüfen, ob auf dem Grundbuchblatt mehrere Grundstücke eingetragen sind.

3. Wirtschaftliche Überlegungen und Kostenhinweise

a) Kosten

Der Anwalt erhält für den Antrag auf Eintragung einer Zwangshypothek eine $^3/_{10}$ Gebühr gem. §§ 57, 58 Abs. III Nr. 6 BRAGO (vgl. Anhang 1). Das Grundbuchamt erhält eine volle Gebühr nach der Tabelle zur Kostenordnung (vgl. Anhang 2). Beide Gebühren werden nach dem Betrage der einzutragenden Forderung berechnet. Für diese Kosten haftet das Grundstück im Range der Zwangshypothek kraft Gesetzes mit (§ 867 Abs. 1 S. 3 ZPO).

b) Zwangshypothek oder Versteigerungsantrag?

Wenn anhand der oben unter I. (S. 145) dargelegten Umstände eine Grundstücksvollstreckung nicht von vornherein aussichtslos erscheint, ist zu entscheiden, ob der Gläubiger durch Zwangshypothek oder durch Antrag auf Zwangsversteigerung vorgeht. Beide Anträge belegen für den Gläubiger den bei ihrer Eintragung noch freien besten Rang am Grundstück. Weitere Wirkungen hat die Zwangshypothek nicht. Sie kommt daher nur zum Zuge, wenn durch Dritte die Zwangsversteigerung des Grundstückes betrieben wird oder der Schuldner, etwa bei einem Verkauf, die Zwangshypothek löschen möchte. Will der Gläubiger selbst aus dem Range seiner Zwangshypothek vorgehen, muß er jetzt nach § 867 Abs. 3 ZPO nur noch seinen bisherigen Titel mit dem Vermerk über die Eintragung der Zwangshypothek dafür als Grundlage für seinen Zwangsversteigerungsantrag vorlegen. Aber er muß ebendiesen zweiten Antrag stellen.

Zwangshypothek sollte man daher nur beantragen, um sich vorerst den Rang zu sichern, dann aber zunächst einmal anderweitige Vollstreckung zu versuchen, etwa durch Lohnpfändung. Daneben kann eine Zwangshypothek sinnvoll sein, wenn der Schuldner zwei Grundstücke besitzt und man die Werthaltigkeit nicht kennt. Dann kann man auf dem einen den Rang durch Zwangshypothek sichern, und auf dem anderen Zwangsversteigerung beantragen.

4. Hinweis für Schuldner: Zwangshypotheken vermeiden

Zwischen einem redlichen Schuldner und seinem Gläubiger sind Zwangshypotheken überflüssig. Sofern bei drohendem

Zwangshypothekenantrag werthaltige oder auch nur zweifelhafte freie Ränge am Grundstück vorhanden sind, sollte der Schuldner freiwillig eine Grundschuld zugunsten seines Gläubigers bewilligen und eintragen lassen. Das ist kostengünstiger als eine Zwangshypothek und nicht so bonitätsschädigend.

Ist das Grundstück bereits „bis über den Schornstein" belastet, so sollte der Schuldner dem Gläubiger dies nachweisen, z.B. durch eine Aufstellung der eingetragenen und valutierenden Vorbelastungen einerseits und ein jüngeres Schätzgutachten oder sonstigen Angaben zum Grundstückswert andererseits.

III. Zwangsversteigerung

1. Voraussetzungen und Antrag

Die Verfahren der Zwangsversteigerung und der Zwangsverwaltung sind außerhalb der ZPO in einem besonderen Gesetz geregelt, dem Zwangsversteigerungsgesetz (ZVG). Die Voraussetzungen und der Inhalt des Zwangsversteigerungsantrages entsprechen aber genau dem für die Zwangshypothek (vgl. oben unter II., S. 148). Nur ist der Antrag zu richten an das Vollstreckungsgericht des Amtsgerichtes, in dessen Bezirk das zu versteigernde Grundstück liegt. Und beantragt wird die Zwangsversteigerung des im Antrag benannten Grundstücks, etwa nach folgendem Schema:

An das
Amtsgericht Schuldnerstadt
– Vollstreckungsgericht –

99999 Schuldnerstadt

Zwangsversteigerungsantrag

(Parteibezeichnung, Forderungsaufstellung und Grundstücksbezeichnung wie im Zwangshypothekenantrag, vgl. oben, S. 149)

Wegen der o. g. Forderung beantrage ich die Zwangsversteigerung des o. b. Grundstücks.

Franz Gläubiger

Die Zwangsversteigerung kann für mehrere Grundstücke zugleich beantragt werden, z. B. für alle auf demselben Grundbuchblatt eingetragenen Grundstücke.

2. Weiteres Verfahren bis zum Versteigerungstermin

a) Beschlagnahme

Wie die Zwangshypothek, so wird auch die Anordnung der Zwangsversteigerung zur Wahrung des Ranges im Grundbuchamt eingetragen, in Abt. II (§ 19 ZVG). Alle zeitlich späteren Beitritte zum Zwangsversteigerungsverfahren, aber auch später eingetragene Zwangshypotheken oder vertraglich begründete Grundpfandrechte gehen diesem Versteigerungsvermerk im Range nach.

b) Festsetzung des Verkehrswertes

Zur Festlegung eines Mindestgebots muß nach der Beschlagnahme vom Vollstreckungsgericht der Verkehrswert des Grundstückes festgesetzt werden, § 74 a ZVG. Meist wird dazu das Gutachten eines Grundstückssachverständigen eingeholt – was das Verfahren erheblich verzögert und verteuert.

Bei der Wertfestsetzung ist auch das bewegliche Grundstückszubehör zu berücksichtigen, das der Grundstückshaftung unterliegt und mitversteigert wird.

c) Bestimmung des Versteigerungstermins

In der Regel nach rechtskräftiger Festsetzung des Verkehrswertes bestimmt das Vollstreckungsgericht den Versteigerungstermin (dazu §§ 36–38 ZVG). Die Terminbestimmung enthält auch Angaben zur Grundstücksgröße etc. und sollte einen bereits festgesetzten Verkehrswert ebenso angeben wie einen vorliegenden Feuerkassenwert. Die Terminbestimmung muß gem. § 39 ZVG im Amtsblatt des Gerichtes veröffentlicht werden. Weitere Veröffentlichungen des Termins mit den genannten Angaben in einer oder mehreren Tageszeitungen (vgl. § 40 Abs. 2 ZVG) sind sehr wünschenswert. Denn nur bei ausreichender Veröffentlichung werden sich genügend Bietinteressenten finden. Ohne sie bleibt die Versteigerung erfolglos.

3. Versteigerungstermine und Zuschlag

a) Grundbegriffe

Nach § 44 Abs. 1 ZVG darf bei der Versteigerung nur ein solches Gebot zugelassen werden,

> „durch welches die dem Anspruche des Gläubigers vorgehenden Rechte sowie die aus dem Versteigerungserlöse zu entnehmenden Kosten des Verfahrens gedeckt werden (geringstes Gebot)".

Hierdurch soll verhindert werden, daß ein in aussichtsloser Rangposition befindlicher Gläubiger die Zwangsversteigerung erzwingt, ohne selbst Aussicht zu haben, aus dem Erlös etwas zugeteilt zu bekommen. Die Höhe des geringsten Gebotes hat daher mit dem Verkehrswert des Grundstückes nichts zu tun, sondern ausschließlich damit, welcher Gläubiger die Versteigerung betreibt.

Würde im 6. Fallbeispiel G nunmehr aus seinem Titel die Zwangsversteigerung betreiben, so würde das geringste Gebot bestehen aus den Verfahrenskosten etc. (z. B. 3000,– DM) und als bestehenbleibenden Belastungen aus den Grundpfandrechten Nr. 5–7 in der III. Abteilung des Grundbuches. Das geringste Gebot würde also, Zinsen einmal unberücksichtigt, ca. 270 000,– DM betragen. Danach wären hier Gebote unter 3000,– DM unwirksam, weil sie den bar zu zahlenden Teil des geringsten Gebotes nicht erreichen. Ein Gebot von 4000,– DM wäre insoweit zulässig. Es verstände sich aber unter Übernahme der bestehenbleibenden Belastungen (Abt. III Nr. 5–7), so daß damit wirtschaftlich 274 000,– DM für das Grundstück geboten würden.

Wird dagegen das Verfahren von der an rangerster Stelle besicherten Sparkasse Schuldnerstadt betrieben, so besteht das geringste Gebot nur aus dem Barteil von ca. 3000,– DM. Ein Gebot von 4000,– DM ist dann, da kein bestehenbleibendes Recht hinzuzuzählen ist, auch wirtschaftlich nur ein Gebot von 4000,– DM.

Ein solches Gebot würde zwar das geringste Gebot übersteigen, nicht aber das Mindestgebot, das vom geringsten Gebot scharf zu unterscheiden ist. Das Mindestgebot beträgt nach § 85a ZVG 50 % des festgesetzten Verkehrswertes, unter Einbeziehung der bestehenbleibenden Rechte. Ist der Verkehrswert für das Haus des

S z. B. auf 200 000,– DM festgesetzt, so beträgt das Mindestgebot 100 000,– DM – unter Einbeziehung der bestehenbleibenden Rechte. Ein Gebot, das diesen wirtschaftlichen Wert nicht erreicht, ist im ersten Versteigerungstermin zurückzuweisen.

Ein Gebot, das unter $^7/_{10}$ des Verkehrswertes liegt, kann im ersten Versteigerungstermin auf Antrag des Gläubigers zurückgewiesen werden, der bei einem Gebot von mindestens $^7/_{10}$ des Verkehrswertes mehr erhalten würde, als bei dem vorliegenden Meistgebot unter $^7/_{10}$ (§ 74a Abs. 1 ZVG). Im 6. Fallbeispiel könnte die Sparkasse Schuldnerstadt diesen Antrag stellen gegen Meistgebote unter 140 000,– DM.

b) Bekanntmachungen und Bietungsstunde

Gem. § 66 ZVG beginnt der Versteigerungstermin, der vom zuständigen Rechtspfleger geleitet wird, mit verschiedenen Bekanntmachungen, von denen die Feststellung des geringsten Gebotes die für die Bieter wichtigste ist. Danach können mindestens eine Stunde lang (§ 73 ZVG) Gebote abgegeben werden. Dabei wird meist verlangt, daß die Bieter für $^7/_{10}$ ihres Bargebotes (also ihr Gebot abzüglich der bestehenbleibenden Belastungen) Sicherheit leisten, durch Hinterlegung von Geld oder durch Bundesbankschecks (§§ 67–69 ZVG).

c) Zuschlagsentscheidung

Wird ein Gebot abgegeben, welches das geringste Gebot und das Mindestgebot sowie bei entsprechendem Antrag die $^7/_{10}$-Grenze übersteigt, und gegen das auch sonst keine Zuschlagshindernisse bestehen (etwa eine Verfahrenseinstellung in letzter Minute), so kann der Rechtspfleger darauf im Versteigerungstermin oder auch in einem bald danach anberaumten besonderen Termin den Zuschlag erteilen. Damit wird der Ersteher Eigentümer des Grundstücks einschließlich des Zubehörs, § 90 ZVG.

d) Zweiter Versteigerungstermin

Wird im ersten Termin kein wirksames Gebot abgegeben oder der Zuschlag wegen Nichterreichung des Mindestgebotes versagt, so wird ca. 3 bis 6 Monate nach dem ersten Termin ein zweiter Versteigerungstermin angesetzt.

In dem neuen Versteigerungstermin gilt weder die Vorschrift über das Mindestgebot von $^5/_{10}$ des Verkehrswertes, noch die Vorschrift über die Zurückweisung auf Antrag bei einem Gebot von weniger als $^7/_{10}$ des Verkehrswertes (§ 85 a Abs. 2 Satz 2 ZVG).

Das Grundstück kann vielmehr zu jedem beliebigen Gebot, bis zur Grenze der Verschleuderung, zugeschlagen werden.

4. Verteilungsverfahren

Bei wirksamem Zuschlag schließt sich das Verteilungsverfahren an, in dem das Gericht das Bargebot nach der Rangfolge von § 10 ZVG verteilt, zunächst auf die Kosten pp. und dann der Reihe nach auf die nicht bestehengebliebenen (nicht ins geringste Gebot aufgenommenen) Grundpfandrechte und danach ggf. auf die Ansprüche der Gläubiger von persönlichen Forderungen.

5. Wirtschaftliche Überlegungen und Kostenhinweise

a) Kosten

Der Rechtsanwalt erhält für den Zwangsversteigerungsantrag eine $^3/_{10}$-Gebühr nach § 68 Abs. 1 Nr. 1 BRAGO, für die Teilnahme am Versteigerungstermin eine weitere Gebühr von $^4/_{10}$ und für die Teilnahme am Verteilungsverfahren eine weitere $^3/_{10}$-Gebühr.

Das Gericht erhält für die Anordnung der Zwangsversteigerung eine $^3/_{10}$-Gebühr nach dem Gerichtskostengesetz (vgl. Anhang 3). Für das weitere Verfahren und den Versteigerungstermin entsteht eine weitere $^3/_{10}$-Gebühr, aber nunmehr nach dem Verkehrswert des Gesamtgrundstückes, nicht mehr nach der evtl. wesentlich kleineren Forderung des Gläubigers. Dazu kommen häufig die Gutachterkosten für die Bemessung des Verkehrswertes, die 1000,– DM bis 2000,– DM erreichen können.

Wegen dieser doch recht erheblichen Kostenbelastung muß der Gläubiger vor allem bei einer kleineren Forderung sehr genau abwägen,

– ob das geringste Gebot vertretbar niedrig ist und
– überhaupt Aussicht besteht, daß sich ein Bieter findet.

b) Beteiligung am Verfahren

Die Beteiligung des Gläubigers am Verfahren kann sich auf die

Antragstellung und die Berechnung seiner nicht aus dem Grundbuch ersichtlichen Ansprüche, insbesondere seiner Verfahrenskosten, beschränken. Er kann darüber hinaus tätig werden, etwa durch Suche von Bietinteressenten oder durch Eigenerwerb, was hier im einzelnen nicht dargestellt werden soll. Der dadurch entstehende Aufwand lohnt sich regelmäßig nur bei größeren Forderungen.

6. Hinweise für Schuldner

a) Freihändige Verwertung

Wie für alle anderen Vollstreckungsverfahren, nur hinsichtlich der Beträge potenziert, gilt, daß der Schuldner möglichst die Zwangsversteigerung durch freihändigen Verkauf erübrigen sollte – dies nicht so sehr wegen der geringeren Kosten freihändiger Verwertung, als vielmehr wegen der schlechten Erträge von Zwangsversteigerungen. Diese bringen, wie schon erwähnt, häufig weniger als den Verkehrswert und meist sind dann nicht einmal die eingetragenen Belastungen gedeckt.

Selbst wenn ein eiliger freihändiger Verkauf („Notverkauf") erhebliche Abschläge erfordert, so sind diese jedenfalls geringer als in der Zwangsversteigerung, wo jedem Interessenten die Zwangslage des Schuldners/Verkäufers offenkundig ist.

Deshalb sollte die freihändige Verwertung vor Eintragung des Zwangsversteigerungsvermerkes gemeinsam mit dem Gläubiger angestrebt werden.

b) Schuldnerschutzvorschriften

Um nach Eintragung des Zwangsversteigerungsvermerks noch Zeit für eine Umfinanzierung oder auch jetzt noch für eine freihändige Verwertung zu gewinnen, kann entweder der Gläubiger auf Bitten des Schuldners das Versteigerungsverfahren vorläufig einstellen, § 30 ZVG. Der Schuldner kann auch gegen den Willen des Gläubigers die Einstellung bis zur Dauer von 6 Monaten beantragen. Dazu muß der Schuldner insbesondere konkret vortragen, daß Aussicht besteht, durch die Einstellung die Versteigerung zu vermeiden (§ 30 a ZVG).

Auch durch den allgemeinen Schuldnerschutzantrag nach

§ 765 a ZPO kann der Schuldner weitere Zeit gewinnen. Denn jedenfalls bis zur rechtskräftigen Entscheidung über diesen Antrag wird faktisch das Versteigerungsverfahren unterbrochen. All das ist aber nur sinnvoll, wenn wirklich Aussicht besteht, die Versteigerung durch Umfinanzierung o. ä. zu vermeiden. Sonst führen diese Anträge nur zu zusätzlichen Kosten und zur Verhärtung des Gläubigerstandpunktes.

c) Verkehrswertfestsetzung

Ein hoher Verkehrswert führt zu einem hohen Mindestgebot (= 50 % des Verkehrswertes). Das wiederum kann zum Fehlschlagen des ersten Versteigerungstermins führen. Gleichwohl ist fraglich, ob der Schuldner ein Interesse an einer hohen Verkehrswertfestsetzung haben sollte. Denn dieser kann auch zur Abhaltung eines zweiten Versteigerungstermins führen, in dem der auf den Verkehrswert bezogene Schuldnerschutz der §§ 74 a und 85 a ZVG entfällt.

d) Verhalten des Schuldners im Termin

Ist die Versteigerung nicht mehr abwendbar, sollte der Schuldner seinerseits alles tun, um Bietinteressenten zu gewinnen, bis hin zur Aufgabe von Anzeigen und zur Ermöglichung der Besichtigung des Hauses durch Bietinteressenten. Denn je mehr ernsthafte Bietinteressenten vorhanden sind, desto höher wird vermutlich der Versteigerungserlös sein. Und daran muß der Schuldner zur Deckung eines möglichst großen Teils seiner Verbindlichkeiten ein ebenso großes Interesse haben wie der betreibende Gläubiger.

IV. Zwangsverwaltung

1. Voraussetzungen und Antrag

Voraussetzungen, Zuständigkeit und Verfahren im Zwangsverwaltungsantrag (§ 146 ZVG) entsprechen dem Verfahren bei Anordnung der Zwangsversteigerung, nur daß eben nicht die Zwangsversteigerung, sondern eine Zwangsverwaltung angeordnet wird, etwa nach folgendem Schema:

An das
Amtsgericht Schuldnerstadt
– Vollstreckungsgericht –

99999 Schuldnerstadt

Zwangsverwaltungsantrag

(Parteibezeichnung, Forderungsaufstellung und Grundstücksbezeichnung wie im Zwangshypothekenantrag, vgl. oben S. 149)

Wegen der o. g. Forderung beantrage ich die Zwangsverwaltung
des o. b. Grundstücks.

Franz Gläubiger

Auch hier erfolgt eine Beschlagnahme des Grundstücks, die im
Grundbuch eingetragen wird und durch die dem Schuldner die
Verwaltung und Benutzung des Grundstücks entzogen wird
(§ 148 Abs. 2 ZVG). Wohnt der Schuldner zur Zeit der Beschlagnahme auf dem Grundstück, so sind ihm die für seinen Hausstand
unentbehrlichen Räume zu belassen (§ 149 Abs. 1 ZVG).

2. Verfahren und Verteilung

Das Gericht bestellt einen Zwangsverwalter, § 150 ZVG. Dieser
hat, wie in § 152 ZVG näher bestimmt ist, das Grundstück ordnungsgemäß zu bewirtschaften und insbesondere die Nutzungen
einzuziehen, sofern sie nicht für die Bewirtschaftung erforderlich
sind.

Diese Erträge des Grundstücks werden gem. § 155 ZVG insbesondere zur Zahlung der laufenden Zinsen aus den eingetragenen
Grundpfandrechten verwendet.

3. Wirtschaftliche Überlegungen und Kostenhinweise

a) Eine Zwangsverwaltung ist, wie schon die geringe Zahl der
jährlichen Verfahren zeigt, nur lohnend bei einem Grundstück,
das nennenswerte Erträge bringt. Weil dem Schuldner die unentbehrlichen Räume zu belassen sind, ist Zwangsverwaltung bei
Einfamilienhäusern oder Eigentumswohnungen nicht lohnend.

b) Das kann dann anders sein, wenn der Schuldner das Grundstück verwahrlosen läßt. Dann kann der Antrag auf Zwangsverwaltung wirtschaftlich geboten sein, selbst wenn keinerlei Erträge zu erwarten sind. Es wird damit der Wertverlust des Grundstückes verhindert bzw. ein bereits eingetretener Wertverlust durch ordnungsgemäße Verwaltung wieder ausgeglichen – um dann das Grundstück zu einem angemessenen Preise zwangsversteigern zu können.

Insofern kann die Zwangsverwaltung als Hilfs- bzw. Vorbereitungsverfahren der Zwangsversteigerung dienen.

c) Insbesondere in diesem Fall und generell um die Kosten der Zwangsverwaltung zu senken, besteht nach § 150a ZVG für bestimmte Banken und Behörden als Gläubiger die Möglichkeit, einen ihrer Mitarbeiter als Instituts-Zwangsverwalter vorzuschlagen. Dieser Verwalter erhält keine Vergütung, sondern nur seine baren Auslagen.

4. Hinweise für Schuldner

Auch hier gilt, daß der Schuldner dies Vollstreckungsverfahren erübrigen sollte, indem er ordnungsgemäß verwaltet und Überschüsse seiner Verwaltung, soweit sie nicht unpfändbar sind (§ 851b ZPO), an seine Gläubiger abführt.

Bei einem landwirtschaftlichen, forstwirtschaftlichen oder gärtnerischen Grundstück kann auch ein redlicher Schuldner (von dem eine ordnungsgemäße Führung der Verwaltung zu erwarten ist) selbst als Zwangsverwalter bestellt werden (§§ 150b und 150c ZVG). Das spart insbesondere die Kosten eines Fremdverwalters und deshalb sollte der Schuldner dringend daran interessiert sein, diese Position selbst zu übernehmen.

V. Lösungshinweis zum 6. Fallbeispiel – Miteigentumsanteil – (oben S. 144)

Schon nach dem Inhalt des Grundbuches spricht alles dafür, daß die werthaltigen Ränge an diesem Grundbesitz längst durch die eingetragenen Grundpfandrechte ausgeschöpft sind (vgl. die Erwägungen oben unter I.). Bei eingetragenen und nach dem Zeitablauf vermutlich noch valutierenden Belastungen von ca.

270 000,– DM müßte der Versteigerungspreis (incl. geringstem Gebot) diesen Betrag erreichen, bzw. wegen der Kosten und ggf. Zinsen noch übersteigen. Schon eine Außenbesichtigung kann zeigen, ob ein solcher Wert realistisch ist. Sonst kann man sich in der Grundakte, beim Schuldner, beim betreibenden Gläubiger und ggf. aus einem schon erstellten Verkehrswertgutachten über den mutmaßlichen Verkehrswert unterrichten.

Im Fallbeispiel spricht alles dafür, daß eine Überbelastung vorliegt, so daß weder ein Zwangshypothekenantrag noch ein Zwangsversteigerungsantrag von G sinnvoll ist.

Würden die Belastungen in der III. Abteilung nur z. B. 100 000,– DM betragen, so wäre eine Zwangsversteigerung erfolgversprechend. G hat jedoch einen Titel nur gegen Herrn S, er könnte also unmittelbar nur dessen halben Anteil am Grundstück zur Versteigerung bringen. Solche Miteigentumsanteile insbesondere an Einfamilienhäusern sind aber fast unverkäuflich. Deshalb sollte G zunächst im Wege der Forderungspfändung den Anteil von Herrn S an der mit seiner Frau bestehenden Eigentümergemeinschaft pfänden (Frau S ist Drittschuldnerin). Danach sollte er die Gemeinschaft aufkündigen und bei Nichteinigung über die Aufteilung die Teilungsversteigerung (§§ 180 ff. ZVG) des Gesamtgrundstücks betreiben (sog. „großes Antragsrecht"). Dann wird das Reihenhausgrundstück im ganzen versteigert, was einen normalen Ertrag bringt. Vom über Kosten und Vorbelastungen hinausgehenden Erlös steht G allerdings neben Frau S nur die Hälfte zu, was aber seine Forderung aller Voraussicht nach deckt.

In der Praxis werden dann die Eheleute S wohl die Forderung von G bezahlen, bevor es zu dieser Versteigerung kommt.

Checkliste zu Kapitel 5: Einzelvollstreckung

Für Gläubiger:

1. Kenne ich ein Konto des Schuldners? (Dann PfüB)

2. Kenne ich sonstige konkrete Vermögensstücke des Schuldners: Dann gezielter Vollstreckungsantrag darauf.

3. Sonst: VA und OV.

Für Schuldner:

1. Etwa pfändbare Vermögensstücke zur Kostenvermeidung selbst verwerten und an Gläubiger zahlen.

2. Bei Zugriff auf unpfändbares Vermögen: Schuldnerschutzvorschriften durch Rechtsbehelfe geltend machen.

Kapitel 6. Sonder- und Nebengebiete der Zwangsvollstreckung

Für die Durchsetzung von Forderungen sind auch Regelungen außerhalb von Zivilprozeßordnung und Zwangsversteigerungsgesetz bedeutsam. Die nachfolgenden Hinweise dazu sollen lediglich einen Überblick über Möglichkeiten und Verfahrensablauf in diesen Sondergebieten geben. Im Einzelfall wird man meist speziellen Rechtsrat einholen müssen.

Abschnitt A. Anfechtungsrecht und Durchgriffshaftung

Wenn der Schuldner unpfändbar ist, sollte der Gläubiger noch überlegen, ob er in **jetzt** nicht mehr dem Schuldner gehörende Vermögensstücke vollstrecken kann (Anfechtungsrecht), oder ob er wirtschaftliche Hintermänner seines vermögenslosen Schuldners haftbar machen kann (Durchgriffshaftung).

---

7. Fallbeispiel (im Anschluß an Beispiel 6, oben S. 144):

Sachverhalt wie Beispiel 6. Im Grundbuch fehlen aber Zwangsversteigerungsvermerk und die drei Grundpfandrechte. Dafür ist eingetragen, daß der halbe Anteil von S am Grundstück vor 3 Monaten auf Frau S übertragen wurde.

I. Anfechtungsrecht (nach dem Anfechtungsgesetz)

1. Wirtschaftlicher Hintergrund

Aus einem Titel kann nur in das Vermögen des Titelschuldners vollstreckt werden. Für diesen ist die Versuchung groß, bei drohender Vollstreckung wertvolle Vermögensstücke an Verwandte oder Freunde zu übertragen, sei es zur Befriedigung von Verbindlichkeiten bei diesen, sei es sogar durch Schenkung. Die Vermögensstücke scheiden damit aus dem Schuldnervermögen aus.

Dieses Vorgehen ist meist als Vollstreckungsvereitelung (§ 288 StGB) für den Schuldner strafbar. Wenn der Empfänger daran beteiligt war, also insbesondere wußte, daß er das Vermögensstück erhielt, um es anderen Gläubigern zu entziehen, haftet er aus unerlaubter Handlung (§ 823 BGB) oder wegen vorsätzlicher sittenwidriger Schädigung (§ 826 BGB) auf Schadensersatz. Nur ist selten nachweisbar, daß der Dritte die Absicht kannte, den vollstreckenden Gläubiger zu benachteiligen.

Deshalb sind im Anfechtungsgesetz (AnfG), neu gefaßt per 1. 1. 1999, Spezialregelungen enthalten, die in dieser Situation die Beweislast des Gläubigers gegenüber dem Dritten erleichtern.

2. Die Anfechtungstatbestände

§ 3 AnfG enthält die Anfechtungstatbestände:

a) Absichtsanfechtung

Nach § 3 Abs. 1 AnfG sind Rechtshandlungen anfechtbar, welche der Schuldner mit dem dem anderen Teil bekannten Vorsatz, seine Gläubiger zu benachteiligen, vorgenommen hat. Dieser allgemeine Tatbestand der Absichtsanfechtung war bisher bedeutungslos. Wie schon erwähnt, kann nur ausnahmsweise der Gläubiger beweisen, daß der andere Teil, der Empfänger, wußte, daß die Übertragung des Vermögensstückes zur Gläubigerbenachteiligung vorgenommen wurde. Nach der Neufassung des Gesetzes wird die Kenntnis des anderen vom Vorsatz vermutet, wenn er sowohl die drohende Zahlungsunfähigkeit des Schuldners als auch die Benachteiligung der anderen Gläubiger durch die Rechtshandlung kannte. Insofern ist dem Gläubiger die Beweisführung etwas erleichtert.

b) Fristenanfechtung

Von praktischer Bedeutung sind deshalb eher die in § 3 Abs. 2 und § 4 AnfG gegebenen Möglichkeiten, bei Verfügungen an nahestehende Personen (dazu § 138 InsO) binnen bestimmter Fristen die Verfügungen auch ohne diesen Nachweis anzufechten. Das Gesetz vermutet Kenntnis der bösen Absicht auch beim Emp-

fänger, wenn dieser eine nahestehende Person ist und die Übertragung erfolgt, kurze Zeit bevor Gläubiger gegen den Schuldner
zwangsweise vorgehen.

Anfechtbar sind insoweit selbst entgeltliche Verträge mit nahe-
stehenden Personen, die in den letzten 2 Jahren vor der Anfechtung erfolgten, und bei denen die Gläubiger unmittelbar benachteiligt werden.

Das gilt nicht, wenn der andere Teil nachweist, daß ihm beim
Vertragsschluß ein Vorsatz des Schuldners, die Gläubiger zu benachteiligen, nicht bekannt war.

Hier wird also die Beweislast umgekehrt. Und der Empfänger
kann nur selten zur sicheren Gewißheit des Gerichts beweisen,
daß er von der Benachteiligungsabsicht nichts wußte.

Selbst diese Möglichkeit, einen Gegenbeweis zu führen, entfällt, wenn die Leistung in den letzten 4 Jahren als Schenkung erfolgte (Schenkungsanfechtung), § 4 AnfG.

Auf viele weitere Einzelheiten des Anfechtungsrechts kann hier
aus Platzgründen nicht eingegangen werden.

3. Wirkung der Anfechtung

Das Verfahren der Anfechtung wird dadurch erschwert, daß die
Übertragung des Vermögensstückes nur im Verhältnis zu dem anfechtenden Gläubiger unwirksam ist, im übrigen, insbesondere
zwischen dem Schuldner und dem Dritten aber als wirksam behandelt wird. Für den anfechtenden Gläubiger bestimmt § 11
AnfG, daß, soweit es zu seiner Befriedigung erforderlich ist, ihm
zur Verfügung gestellt werden muß, was

> „aus dem Vermögen des Schuldners veräußert, weggegeben oder
> aufgegeben ist."

Die Einzelheiten dieses Rückgewährschuldverhältnisses sind
sehr verwickelt. Grundsätzlich kann man sagen, daß der Empfänger, sofern er Geld vom Schuldner erhalten hat, dieses an den
Gläubiger zahlen muß. Sofern er andere Vermögensgegenstände
erhalten hat, sie aber schon „zu Geld gemacht hat" (z. B. eine anfechtbar abgetretene Forderung ist vom Dritten eingezogen worden), so muß er gleichfalls das Erlangte an den Gläubiger zahlen.

Befindet sich das Vermögensstück, etwa ein Grundstück, noch im Vermögen des Dritten, so muß er die Vollstreckung des Gläubigers in dieses Vermögensstück dulden.

4. Lösungshinweis zum 7. Fallbeispiel (oben S. 163)

Wenn S seiner Frau (die nahestehende Person im Sinne der Anfechtungsvorschriften ist) den Grundstücksanteil geschenkt hat, ist die Anfechtbarkeit nicht zweifelhaft. Wenn das Geschäft entgeltlich war, muß der Gläubiger zunächst beweisen, daß er durch die Übertragung benachteiligt wurde. Dann könnte Frau S noch den Beweis führen, daß ihr die Absicht ihres Mannes, durch dieses Geschäft seine Gläubiger zu benachteiligen, nicht bekannt war. Der **Nachweis** wird selten gelingen.

II. Durchgriffshaftung (nur Hinweis)

Der Gläubiger sollte auch überprüfen, ob sein unmittelbarer zahlungsunfähiger Schuldner zahlungsfähige Hintermänner hat. Dies kann etwa bei einem „Strohmann" der Fall sein, vor allem aber bei einer juristischen Person, insbesondere einer zahlungsunfähigen und vermögenslosen GmbH.

Auch wenn diese Hintermänner, anders als z. B. die Gesellschafter einer OHG, rechtlich nicht unmittelbar haften, gibt es Fälle, in denen gleichwohl der Durchgriff möglich ist. Die Tatbestände dafür sind vielfältig und können hier nicht im einzelnen dargestellt werden. Eine Haftung des Hintermannes kann sich z. B. ergeben, wenn bewußt ein vermögensloser Strohmann oder eine unzureichend kapitalisierte GmbH vorgeschoben werden. Die handelnden Personen, etwa ein GmbH-Geschäftsführer, können haften, wenn sie bei Eingehung einer Verbindlichkeit wußten oder wissen mußten, daß die von ihnen vertretene GmbH die Forderung nicht mehr würde zahlen können. Die Geschäftsführer einer GmbH können auch haften, wenn sie gegen die Konkursantragspflicht aus §§ 64, 84 GmbH-Gesetz verstoßen und dadurch Gläubiger der GmbH Schaden erleiden.

Schließlich ist im weiteren Sinne hier auch an die Fälle zu denken, in denen die handelnden Personen nicht deutlich gemacht haben, daß sie für eine GmbH Aufträge erteilen, oder an die Fälle, in denen die persönliche Haftung besteht, weil die GmbH noch nicht in das Handelsregister eingetragen ist (§ 11 GmbH-Gesetz) oder in denen eine englische limited company (Ltd.) einen Sitz nur in Deutschland hat und deshalb die Handelnden mangels Rechtsfähigkeit der Ltd. selbst haften (vgl. OLG Hamburg, NJW 1986, S. 2199).

Abschnitt B. Außergerichtliche Schuldenbereinigung (Vergleich)

8. Fallbeispiel (im Anschluß an Beispiel 7, oben S. 163):

S betreibt einen Kfz-Reparaturbetrieb mit monatlich ca. 5000,– DM Gewinn nach Steuern. Die Werkstatträume sind gemietet. Die Werkstattausstattung hat einen Wert von ca. 50 000,– DM. Einziges weiteres Vermögensstück ist das Reihenhaus, welches S und seiner Frau gehört (vgl. dazu den Grundbuchauszug im 6. Fallbeispiel). Den dort eingetragenen Grundpfandrechten stehen in gleicher Höhe Forderungen gegenüber. Außerdem hat S noch weitere 50 000,– DM sonstiger Verbindlichkeiten, darunter die 5000,– DM von G.

I. Wirtschaftlicher Hintergrund

Ab dem 1. 1. 1999 regelt die Insolvenzordnung einheitlich die Verfahren der Gesamtvollstreckung im Gegensatz zur Einzelvollstreckung (vgl. oben Kapitel 5 Abschnitt A. II, S. 99), zusammenfassend Insolvenzverfahren genannt (insolvent = zahlungsunfähig, „nicht flüssig"). Sie werden vornehmlich dort angewendet, wo eine Vielzahl von Gläubigern einem Schuldner gegenübersteht, also vor allen bei gewerblich tätigen Schuldnern bzw. Unternehmen. Sobald ein solcher Schuldner seine fälligen Geldschulden nicht mehr bezahlen kann oder dies droht, kann ein Insolvenzverfahren beantragt werden (vgl. genauer §§ 17–19 InsO).

Nun ist ein Insolvenzverfahren häufig ein Wertevernichter großen Stils. Würde etwa im 8. Fallbeispiel der Reparaturbetrieb liquidiert, so würde für die gebrauchte Werkstattausstattung voraussichtlich nur ein Bruchteil des bilanzierten Wertes von 50 000,– DM erlöst werden.

Führt S dagegen die Werkstätte fort, so stehen 5000,– DM monatlich abzgl. des Lebensunterhaltes für die Eheleute S zur Verzinsung und Schuldentilgung zur Verfügung, was keineswegs aussichtslos erscheint.

Daß der Schuldner aus einem erst zu schaffenden Ertrag mehr Schulden tilgen kann, als dies durch eine Verwertung seines Vermögens geschehen könnte, ist meist das wirtschaftliche Hauptargument dafür, ein Insolvenzverfahren durch eine außergerichtliche Schuldenbereinigung (Vergleich) des Schuldners mit seinen Gläubigern abzuwenden. Die Vergleichsbereitschaft der Gläubiger steigt, wenn außerdem bisher nicht haftende Vermögensstücke in den Vergleich eingebracht werden, wenn etwa Frau S ihren Miteigentumsanteil am Haus als Sicherheit für alle gegen ihren Mann begründeten Schulden zur Verfügung stellt.

II. Außergerichtlicher Vergleich

1. Rechtsgrundlagen

Nach § 779 BGB können Parteien insbesondere dann, wenn die Verwirklichung eines Anspruchs unsicher ist, einen als Vergleich bezeichneten Vertrag schließen, in dem sie regeln, **in welcher Weise** und **in welchem Umfang** dieser Anspruch nun erfüllt werden soll. Schließt ein Schuldner mit einer Vielzahl von Gläubigern solche Verträge, so handelt es sich dabei gleichwohl jeweils um einzelne Verträge. Sie sind nur voneinander abhängig, wenn dies in den einzelnen Vertrag aufgenommen ist, oder wenn das Zustandekommen einer allgemeinen Schuldenregulierung Vertragsgrundlage des einzelnen Vertrages ist. Die Parteien können aber auf eine solche Abhängigkeit von den anderen Verträgen ausdrücklich verzichten.

2. Formen des Vergleichs

Je nach den noch gegebenen Möglichkeiten des Schuldners zur Deckung seiner Verbindlichkeiten lassen sich drei Hauptformen des Vergleichs unterscheiden

a) *Stundungsvergleich (Moratorium)*

Das geringste Entgegenkommen erbittet der Schuldner von den Gläubigern, wenn lediglich die Fälligkeit von deren Forderung hinausgeschoben werden soll, diese also für eine bestimmte Zeit auf die fällige Rückzahlung verzichten, sei es unter Verzinsung in der Zwischenzeit oder, weitergehend, zinsfrei.

b) *Quotenvergleich*

Meist reicht ein bloßes Moratorium nicht aus. Vielmehr ist auch ein teilweiser Verzicht auf die Forderung selbst geboten, gegen Sicherstellung oder auch nur gegen die Möglichkeit der Zahlung der verbleibenden Forderungsquote (Quotenvergleich). Beim außergerichtlichen Vergleich gibt es – anders als früher im gerichtlichen Vergleichsverfahren – keine Mindestquoten. Es gibt Situationen, wo auch ein Quotenangebot von 10 % für nicht besicherte Gläubiger günstig ist. Das ist immer dann der Fall, wenn abzusehen ist, daß diese Gläubiger sonst noch weniger erhalten würden.

c) *Liquidationsvergleich*

Gerade bei einem geringen Quotenangebot werden die Gläubiger häufig Sicherung dahin verlangen, daß das gesamte Schuldnervermögen zur Erreichung wenigstens dieser Quote eingesetzt wird. Das geschieht beim Liquidationsvergleich,

„in dem der Schuldner den Gläubigern sein Vermögen ganz oder teilweise zur Verwertung mit der Abrede überläßt, daß der nicht durch die Verwertung gedeckte Teil der Forderungen erlassen sein soll" (so früher § 7 Abs. 4 VerglO).

Damit kann insbesondere die Möglichkeit geschaffen werden, einen Gewerbebetrieb oder ein Grundstück des Schuldners in Ruhe und deshalb ohne die Abschläge eines Notverkaufs zu verwerten.

3. Wirtschaftliche Überlegungen und Kostenhinweise

Hauptnachteil des außergerichtlichen Vergleichs ist, daß er fast nie gelingt.

Da es keinen Schutz gegen Einzelvollstreckungen gibt, steht meist keine ausreichende Zeit für Verhandlungen zur Verfügung, insbesondere bei einer größeren Zahl von Gläubigern.

Und eine Einigung mit allen Gläubigern ist aus Schuldnersicht fast immer erforderlich. Denn sonst pfänden die nicht am Vergleich teilnehmenden Gläubiger diejenigen Vermögensstücke weg, aus denen die Vergleichsquote gezahlt werden soll. Und einzelne sogenannte Akkordstörer gibt es fast immer.

Der eigentliche Vergleichsakt, der Vergleichsvertrag, kostet nichts (ggf. Notargebühren, wenn es um Grundstücke pp. geht, oder Beraterkosten). Für außergerichtliche Vergleiche wird daher häufig mit der Behauptung geworben, er sei dem gerichtlichen Insolvenzverfahren vorzuziehen, weil weder Gerichtskosten noch Verwalterentgelt anfiele. Diese Kostenersparnis geht aber auf Kosten des Gläubigers. Denn er verliert damit die weitreichenden Prüfungs- und Kontrollmöglichkeiten, die im gerichtlichen Insolvenzverfahren gegenüber dem Schuldner gegeben sind.

Weil so wenig außergerichtliche Vergleichsverfahren tatsächlich erfolgreich durchgeführt werden, lohnt es sich für den Gläubiger regelmäßig nicht, Zeit oder Kosten (Anwaltskosten) für seine Teilnahme an einem solchen Verfahren zu investieren. Insbesondere sollte er sich durch einen solchen Vorschlag nicht von einer **erfolgversprechenden** Pfändungsmaßnahme abhalten lassen.

Unerläßlich ist für den Gläubiger stets die Klausel, daß die dem Schuldner gewährte Stundung oder der teilweise Erlaß hinfällig sind, wenn der Schuldner mit der Erfüllung der danach verbleibenden Verbindlichkeit in Verzug gerät.

Umgekehrt kann man auch vereinbaren, daß der Erlaß ganz oder teilweise wegfällt, der Schuldner also über die Vergleichsquote hinaus zahlt, wenn sich seine Vermögensverhältnisse verbessern (sog. Besserungsschein).

4. Hinweise für den Schuldner

Ein außergerichtlicher Vergleichsvorschlag setzt, wie kaum eine andere Maßnahme des Schuldners, ein intaktes Vertrauensverhältnis zu den Gläubigern voraus. Da beim außergerichtlichen Vergleich Prüfung und Kontrolle durch Gericht und Vergleichsverwalter fehlen, muß der Schuldner den Gläubigern ausreichenden Ausgleich andienen, ggf. durch Bestellung eines integeren Treuhänders, vor allem aber durch eine umfassende Information und Rechnungslegung.

5. Außergerichtlicher Vergleich und Insolvenzordnung

Künftig ist ein erfolgloser Versuch einer außergerichtlichen Einigung mit den Gläubigern über die Schuldenbereinigung die Voraussetzung für ein Verbraucherinsolvenzverfahren und damit für die **Restschuldbefreiung** als wesentliche Neuerung der InsO (vgl. unten Abschnitt C, S. 190), vgl. § 305 InsO.

Es bleibt abzuwarten, ob sich dadurch entsprechend der Absicht des Gesetzgebers mehr außergerichtliche Schuldenbereinigungen ergeben.

Bisher (Oktober 1998) ist mir in meiner anwaltlichen Praxis kein solcher Schuldenbereinigungsversuch zu Gesicht gekommen, obgleich die 6-Monats-Frist gemäß § 305 Abs. 1 Nr. 1 InsO bereits seit dem 1. 7. 1998 läuft.

Abschnitt C. Gerichtliche Gesamtvollstreckung (Insolvenzverfahren)

I. Die neue Insolvenzordnung (InsO)

1. Rechtsvereinheitlichung

Die gerichtliche Gesamtvollstreckung (vgl. oben, S. 99) war seit 1877 in der Konkursordnung (KO) geregelt. Sie wurde 1935 durch die Vergleichsordnung (VglO) ergänzt. Nach der Wiedervereinigung galt dann seit 1990 in den neuen Bundesländern anstelle dieser beiden Gesetze die Gesamtvollstreckungsordnung (GesO). Nach dem 1. 1. 1999 gilt nun einheitlich für diesen ganzen Rechtsbereich und für ganz Deutschland die InsO. Die Ziele der InsO ergeben sich aus § 1 des Gesetzes:

„Das Insolvenzverfahren dient dazu, die Gläubiger eines Schuldners gemeinschaftlich zu befriedigen, indem das Vermögen des Schuldners verwertet und der Erlös verteilt oder in einem Insolvenzplan eine abweichende Regelung insbesondere zum Erhalt des Unternehmens getroffen wird. Dem redlichen Schuldner wird Gelegenheit gegeben, sich von seinen restlichen Verbindlichkeiten zu befreien".

2. Verfahrensarten nach der InsO

Die InsO umfaßt jetzt verschiedene Verfahrensarten und Verfahrensabschnitte. Im wesentlichen sind zu nennen:
 a) das reguläre Insolvenzverfahren (§§ 1 bis 216 InsO)
 b) das Insolvenzplanverfahren (§ § 217 bis 269 InsO)
 c) die Eigenverwaltung (§§ 270 bis 285 InsO)
 d) das Verbraucherinsolvenzverfahren (§§ 304 bis 314 InsO)
 e) die Restschuldbefreiung (§§ 286 bis 303 InsO).

Das reguläre Insolvenzverfahren entspricht in seinen Grundzügen dem bisherigen Konkursverfahren. Insolvenzplanverfahren und Eigenverwaltung decken, bei erheblich größerer Flexibilität der Verfahren, den Bereich des bisherigen gerichtlichen Vergleichsverfahrens ab. Verbraucherinsolvenz und Restschuldbefreiung sind neu eingeführt. Darüber, wie sie sich auswirken, besteht noch erhebliche Ungewißheit.

3. Das Insolvenzgericht

Für alle Verfahrensarten nach der InsO sowie für damit zusammenhängende Rechtsstreitigkeiten etwa bezüglich des Vollstreckungsverbotes während der Insolvenz (§ 89 Abs. 3 InsO) oder für die Feststellung von Forderungen (§ 180 InsO) ist einheitlich das Insolvenzgericht zuständig. Das ist für den ganzen Landgerichtsbezirk in der Regel eine Abteilung des Amtsgerichtes, in dessen Bezirk ein Landgericht seinen Sitz hat (§ 2 InsO). Die Bundesländer können Ausnahmen bestimmen.

4. Nur kursorischer Überblick

Die Verfahren und Verfahrensabschnitte nach der InsO sind sehr komplex und greifen in verschiedenste Rechtsgebiete ein. Sie können nachfolgend nur in einem sehr kursorischen Überblick dargestellt werden, zumal praktische Erfahrungen mit den neuen Verfahren im Moment noch fehlen.

II. Das reguläre Insolvenzverfahren (Regelinsolvenz)

1. Wirtschaftlicher Hintergrund und Antrag

Wenn ein Schuldner mit einer größeren Zahl von Gläubigern zahlungsunfähig (insolvent) wird, führen die im 5. Kapitel geschilderten Einzelvollstreckungsmaßnahmen durch den Grundsatz der Priorität und den unterschiedlichen Informationsstand der Gläubiger zu zufälligen und willkürlichen Ergebnissen. Deshalb sollen in solchen Fällen die Forderungen der Gläubiger gemeinschaftlich im Insolvenzverfahren befriedigt werden.

Den Antrag auf Eröffnung eines Insolvenzverfahrens kann der Schuldner stellen, etwa wenn er Möglichkeiten für einen außergerichtlichen Vergleich nicht mehr sieht. Der Antrag kann aber auch von einem Gläubiger gestellt werden, der eine geordnete Abwicklung erreichen möchte.

Als Konkursgründe nennt die InsO nun:

a) die Zahlungsunfähigkeit

b) die drohende Zahlungsunfähigkeit und

c) bei juristischen Personen zusätzlich die Überschuldung.

Diese Konkursgründe sind in §§ 17 bis 19 der InsO näher erläutert.

Stellt ein Gläubiger den Antrag, so muß er außer dem Insolvenzgrund auch noch glaubhaft machen, daß er eine Forderung gegen den Schuldner hat.

Bei Kapitalgesellschaften (GmbH, AG) sind die Geschäftsführer bzw. Vorstände bei Strafandrohung verpflichtet, unverzüglich, spätestens binnen drei Wochen, einen Insolvenzantrag zu stellen, wenn Zahlungsunfähigkeit oder Überschuldung vorliegen.

2. Eröffnungsverfahren

Das Gericht muß zunächst prüfen, ob die Antragsvoraussetzungen vorliegen, aber vor allem auch, ob beim Schuldner genügend Vermögen zur Deckung der Kosten des Verfahrens vorhanden ist. Das kann Wochen oder Monate dauern. In dieser Zeit kann das Insolvenzgericht bereits Maßnahmen zur Sicherung des Schuldnervermögens treffen, etwa Verfügungsverbote an den Schuldner, Verbot von Zwangsvollstreckungen gegen ihn und vor allem die Bestellung eines vorläufigen Insolvenzverwalters (§ 21 InsO). Er ähnelt dem Sequester im bisherigen Konkursverfahren.

3. Das eröffnete Insolvenzverfahren

Wird der Insolvenzantrag nicht mangels Masse oder wegen Fehlens anderer Voraussetzungen abgewiesen, so wird das eröffnete Verfahren in etwa folgenden Verlauf nehmen:

a) Verlust des Verwaltungs- und Verfügungsrechts

Während in der Einzelvollstreckung nur auf einzelne Vermögensstücke des Schuldners zugegriffen wird, verliert er mit Eröffnung des Insolvenzverfahrens insgesamt das Recht,

„das zur Insolvenzmasse gehörende Vermögen zu verwalten und über es zu verfügen" (§ 80 InsO).

Die Befugnis geht auf den Insolvenzverwalter über, der das gesamte Vermögen in Besitz und Verwaltung nimmt (§ 148 InsO).

b) Verbot der Einzelvollstreckung

Zwangsvollstreckung für einzelne Insolvenzgläubiger ist während des Verfahrens nicht zulässig (§ 89 InsO). Mehr noch: Wer durch Einzelvollstreckung im letzten Monat vor dem Antrag auf Eröffnung des Insolvenzverfahrens noch ein Pfandrecht erlangt hat, verliert es mit Eröffnung des Verfahrens wieder (sog. „Rückschlagsperre", § 88 InsO).

Zur Zeit werden ca. 90 % der Konkursanträge mangels Masse abgewiesen. Da nicht abzusehen ist, ob sich dieses Zahlenverhältnis nach der InsO wesentlich verändert, wird einstweilen weiter die Grundregel gelten, eine aussichtsreiche Einzelvollstreckung durchzuführen, auch wenn ein Risiko besteht, daß der Schuldner demnächst Insolvenzantrag stellt. Denn es wird weiter ungewiß sein, ob dieser zur Eröffnung führt.

c) Insolvenzanfechtung

Wie bei drohender Einzelvollstreckung besteht auch bei drohendem Insolvenzverfahren ein starker Drang von Schuldnern, aber auch einzelner Gläubiger, Vermögensstücke aus der Insolvenzmasse zu entfernen, um die anderen Gläubiger zu benachteiligen. Das kann der Insolvenzverwalter in ähnlicher Weise anfechten wie außerhalb des Insolvenzverfahrens ein einzelner Gläubiger (vgl. oben Abschnitt A, S. 163). Nur sind seine Anfechtungsmöglichkeiten rechtlich erweitert (§§ 129 ff. InsO) und er hat, im Besitz der Unterlagen und der Buchhaltung des Schuldners, viel eher als ein außenstehender Gläubiger die Möglichkeit, anfechtbare Rechtsgeschäfte überhaupt aufzuspüren und die erforderlichen Beweise zu führen. Das gilt insbesondere, wenn die anfechtbaren Verfügungen an dem Schuldner nahestehende Personen erfolgten. Hier sind die Anfechtungsmöglichkeiten und auch die Fristen gegenüber der früheren Regelung in der KO deutlich erweitert worden.

d) Absonderung und Verwertung

Der Verwalter soll dann, wie schon nach der KO, die Vermögensgegenstände des Schuldners verwerten („versilbern"), aber erst nach dem Berichtstermin, §§ 156, 159 InsO. Dabei wird er versuchen, einen Gewerbebetrieb des Schuldners möglichst im ganzen zu veräußern. Dann sind meist die Erlöse wesentlich höher als bei Stillegung des Betriebes und Einzelverwertung des Inventars. Aber es gelingt häufig nicht, kurzfristig geeignete und zahlungskräftige Interessenten für eine Gesamtübernahme zu finden, insbesondere, wenn gemäß § 613 a BGB die Arbeitnehmer des bisherigen Betriebes übernommen werden müssen. Insbesondere zur Erleichterung solcher Übernahmen oder betriebsinterner Sanierungen ist das Insolvenzplanverfahren gedacht (vgl. unten). Nach der InsO kann der Verwalter auch Gegenstände verwerten, an denen Absonderungsrechte einzelner Gläubiger bestehen, etwa aus Forderungsabtretung oder Sicherungsübereignung. Er muß dann den erzielten Erlös an den absonderungsberechtigten Gläubiger herausgeben, jedoch unter Abzug von Kosten der Feststellung des Gegenstandes und seiner Verwertung, die pauschal mit 9 % des Verwertungserlöses angesetzt werden können (§ 171 InsO).

Auch gesicherte Gläubiger müssen so zu den Kosten des Insolvenzverfahrens beitragen und der Gesetzgeber erhofft sich hiervon, daß die Abweisung oder Einstellung von Verfahren mangels Masse seltener wird.

e) Anmeldung der Forderungen, Feststellung der Schuldenmasse

Parallel zur Verwertung des Vermögens läuft die Feststellung, welche Schulden insgesamt vorhanden und in dem Verfahren gemeinschaftlich zu befriedigen sind. Dazu müssen die Gläubiger ihre Forderungen anmelden, und zwar in Abweichung von der bisherigen Regelung nach der KO **nicht beim Insolvenzgericht, sondern beim Insolvenzverwalter.** Dieser, nicht mehr das Gericht, führt eine Tabelle über die angemeldeten Forderungen (§§ 174, 175 InsO).

In einem Prüfungstermin bei Gericht werden die einzelnen angemeldeten Forderungen geprüft. Soweit weder der Verwalter noch ein anderer Gläubiger widersprechen, gelten sie als festgestellt. Ein Widerspruch des Schuldners ist für das Insolvenzverfahren unbeachtlich. Es kann dann nur nicht nach Beendigung des Insolvenzverfahrens wegen der Forderung ohne neue Titulierung gegen ihn vollstreckt werden.

f) Quotenmäßige Befriedigung

Nach Abschluß der Verwertung werden Insolvenzmasse und Schuldmasse zueinander ins Verhältnis gesetzt und die Insolvenzforderungen dann quotenmäßig befriedigt. Beträgt im 8. Fallbeispiel der Verwertungserlös aus der Werkstatt z. B. nach Abzug aller Verfahrenskosten DM 20 000,– und sind – unter Außerachtlassung des Hauses und der im Grundbuch abgesicherten Forderungen – DM 50 000,– wirksam angemeldet, so würde auf diese eine Quote von 40 % ausgezahlt. Das kann auch in Abschlägen geschehen.

Die Insolvenzordnung hat insofern recht konsequent die in der KO praktisch so bedeutsamen Vorrechte bestimmter Gläubiger (Arbeitnehmer, Finanzamt) abgeschafft. Neben den eigentlichen Insolvenzgläubigern (§ 38 InsO) gibt es jetzt nur noch nachrangige Insolvenzgläubiger (§ 39 InsO) für Forderungen, die früher gar nicht am Verfahren teilnahmen. Auf sie werden auch in Zukunft nur ganz ausnahmsweise Zahlungen erfolgen. Deshalb werden die nachrangigen Insolvenzgläubiger nur ausnahmsweise am Verfahren beteiligt.

4. Hinweise für Insolvenzgläubiger

a) Besicherte Forderungen

Die Inhaber besicherter Forderungen sollten ihre Sicherungsrechte geltend machen, sobald sie von der Insolvenz erfahren. Zwar ist der Insolvenzverwalter verpflichtet, die insolvenzfesten Sicherungsrechte, insbesondere Eigentumsvorbehalte und Sicherungseigentum, zu berücksichtigen. Er kann dies aber nur, wenn die Rechte sich aus den Unterlagen des Schuldners ergeben. Solche Unterlagen sind häufig unvollständig oder ungeordnet.

Auch Sicherungsrechte gegen Dritte, so gegen Bürgen, sollten unverzüglich geltend gemacht werden, bevor etwa auch beim Bürgen Insolvenz eintritt.

b) Ungesicherte Forderungen

Diese kann der Gläubiger nach Eröffnung des Insolvenzverfahrens nur noch in dessen Rahmen durch Anmeldung zur Tabelle – beim Insolvenzverwalter! – geltend machen. Einzelvollstreckung ist, wie erwähnt, unzulässig.

Nach der bisherigen Konkurspraxis wurden ungesicherte nicht vorrangige Forderungen nur noch ganz ausnahmsweise mit nennenswerten Quoten befriedigt. Deshalb lohnte es sich in vielen Fällen bei erkennbar massearmen Verfahren nicht einmal mehr, die Forderungen zur Tabelle anzumelden.

Ein Hauptziel der InsO ist, auch dem normalen Insolvenzgläubiger zumindest eine Quote auf seine Forderung zukommen zu lassen.

Es bleibt abzuwarten, in welchem Maße das in der Praxis gelingt.

Einstweilen wird man aber wohl regelmäßig Forderungen zur Tabelle anmelden, es sei denn, es ist offenkundig, daß auf Insolvenzforderungen nichts gezahlt werden wird, etwa bei Anzeige der Masseunzulänglichkeit durch den Verwalter gemäß § 208 InsO.

c) Gläubigerversammlung, Gläubigerausschuß

Insolvenzgläubiger können auf den Gang des Verfahrens und insbesondere auch auf die Bestellung des Insolvenzverwalters einen erheblichen Einfluß nehmen, entweder durch Abstimmung auf den im Verfahren vorgesehenen Gläubigerversammlungen oder durch Mitarbeit im Gläubigerausschuß (§§ 67 ff. InsO). Das wird sich vom Aufwand her nur in Sonderfällen oder für Gläubiger großer Forderungen und insbesondere im Insolvenzplanverfahren lohnen. Für Gläubiger kleiner unbesicherter Forderungen hat das Insolvenzverfahren dagegen gerade den Vorteil, daß sie sich, ohne allzuviel zu versäumen, auf die Forderungsanmeldung beschränken können und alles übrige, bis hin zur Auszahlung der Quote, von Amts wegen geschieht.

d) Forderungsanmeldung, Kosten

Wenn man die Anmeldung der Forderung zur Tabelle durch einen Anwalt vornehmen läßt, entsteht eine $^3/_{10}$ Gebühr gemäß § 75 BRAGO auf den Betrag der angemeldeten Forderung.

Bei kleinen Forderungen und kleinen Quoten können diese Kosten einen nennenswerten Teil der Quote ausmachen. Diese Kosten sind, wie auch die Zinsen, ab Eröffnung des Verfahrens nur nachrangige Insolvenzforderungen. Sie werden also in der Praxis fast nie befriedigt werden. Deshalb sollten die Gläubiger zumindest bei kleineren Forderungen oder geringen Quotenaussichten ihre Forderungen durchaus selbst anmelden.

Zusätzliche Gerichtskosten entstehen nicht. Insofern ist dies eine sehr preiswerte Form der Forderungstitulierung, wenn auch die Aussichten, aus diesem Titel nach Beendigung des Insolvenzverfahrens noch erfolgreich zu vollstrecken, i. d. R. gering sind.

Die Forderungsanmeldung kann, z. B. für unseren Beispielsfall 8, wie folgt aussehen (wobei man Aktenzeichen und Adresse des Insolvenzverwalters aus dem Insolvenzeröffnungsbeschluß ersehen oder beim Gericht erfragen kann):

Herrn Rechtsanwalt . . . als Insolvenzverwalter
der Firma X
Verwalterstraße 30

99999 Schuldnerstadt

Aktenzeichen des Insolvenzgerichts Schuldnerstadt:
. . .

Betr.: Forderungsanmeldung

Sehr geehrter Herr Verwalter,
in obigem Verfahren melde ich hiermit folgende Insolvenzforderung zur Tabelle an:

1. Forderung aus Kraftfahrzeugverkauf gemäß beigefügtem Vollstreckungsbescheid DM 5000,00

2. Vor Insolvenzeröffnung entstandene Kosten DM . . .

3. Bis Insolvenzeröffnung entstandene titulierte Zinsen DM . . .

     zusammen: DM . . .

 Soweit gegen die Forderung ein Widerspruch erhoben wird, bitte ich, mich zu unterrichten.

 (Vollständiger Name, vollständige Anschrift und Unterschrift des Gläubigers)

 Die InsO strebt auch Beschleunigung an. Gleichwohl werden nach einer solchen Anmeldung auch künftig wohl in der Regel Jahre vergehen, bis die Quote vollständig gezahlt ist.

5. Hinweise für Schuldner

 Einzelhinweise für die vielen Fallgestaltungen des Schuldnerverhaltens in der Insolvenz sprengen den Rahmen dieses Buches bei weitem. Allgemein gilt auch hier, daß der redliche Schuldner aktiv mitarbeiten und insbesondere den Insolvenzverwalter unterstützen sollte. Seine Hinweise, z. B. auf ausstehende Forderungen und seine Mitarbeit, z. B. bei der Abwicklung halbfertiger Arbeiten, können die Konkursmasse erheblich vergrößern – was die verbleibenden Schulden vermindert.

Auch bei der Feststellung der Schuldenmasse sollte der Schuldner aufmerksam mitarbeiten, damit nicht unberechtigte oder überzogene Forderungen gegen ihn zur Tabelle festgestellt werden.

Dieses redliche Verhalten wird jetzt zusätzlich dadurch prämiert, daß er damit leichter die Restschuldbefreiung erlangen wird (vgl. unten VI., S. 186).

III. Das Insolvenzplanverfahren

1. Grundzüge des Verfahrens

a) Voraussetzungen und Verfahrensziel

Im Rahmen eines eröffneten Insolvenzverfahrens können in einem Insolvenzplan

- die Befriedigung der absonderungsberechtigten Gläubiger und der Insolvenzgläubiger
- die Verwertung der Insolvenzmasse und deren Verteilung
- sowie die Haftung des Schuldners nach der Beendigung des Verfahrens abweichend vom regulären Insolvenzverfahren (vgl. oben II., S. 173) geregelt werden, § 217 InsO.

Dieser Insolvenzplan besteht aus einem darstellenden Teil, der die bisherigen und die geplanten weiteren Maßnahmen beschreibt.

Der Insolvenzplan umfaßt ferner einen gestaltenden Teil, der festlegt, wie die Rechtsstellung der Beteiligten in Abweichung von den gesetzlichen Regelungen geändert werden soll (§§ 220, 221 InsO).

Da der Plan eine genaue Kenntnis der Verhältnisse beim Schuldner erfordert, kann er nur vom Schuldner selbst vorgelegt werden oder aber vom Insolvenzverwalter, der dazu auch von der Gläubigerversammlung beauftragt werden kann, § 218 InsO.

Ziel soll die Reorganisation des Schuldnerunternehmens sein, z. B. durch Stundungen oder Forderungsverzichte der Gläubiger, aber auch durch Einsatz bisher nicht haftender Mittel durch den Schuldner und sonstige betriebswirtschaftliche Sanierungsbeiträge. Das entspricht in etwa dem Verfahrensziel beim früheren Vergleichsverfahren. Das Insolvenzplanverfahren ist aber wesent-

lich flexibler. Es kennt insbesondere keine Mindestquoten von
35 % bzw. 40 %, wie sie im Vergleichsverfahren geboten werden
mußten.

b) Verfahrensgang

Wie im Vergleichsverfahren wird der Insolvenzplan nur wirksam, wenn die stimmberechtigten Gläubiger – und der Schuldner –
ihm zustimmen. Im Gegensatz zur Vergleichsordnung, wo die
Summe der Ansprüche der zustimmenden Gläubiger 75 % betragen mußte, sind dies jetzt aber nur noch 50 % sowie eine Mehrheit der abstimmenden Gläubiger nach Köpfen, § 244 InsO.

Wenn diese Mehrheiten zustande kommen, wird die Zustimmung der übrigen Gläubiger durch die gerichtliche Bestätigung ersetzt, d. h. die ablehnenden Gläubiger sind auch gegen ihren Willen an den Plan gebunden.

Dessen Durchführung wird dann für max. 3 Jahre durch den Insolvenzverwalter überwacht. Der Schuldner erhält aber, sofern
der Plan nichts anderes regelt, die Verfügungsbefugnis über sein
Vermögen wieder zurück. Während dieser Zeit ist die Gewährung
von neuen Krediten aber auch von Lieferungen auf Kredit an den
Schuldner risikoreich. Denn ihre Ansprüche sind nachrangig gegenüber den Ansprüchen aus einem im Insolvenzplan vorgesehenen Kreditrahmen, §§ 264, 265 InsO.

2. Hinweise für den Gläubiger

Auch bei Ankündigung eines Insolvenzplanes muß der Gläubiger jedenfalls seine Forderung rasch und ordnungsgemäß anmelden. Im übrigen wird schon die Beurteilung eines Insolvenzplanes
erhebliche Sachkenntnis oder aber erheblichen Beratungsauf-
wand erfordern.

Für außenstehende Gläubiger einer kleineren Forderung wird
das in der Regel nicht lohnen. Sie sollten sich darauf verlassen,
daß sowohl der Insolvenzverwalter als auch das Insolvenzgericht
verpflichtet sind, die Interessen aller Beteiligten zu wahren und einen Insolvenzplan zu verhindern, der diesen Interessen nicht ge-
recht wird.

Nur wenn der Gläubiger spezielle Informationen, etwa über

verfahrenswidrige Handlungen des Schuldners, hat, sollte er sich damit, ggf. nach sachkundiger Beratung, an den Insolvenzverwalter oder das Gericht wenden.

3. Hinweis für den Schuldner

Spezielle Hinweise auf je nach den Umständen sehr unterschiedliche Mitwirkungsmöglichkeiten des Schuldners bei der Reorganisation gehen über den Rahmen dieses Buches weit hinaus.

Generell gilt aber, daß der Schuldner nur bei bis dato und also auch im Vorfeld der Insolvenz redlichem Verhalten gegenüber seinen Gläubigern gute Aussichten haben wird, deren Zustimmung und die gerichtliche Bestätigung für einen auch für den Schuldner günstigen Insolvenzplan zu erlangen.

IV. Die Eigenverwaltung

Die Kosten eines Insolvenzverfahrens bei Verwaltung des Schuldnervermögens durch einen Insolvenzverwalter sind erheblich. Das Gesetz sieht daher jetzt in §§ 270 ff. InsO vor, daß auf Antrag des Schuldners oder auch der Gläubigerversammlung das Gericht anordnen kann, daß der Schuldner selbst die Verwaltung und Verwertung der Insolvenzmasse unter Aufsicht eines Sachwalters vornimmt. Der Schuldner kann sich für sein Unternehmen damit die Vorteile des Insolvenzverfahrens zunutze machen, insbesondere das Vollstreckungsverbot, ohne daß die vollen Kosten einer Insolvenzverwaltung anfallen. Die Eigenverwaltung ist sowohl für ein reguläres Insolvenzverfahren als auch für ein Insolvenzplanverfahren möglich, wird aber praktisch wohl meist mit einem Insolvenzplanverfahren kombiniert werden.

Ganz offensichtlich setzt die Eigenverwaltung in besonders hohem Maße einen redlichen Schuldner voraus, dem sowohl die Gläubiger als auch das Gericht eine Verwaltung und Verwertung seines Vermögens im Sinne der Insolvenzgläubiger zutrauen.

V. Die Verbraucherinsolvenz

1. Grundzüge des Verfahrens

a) Voraussetzungen und Verfahrensziel

Ebenfalls wegen der erheblichen Kosten eines regulären Insolvenzverfahrens sieht die InsO ein vereinfachtes Verfahren, die sogenannte Verbraucherinsolvenz vor, wenn

> „der Schuldner eine natürliche Person (ist), die keine oder nur eine geringfügige selbständige wirtschaftliche Tätigkeit ausübt", § 304 InsO.

Das Verfahren soll insbesondere in der Regel mit der Restschuldbefreiung kombiniert werden, so daß der Schuldner schuldenfrei aus dem Verfahren hervorgehen kann.

Da die Verfahrensvoraussetzungen nach Schätzungen auf ca. 2 bis 4 Mio. überschuldete Verbraucher zutrifft, könnte dies Verfahren erhebliche Breitenwirkung haben. Deshalb steht es seit Verkündung der InsO auch vor allem im Blickpunkt des öffentlichen Interesses, obgleich volkswirtschaftlich die Unternehmensinsolvenzen von weit größerer Bedeutung sind.

b) Außergerichtlicher Einigungsversuch, § 305 Abs. 1 Nr. 1 InsO

Um die befürchtete Überflutung der Insolvenzgerichte mit solchen Verfahren möglichst zu verhindern, ist Voraussetzung für einen Verbraucherinsolvenzantrag, daß der Schuldner in den letzten 6 Monaten davor eine außergerichtliche Schuldenbereinigung auf der Grundlage eines Schuldenbereinigungsplanes mit seinen Gläubigern versucht hat. Dies muß ihm durch eine geeignete Person oder Stelle, etwa einen Rechtsanwalt, einen Steuerberater oder eine Schuldnerberatungsstelle bescheinigt werden.

c) Verzeichnisse und Schuldenbereinigungsplan, § 305 Abs. 1 Nr. 3 und 4 InsO

Ferner müssen mit dem Antrag vorgelegt werden ein Verzeichnis des vorhandenen Vermögens und des Einkommens sowie ein Verzeichnis der Gläubiger und der bestehenden Forderungen sowie eine Erklärung, daß diese Angaben richtig und vollständig sind. Schließlich muß ein Schuldenbereinigungsplan vorgelegt werden, der ähnlich dem Insolvenzplan Regelungen für eine angemessene Schuldenbereinigung enthalten soll.

d) Verfahren des Gerichtes, §§ 306 ff. InsO

Das Gericht stellt Vermögensverzeichnis, Gläubigerverzeichnis, Forderungsverzeichnis und Schuldenbereinigungsplan den benannten Gläubigern zu und fordert sie auf, **binnen einer Notfrist von einem Monat** dazu Stellung zu nehmen. Äußert der Gläubiger sich innerhalb der Frist nicht, **so gilt das als Zustimmung zum Schuldenbereinigungsplan.**

Stimmen mehr als die Hälfte der benannten Gläubiger, deren Ansprüche mehr als die Hälfte der Summe der Ansprüche betragen, dem Schuldenbereinigungsplan zu, so kann auf Antrag des Schuldners oder eines Gläubigers das Gericht, wie bei einem Insolvenzplan, die Zustimmungen der anderen Gläubiger ersetzen, sofern keine sonstigen Einwände, insbesondere gegen die Redlichkeit des Schuldners bestehen.

e) Vereinfachtes Insolvenzverfahren

Wenn zum Schuldenbereinigungsplan keine Zustimmung zustande kommt, so findet gemäß §§ 311 ff. InsO ein stark vereinfachtes Insolvenzverfahren statt, in dem es einen Insolvenzplan oder eine Eigenverwaltung nicht gibt. Das Verfahren kann einschließlich der Forderungsprüfung schriftlich durchgeführt werden. Die Aufgaben des Insolvenzverwalters werden von einem Treuhänder wahrgenommen. Anfechtungen müssen durch die Gläubiger erfolgen. Die Verwertung der Insolvenzmasse kann ersetzt werden durch Zahlung eines entsprechenden Betrages durch den Schuldner an den Treuhänder.

Praktische Erfahrungen mit diesen vereinfachten Verfahren liegen nicht vor. Es bestehen insbesondere Zweifel, ob viele Verbraucher ohne – kostenaufwendige – Beratung in der Lage sind, die formellen Anforderungen auch nur hinsichtlich dieses vereinfachten Verfahrens, etwa bei Erstellung der Vermögensverzeichnisse und eines Schuldenbereinigungsplanes, zu erfüllen.

2. Hinweise für Gläubiger

a) Dieser sollte beim außergerichtlichen Einigungsversuch des Schuldners darauf bestehen, daß der Schuldner schon dabei die für den Verbraucherinsolvenzantrag erforderlichen Unterlagen vorlegt, nämlich die Verzeichnisse von Vermögen, Einkommen, Schulden und Gläubigern sowie einen Schuldenbereinigungsplan.

Denn nur mit diesen vollständigen Informationen läßt sich übersehen, ob der Einigungsvorschlag des Schuldners wirtschaftlich realistisch ist.

b) Im Rahmen dieser Einigungsbemühungen kann der Schuldner vom Gläubiger auf dessen Kosten eine schriftliche Forderungsaufstellung verlangen (§ 305 Abs. 2 Satz 2 InsO). Eigentlich müßte der Schuldner seine Verbindlichkeiten kennen. Aber praktisch kennt er den genauen Stand meist nicht, da er insbesondere nicht weiß, welche Kosten beim Gläubiger schon angefallen sind. Deshalb ist diese Abklärung sinnvoll.

c) Der Gläubiger muß beachten, daß sein **Schweigen** auf den ihm vom Gericht mit den vollständigen Unterlagen zugestellten Schuldbereinigungsplan **als Einverständnis** gewertet wird! Deshalb muß er an dieser Stelle eine bewußte Entscheidung treffen, ob er der Schuldenbereinigung zustimmen will oder nicht.

d) Im übrigen gilt auch hier, daß er ungünstige Informationen über den Schuldner, die dessen Vergleichswürdigkeit betreffen, etwa vollstreckungsvereitelnde Maßnahmen, ggf. dem Gericht vortragen sollte.

e) Kosten, auch Beratungskosten, die ihnen für die Teilnahme an diesem Verfahren entstehen, können die Gläubiger nicht geltend machen, § 310 InsO.

3. Hinweise für Schuldner

Die Schuldenbereinigung wird außergerichtlich oder gerichtlich nur gelingen, wenn der Schuldner sich bis dato seinen Gläubigern gegenüber redlich gezeigt und keine Winkelzüge versucht hat.

Wesentliches Erfordernis ist weiter, daß, am sinnvollsten bereits beim außergerichtlichen Einigungsversuch, die nach § 305 InsO verlangten Verzeichnisse und der Schuldenbereinigungsplan so vollständig und **so übersichtlich wie möglich** beigefügt werden.

Das wird vielen Schuldnern schwerfallen, da sie eben die dafür erforderliche Übersicht über ihre eigenen Angelegenheiten selbst nicht haben und dies häufig die Ursache ihrer Verschuldung ist.

Insofern bleibt abzuwarten, welche praktische Bedeutung das Verfahren erlangen wird.

VI. Die Restschuldbefreiung

1. Grundzüge des Verfahrens

a) Voraussetzungen und Verfahrensziel

Nach bisherigem Konkursrecht konnten die Gläubiger nach Beendigung des Konkursverfahrens ihre nicht durch eine Quote gedeckten Forderungen wieder „gegen den Schuldner unbeschränkt geltend machen", § 164 KO. Nur beim gerichtlichen Vergleich, d.h. mit Zustimmung einer erheblichen Mehrheit der Gläubiger, wurde auf die nicht durch den Vergleich gedeckten Forderungen verzichtet.

Nach der InsO kann sowohl im Rahmen eines regulären Insolvenzverfahrens als auch in einem Insolvenzplanverfahren, bei Eigenverwaltung und in einem Verbraucherinsolvenzverfahren eine Restschuldbefreiung durch Gerichtsentscheidung ohne Zustimmung der Gläubiger erfolgen, §§ 286 ff. InsO.

Voraussetzung ist also jeweils ein eröffnetes Insolvenzverfahren mit all der Klärung der Verhältnisse beim Schuldner, die es regelmäßig erbringt.

Voraussetzung ist ferner, daß der Schuldner nicht in den letzten 10 Jahren zuvor schon einmal eine solche Restschuldbefreiung versucht hat, und daß er auch im übrigen sich als redlich gegenüber seinen Gläubigern erwiesen hat, vgl. dazu den Negativkatalog von § 290 InsO.

b) Abtretung der Dienstbezüge

Wesentliche Voraussetzung der Restschuldbefreiung ist neben der Verwertung des vorhandenen Schuldnervermögens im Rahmen des Insolvenzverfahrens, daß der Schuldner für 7 Jahre seine pfändbaren Forderungen aus Dienst- oder Arbeitsverhältnissen oder an deren Stelle tretende laufenden Bezüge (Renten, ALU etc.) an einen vom Gericht zu bestellenden Treuhänder abtritt, der sie an die Gläubiger zu verteilen hat. Führt der Schuldner dann in dieser Weise 7 Jahre lang den pfändbaren Teil seiner Bezüge ab (im 5., 6. und 7. Jahr aber nur 90 %, 85 % und 80 % davon, § 292 Abs. 1 InsO), und erfüllt er die übrigen Obliegenheiten gemäß § 295 InsO (teilt er z. B. in dieser Zeit anfallende Erbschaften hälftig mit seinen Gläubigern), so erteilt, wenn keine sonstigen Hinderungsgründe vorliegen, das Insolvenzgericht ihm Restschuldbefreiung, § 300 InsO.

c) Wirkung der Restschuldbefreiung, § 301 InsO

Damit sind alle bis dato nicht aus Zahlungen des Treuhänders beglichenen Forderungen der Insolvenzgläubiger erledigt. Das gilt auch für Gläubiger, die ihre Forderungen im Insolvenzverfahren nicht angemeldet haben. Der Schuldner kann sich durch eine solche Wohlverhaltensperiode also ggf. in 7 Jahren von Forderungen in beliebiger Höhe befreien und somit, gemäß dem viel benutzten Schlagwort, dem „modernen Schuldturm", der Haftung von 30 Jahren bei titulierten Forderungen, entkommen. Bei durchschnittlichem Einkommen und Familienstand werden dabei nach Abzug der Kosten an die Gläubiger höchstens Beträge von 5000,– DM bis 7000,– DM in den ganzen 7 Jahren zu verteilen sein.

Wie häufig diese Restschuldbefreiung praktisch gelingt und welche Auswirkungen das generell auf das Verhalten von Schuldnern und Gläubigern hat, bleibt abzuwarten.

2. Hinweise für Gläubiger

a) Die Restschuldbefreiung wirkt auch gegen nicht anmeldende Gläubiger. Sie erhalten bei der Verteilung durch den Treuhänder aber nichts. Schon aus diesem Grunde ist prompte und vollständige Forderungsanmeldung in jedem Insolvenzverfahren geboten.

b) Von der Restschuldbefreiung sind ausgenommen u. a. „Verbindlichkeiten des Schuldners aus einer vorsätzlich begangenen unerlaubten Handlung", § 302 InsO. Das ist z. B. der Fall, wenn der Schuldner Waren bestellte, obgleich er wußte oder wissen mußte, daß er diese nicht würde bezahlen können (Eingehungsbetrug). Die Gläubiger werden also bei Restschuldbefreiung sehr viel genauer als bisher erwägen müssen, ob nicht ihre Forderung gegen den Schuldner auch auf einer solchen vorsätzlichen unerlaubten Handlung beruht. Dann kann sie gerade nach einer Restschuldbefreiung mit nunmehr erheblich besserer Aussicht auf Erfolg gegen den im übrigen entschuldeten Schuldner geltend gemacht werden.

c) Solche oder vergleichbare Umstände können im übrigen auch zu einer Versagung der Restschuldbefreiung führen, wenn sie nämlich einen der Tatbestände des schon erwähnten § 290 InsO erfüllen und der Gläubiger dies dem Insolvenzgericht mitteilt und die Versagung der Restschuldbefreiung beantragt. Entsprechend kann noch nach Ablauf der Wohlverhaltensperiode die Restschuldbefreiung verhindert werden, wenn der Gläubiger es beantragt und er Verletzungen der Obliegenheiten des Schuldners oder gar Insolvenzstraftaten geltend machen kann, § 300 Abs. 2 InsO.

d) Werden dem Gläubiger Obliegenheitsverletzungen erst nach der Restschuldbefreiung bekannt, kann diese auf seinen Antrag ggf. widerrufen werden, § 303 InsO.

3. Hinweise für Schuldner

a) Dem redlichen Schuldner bietet die Restschuldbefreiung eine m. E. sehr vorteilhafte Möglichkeit, sich in einem überschaubaren Zeitraum wieder von seinen Schulden zu befreien. Der dafür einzusetzende pfändbare Teil seines Lohnes würde ihm aller Voraussicht nach ohnehin von Gläubigern weggepfändet. Häufig hat er ihn ohnehin bereits an einzelne Gläubiger (Banken) abgetreten, was diesen dann allerdings nur noch für 3 Jahre einen Vorrang sichert. Insofern gibt der Schuldner nur auf, was er voraussichtlich ohnehin verliert.

Dieses Privileg setzt aber voraus, daß der Schuldner sich bis dato jedenfalls durch Meidung der Versagungsgründe nach § 290 InsO gegenüber seinen Gläubigern redlich verhalten hat und auch während der Laufzeit seine Obliegenheiten gemäß dem Gesetz erfüllt.

b) Bei Schuldnern, die bereits am 1. 1. 1997 zahlungsunfähig waren, kann die Laufzeit der Abtretungserklärung von 7 auf 5 Jahre verkürzt werden, Art. 107 des Einführungsgesetzes zur InsO.

c) Die Verteilung des pfändbaren Lohns durch den Treuhänder verursacht Kosten, nach bisherigem Stand der Kostenregelungen mindestens 200,– DM im Jahre, mithin mindestens 1400,– DM für 7 Jahre. Bei einem redlichen und für die Gläubiger vertrauenswürdigen Schuldner kann es ein wesentliches Argument für die Annahme eines außergerichtlichen oder gerichtlichen Schuldenbereinigungsplans sein, diese Kosten zu erübrigen, indem der Schuldner die Verteilung des pfändbaren Betrages gemäß dem Plan ohne Abzug solcher Kosten selbst vornimmt.

d) Die Restschuldbefreiung kann auch versagt werden, wenn die an den Treuhänder abgeführten Beträge nicht wenigstens dessen Mindestvergütung decken. Hierauf muß der Schuldner also besonders achten und ggf. den fehlenden Betrag aus sonstigen Mitteln einzahlen, wenn er es vermag, § 298 InsO.

4. Antragsmuster für Restschuldbefreiung

Ein Antrag des Schuldners auf Restschuldbefreiung im Rahmen einer Verbraucherinsolvenz gemäß § 305 ff. InsO könnte danach wie folgt aussehen:

Antrag auf Verbraucherinsolvenz und Restschuldbefreiung

An das
Amtsgericht Schuldnerstadt
Insolvenzgericht

99999 Schuldnerstadt

Hiermit stelle ich den Antrag, über mein Vermögen das Insolvenzverfahren zu eröffnen. Ich bin nicht in der Lage, meine bestehenden fälligen Zahlungspflichten zu erfüllen. Ich übe keine **selbständige** wirtschaftliche Tätigkeit aus.

Ich stelle ferner den Antrag auf Erteilung von Restschuldbefreiung gemäß § 287 InsO.

Über meine persönlichen Verhältnisse mache ich folgende Angaben:

(möglichst genaue und vollständige Angaben über Name, Geburtsdatum, Geburtsort, Anschrift, Familienstand, Unterhaltsverpflichtungen und die Art der Beteiligung am Erwerbsleben).

...

Meinem Antrag füge ich folgende Anlagen bei:

1. Die Bescheinigung über das Scheitern einer außergerichtlichen Einigung mit meinen Gläubigern.
2. Ein Verzeichnis meines vorhandenen Vermögens und meines Einkommens.
3. Ein Verzeichnis meiner Gläubiger und der von diesen gegen mich bestehenden Forderungen. Für diese füge ich die von mir eingeholten Forderungsaufstellungen der Gläubiger bei.
4. Einen Schuldenbereinigungsplan, gemäß dem ich meine Schulden bereinigen möchte.

Ich versichere, daß die vorstehenden und in den Anlagen enthaltenen Angaben richtig und vollständig sind.

Sollten meine Angaben für den Antrag nicht vollständig sein, so bitte ich

um gerichtlichen Hinweis, um ihn unverzüglich zu ergänzen.

Schuldnerstadt, den ...

Franz Gläubiger

Die wesentliche Schwierigkeit und Mühe für jeden Schuldner (aber auch für seinen Berater) wird die vollständige Zusammenstellung und übersichtliche Darstellung in den Anlagen sein. Sie sollte soweit als möglich spezifiziert werden, z. B. jeweils mit genauen Betragsangaben, genauen Daten, vollständigen Anschriften von Gläubigern und Schuldnern, vollständigen Grundbuchbezeichnungen etc. Im übrigen hängen Inhalt und Umfang von den jeweiligen Verhältnissen des Einzelfalles ab.

VII. Ablehnung des Insolvenzantrages mangels Masse

1. Rechtsfolgen

Wie erwähnt, werden z. Zt. 90 % aller Konkursanträge mangels Masse abgelehnt. Das ist auch nach der Insolvenzordnung möglich, § 26 InsO. Der Schuldner wird dann gemäß § 26 Abs. 2 InsO in ein besonderes Verzeichnis eingetragen, dessen Funktion dem Schuldnerverzeichnis nach § 915 ZPO entspricht (vgl. oben Kap. 4 Abschnitt E IV., S. 91). Die Eintragung in dieses Verzeichnis signalisiert totale Vermögenslosigkeit, da nicht einmal die Verfahrenskosten der Insolvenz zu decken waren.

Um zu verhindern, daß nach Ablehnung eines Insolvenzantrages mangels Masse weiterhin Geschäfte unter dem Namen einer vermögenslosen juristischen Person gemacht werden, wird sie, insbesondere also eine GmbH, im Handelsregister gelöscht.

2. Wirtschaftliche Folgen

Weit verbreitet ist die Ansicht, nach Ablehnung eines Insolvenzantrages mangels Masse oder jedenfalls nach Löschung im Handelsregister sei weitere Vollstreckung gegen eine solche Schuldnerfirma, insbesondere eine GmbH, ausgeschlossen. Rechtlich ist das Gegenteil richtig. Die Ablehnung des Antrages bedeutet gerade, daß weiterhin die Einzelzwangsvollstreckung zulässig ist, und die Löschung im Handelsregister bewirkt lediglich, daß bei weiteren Geschäften dieser Firma die handelnden Personen persönlich haften. Sie schließt Vollstreckung in das Vermögen einer solchen Firma keineswegs aus.

Faktisch ist allerdings regelmäßig kein solches Vermögen vorhanden und die weitere Vollstreckung deshalb zwecklos, es sei denn, man würde durch Sonderkenntnisse noch ein verborgenes Vermögensstück des Schuldners ermitteln.

VIII. Lösungshinweis zum 8. Fallbeispiel (oben S. 167)

In einem regulären Insolvenzverfahren mit Stillegung des Betriebes ist die Werkstattausstattung vermutlich nur zu einem Bruchteil von 50 000,– DM zu verkaufen. Abzüglich der Kosten des Insolvenzverfahrens werden die Gläubiger, soweit sie nicht im Grundbuch besichert sind, nur eine Quote erhalten. Bei einer Veräußerung des laufenden Betriebes, etwa mit S als angestelltem Werkstattleiter, kann der Veräußerungserlös höher sein. Die Gläubiger können im Rahmen eines Insolvenzplanverfahrens die Bereitschaft von S, hieran mitzuwirken, mit einem Verzicht auf die darüber hinausgehenden Forderungen belohnen.

Da hier aber monatlich 2000,– DM bis 3000,– DM für die Schuldentilgung zur Verfügung gestellt werden können, ist, je nach der Zinsbelastung auf dem Hause, ein vielleicht für eine außergerichtliche Schuldenbereinigung ausreichendes Angebot an die Gläubiger denkbar. Nach seinem Verhalten in den bisherigen Fallbeispielen ist allerdings zweifelhaft, ob die Gläubiger ihn als ausreichend redlich betrachten werden. Für eine Eigenverwaltung im Rahmen des Insolvenzverfahrens kommt er wohl deshalb nicht in Betracht. Ob er einen Verbraucherinsolvenzantrag stellen kann, hängt entscheidend vom Umfang seines Geschäftsbetriebes ab. Eine Restschuldbefreiung im Insolvenzverfahren könnte daran scheitern, daß beim Kauf des Kraftfahrzeuges von G möglicherweise schon Eingehungsbetrug vorlag, weil er wohl schon zu diesem Zeitpunkt erheblich verschuldet war.

Abschnitt D. Sonstiges

I. Zwangsvollstreckung und Strafrecht

1. Einschlägige Straftatbestände

Abgesehen vom Widerstand gegen den GVZ (§ 113 StGB) und Pfandsiegel- und Verstrickungsbruch (§ 136 StGB) kommen insbesondere zwei Straftatbestände in der Vollstreckungspraxis recht häufig vor:

a) Eingehungsbetrug, § 263 StGB

Erstaunlich häufig läßt sich schon aus den Akten eines Vollstreckungsfalles der Nachweis eines Eingehungsbetruges führen, z. B. wenn sich herausstellt, daß der Schuldner zur selben Zeit, als er den Kauf tätigte, aus dem die Forderung stammt, gerade gegenüber einem anderen Gläubiger die Offenbarungsversicherung abgab – also nicht zahlen konnte.

b) Vollstreckungsvereitelung, § 288 StGB

Vielleicht noch häufiger als der Eingehungsbetrug, aber schwerer festzustellen ist der Straftatbestand der Vollstreckungsvereitelung:

„Wer bei einer ihm drohenden Zwangsvollstreckung in der Absicht, die Befriedigung des Gläubigers zu vereiteln, Bestandteile seines Vermögens veräußert oder beiseite schafft, wird mit Freiheitsstrafe bis zu 2 Jahren oder mit Geldstrafe bestraft (§ 288 StGB)".

Etwa vorhandene Vermögensstücke der Vollstreckung zu entziehen, ist eine fast natürliche Reaktion jedes Schuldners. Sie ist aber nicht nur unredlich, sondern sogar strafbar. Gleichwohl ist Vollstreckungsvereitelung häufig. Anfechtungsfälle sind tatbestandsmäßig meist Fälle der Vollstreckungsvereitelung. Die Dunkelziffer hierbei ist fraglos hoch.

2. Folgen strafbaren Schuldnerverhaltens

a) Anzeige und Strafermittlungsverfahren

Solche Straftaten werden selten von Polizei oder Staatsanwaltschaft selbst, meistens dagegen nur auf Anzeige durch den Geschädigten aufgedeckt. Allerdings werden Ermittlungsverfahren wegen solcher Straftaten häufig erfolglos eingestellt, weil z. B. die Betrugsabsicht nicht ausreichend nachweisbar ist. Weitere Fälle werden – selbst bei erstaunlich hohen Schadenssummen – wegen Geringfügigkeit (§ 153 StPO) eingestellt, oder deswegen, weil sie neben anderen Delikten, deren der Schuldner angeklagt ist, nicht ins Gewicht fallen (§ 154 StPO). Nur in wenigen Fällen kommt es zur Anklageerhebung.

b) Strafverfahren und Vollstreckungsaussichten

Kommt es zur Anklage und zur Verurteilung, so verschlechtern sich die Vollstreckungsaussichten des Gläubigers drastisch. Ganz selten machen die Strafgerichte von ihrer Möglichkeit Gebrauch, dem Täter die Wiedergutmachung des Schadens, also die Bezahlung der Forderung, zur Auflage zu machen. In der Regel wird eine Geldstrafe verhängt, so daß der meist ohnehin verschuldete Täter nun – auch wegen der Prozeßkosten – weitere Schulden hat. Auf sie zahlt er vorrangig, weil ihm sonst Ersatzfreiheitsstrafe droht (§ 43 StGB). Auch führt die strafgerichtliche Verurteilung häufig indirekt zu weiteren Vermögensnachteilen, etwa dem Verlust des Arbeitsplatzes.

3. Hinweise für Gläubiger

Aus Gläubigersicht führt ein Strafverfahren vor allem zu einer wesentlichen Verschlechterung der Vollstreckungsaussichten. Da für die hier in Rede stehenden Straftaten eine Pflicht zur Strafanzeige nicht besteht, sollte der Gläubiger statt dessen den Schuldner zur Vermeidung einer Strafanzeige auffordern, die Gläubigerforderung zu bezahlen. Denn Zweck dieser Strafvorschriften ist es ja gerade, den Vermögensschaden des Gläubigers zu verhindern bzw. ihn wieder gutzumachen.

Dabei muß der Gläubiger aber sorgfältig prüfen, ob ein begründeter Verdacht gegen den Schuldner besteht, und ob die fragliche Straftat im direkten Zusammenhang mit Entstehung oder Durchsetzung der Forderung steht. Sonst könnte die Drohung mit einer Strafanzeige ihrerseits eine strafbare Nötigung sein, § 240 StGB. Die Anzeige erstatten sollte der Gläubiger erst, wenn die Drohung wirkungslos blieb und er die Vollstreckung endgültig aufgeben will.

II. Ratenzahlungsvergleich

Insbesondere Privatpersonen als Schuldner sind **in der Regel** auch bei gutem Willen außerstande, größere Forderungen in einer Summe zu zahlen. Bei den meist unterdurchschnittlichen Einkommens- und desolaten Vermögensverhältnissen vieler Schuldner kann nur in Raten getilgt werden. Vollstreckung würde erfolglos bleiben und Kosten verursachen.

Der Ratenzahlungsvergleich ist insofern der „Vergleich des kleinen Mannes". Er sollte, bei einem vernünftigen Schuldner schon vor Titulierung, stets schriftlich geschlossen werden, einerseits um die Forderung nochmals außer Streit zu stellen, andererseits um die Raten und ihre Fälligkeit zu fixieren.

Stets muß ein solcher Vergleich eine **Verfallklausel** enthalten, also eine Bestimmung, daß die gesamte Restsumme – die ja gestundet wird – wieder fällig wird, wenn der Schuldner mit einer Rate länger als z. B. zwei Wochen in Verzug kommt.

Ferner kann der Abschluß eines Ratenzahlungsvergleichs nochmals Anlaß sein, die Forderung zu besichern, z. B. durch Abtretung der pfändbaren Lohnansprüche des Schuldners auch gegen künftige Arbeitgeber.

Bei Ratenzahlungsvergleichen mit Firmen, insbesondere mit einer GmbH, muß eine solche Besicherung aus Gläubigersicht erfolgen, um das jederzeitige Insolvenzrisiko auszuschalten. In Betracht kommt z. B. die Übernahme persönlicher Bürgschaft durch Gesellschafter und/oder Geschäftsführer der Schuldner-GmbH. Ggf. sind aber solche zu später Stunde noch erlangten Sicherheiten in der Insolvenz anfechtbar.

Hinsichtlich Laufzeit und Ratenhöhe ergeben sich Anhaltspunkte aus § 813 a ZPO, wonach die Erledigung der Forderung binnen eines Jahres eintreten muß. Außergerichtlich wird man aber häufig auch geringere Raten akzeptieren müssen.

Welche Anwaltskosten für den Abschluß eines Ratenzahlungsvergleiches angesetzt werden können, ist umstritten. Nicht so sehr der Vergleichsschluß selbst, wohl aber die Abwicklung der Raten und insbesondere ihre Verrechnung gem. § 367 BGB sind recht arbeitsaufwendig. Gleichwohl halte ich die teilweise vertretene

Berechnung von $^{30}/_{10}$-Gebühren nach der BRAGO für erheblich überhöht.

Sofern im Ratenzahlungsvergleich erstmals Zinsen verlangt werden, ist ggf. das Verbraucherkreditgesetz mit seinen zahlreichen Formvorschriften zu beachten.

Inwieweit sich die tatsächlichen Verhältnisse beim Ratenzahlungsvergleich durch die entsprechenden aber aufwendigen Schuldenbereinigungsverfahren der InsO verändern, insbesondere durch die Restschuldbefreiung, bleibt abzuwarten.

Checkliste zu Kapitel 6: Sondergebiete

Für Gläubiger:

1. Sind mir ggf. anfechtbare Rechtsgeschäfte des Schuldners bekannt?

2. Ist ein Vergleichsangebot des Schuldners sinnvoll (d. h. kann ich bei weiterer Vollstreckung mehr erhalten)?

3. Lohnt kostenmäßig meine Teilnahme am Insolvenzverfahren des Schuldners über die Forderungsanmeldung hinaus?

4. Ist mir eine Straftat des Schuldners im Zusammenhang mit meiner Forderung bekannt?

5. Soll ich einen Ratenzahlungsvergleich mit dem Schuldner schließen (oder besteht eine Möglichkeit, die Forderung kurzfristiger beizutreiben)?

Für Schuldner:

1. Wenn ich nicht vollständig zahlen kann: Quotenvergleich oder Ratenzahlungsvergleich anbieten, unter Hinweis auf die Möglichkeiten aber auch Kosten eines Insolvenzverfahrens.

2. Auch hier und jetzt noch: Gläubiger stets vollständig informieren.

3. Im Insolvenzverfahren: An möglichst günstiger Vermögensverwertung mitwirken, ggf. in einem Insolvenzplanverfahren, durch Eigenverwaltung oder Verbraucherinsolvenz.

4. Im Insolvenzverfahren durch rechtzeitige Antragstellung mit vollständigen Antragsunterlagen und redliches Verhalten die Restschuldbefreiung sichern.

Kapitel 7. Besondere Klagearten und Rechtsbehelfe in der Zwangsvollstreckung

I. Besondere Klagearten

1. Vollstreckungsabwehrklage, § 767 ZPO

a) Allgemeines

Macht der Schuldner geltend, daß gegen den titulierten Anspruch Einwendungen bestehen, so kann in der Regel nicht der Gerichtsvollzieher oder ein sonstiges Vollstreckungsorgan entscheiden, ob diese Einwendungen berechtigt sind. Nur wenn besonders beweiskräftige Urkunden vorgelegt werden, nach denen die titulierte Forderung inzwischen bezahlt ist, kann das Vollstreckungsorgan von sich aus die Vollstreckung einstellen (vgl. § 775 Nr. 4 und 5 ZPO).

In allen anderen Fällen muß der Schuldner seine Einwendungen gegen den titulierten Anspruch

„im Wege der Klage bei dem Prozeßgericht des ersten Rechtszuges geltend... machen" (§ 767 ZPO).

Dort wird mit den umfassenden Beweismöglichkeiten des Erkenntnisverfahrens festgestellt, ob die Einwendungen zu Recht bestehen. Das Klagebegehren geht dahin, die Zwangsvollstreckung aus dem Titel für unzulässig zu erklären (vgl. § 775 Nr. 1 ZPO).

Bei ordnungsgemäßer Abwicklung wird es kaum, allenfalls durch einen Irrtum oder dergl. zu einem Streit darüber kommen, ob der Titel noch wirksam ist. In der Praxis entsteht dieser Streit am häufigsten dadurch, daß der Schuldner mit einer Gegenforderung aufrechnet, deren Berechtigung vom Gläubiger bestritten wird.

b) Ausschluß von Einwendungen, § 767 Abs. 2 ZPO

Die Vollstreckungsabwehrklage soll die Geltendmachung von nach der Titulierung entstandenen Einwendungen ermöglichen.

Der Schuldner darf keine Einwendungen geltend machen, die er im Titulierungsverfahren versäumt hat.

Das gilt auch für eine Aufrechnung, die bereits während des Titulierungsverfahrens hätte erklärt werden können.

c) Einstweilige Anordnungen, § 769 ZPO

Um zu verhindern, daß der Gläubiger bis zum Urteil über die Vollstreckungsabwehrklage durch Fortsetzung der Vollstreckung vollendete Tatsachen schafft, kann das Prozeßgericht, in dringenden Fällen auch das Vollstreckungsgericht durch einstweilige Anordnung die Zwangsvollstreckung aus dem Titel ohne Sicherheitsleistung oder gegen Sicherheitsleistung des Schuldners einstellen oder sogar erfolgte Vollstreckungsmaßnahmen aufheben. Der Schuldner sollte dies stets neben einer Vollstreckungsabwehrklage beantragen.

2. Drittwiderspruchsklage, § 771 ZPO

Vollstreckt werden darf nur in das Vermögen des Schuldners. Insbesondere der GVZ muß aber auf alle Gegenstände zugreifen, die sich im Gewahrsam des Schuldners befinden, § 808 ZPO. Gewahrsam und Eigentum fallen jedoch häufig auseinander. Diese Konfliktlage ist dann nicht vom GVZ sondern vom Zivilgericht zu entscheiden:

> „Behauptet ein Dritter, daß ihm an dem Gegenstand der Zwangsvollstreckung ein die Veräußerung hinderndes Recht zustehe, so ist der Widerspruch gegen die Zwangsvollstreckung im Wege der Klage bei dem Gericht geltend zu machen, in dessen Bezirk die Zwangsvollstreckung erfolgt." (§ 771 Abs. 1 ZPO).

So kann ein Dritter etwa geltend machen, daß das beim Schuldner gepfändete Auto ihm gehöre und er es dem Schuldner nur geliehen habe.

Auch der Dritte kann durch Antrag auf einstweilige Anordnungen nach § 769 ZPO verhindern, daß bis zur Entscheidung über seine Drittwiderspruchsklage vollendete Tatsachen geschaffen werden, etwa durch Versteigerung des Autos.

Wird nach erfolgreicher Pfändung behauptet, die Pfandsache gehörte einem Dritten, so sollte der Gläubiger nicht vorschnell einer Aufhebung der Pfändung zustimmen, auch nicht bei Androhung einer Drittwiderspruchsklage. Denn der Dritte muß anhand von Unterlagen und Beweismitteln konkret glaubhaft machen, daß er an der Sache ein die Veräußerung hinderndes Recht hat. Wenn der Dritte den Nachweis erst im Prozeß führt, kann der Gläubiger immer noch die Klage sofort anerkennen, mit der Folge, daß der Dritte die Prozeßkosten trägt (§ 93 ZPO). Gerade wenn nahe Angehörige solche besseren Rechte behaupten, sollte der Gläubiger sehr skeptisch sein.

3. Klage auf vorzugsweise Befriedigung, § 805 ZPO

Eine mindere Form der Drittwiderspruchsklage ist die Klage auf vorzugsweise Befriedigung gem. § 805 ZPO. Bei ihr macht ein Dritter nicht geltend, daß die Vollstreckung in den Gegenstand schlechthin ausgeschlossen ist. Er behauptet nur ein Recht auf rangmäßig bevorzugte Befriedigung aus dem Gegenstand. Praktisch häufig ist, daß nach einer Pfändung in dieser Weise ein Vermieter sein Vermieterpfandrecht an in die Mieträume eingebrachten Sachen des Schuldners geltend macht (§§ 559 ff. BGB).

Wird das Vorrecht nachgewiesen und ist die Vorrechtsforderung höher als der Verwertungserlös, so geht natürlich auch in diesem Falle der Gläubiger leer aus.

II. Rechtsbehelfe

Bei fast jeder einzelnen Vollstreckungsmaßnahme steht den Beteiligten, also dem Gläubiger, dem Schuldner und etwa von der Vollstreckung betroffenen Dritten auch ein Rechtsbehelf gegen die Maßnahme des Vollstreckungsorgans zu, wenn dessen Vorgehen rechtswidrig erscheint.

Der Instanzenzug für diese Rechtsbehelfe endet regelmäßig beim jeweiligen Landgericht. Nur in Ausnahmefällen ist weitere Beschwerde zum örtlich zuständigen Oberlandesgericht (OLG) gegeben, § 568 Abs. 2 ZPO. Deshalb ist die Rechtsprechung zu vollstreckungsrechtlichen Problemen zersplittert, d.h. in dem einen OLG-Bezirk wird manchmal als zulässig anerkannt, was im Nachbarbezirk unzulässig ist.

1. Erinnerung, § 766 ZPO

Insbesondere gegen die Art und Weise der Zwangsvollstreckung durch den Gerichtsvollzieher können Gläubiger, Schuldner oder sonst betroffene Dritte gem. § 766 ZPO Erinnerung einlegen, der Gläubiger etwa, wenn ihm eine Pfändungsmaßnahme nicht weit genug gegangen ist, der Schuldner, wenn sie ihm zu weit gegangen ist, und der Dritte, wenn er betroffen wurde, etwa durch Pfändung von Gegenständen in seinem Besitz, z. B.:

An das
Amtsgericht Schuldnerstadt
– Vollstreckungsgericht –

99999 Schuldnerstadt

Erinnerung nach § 766 ZPO
in Sachen

G (vollständiger Name   gegen   S (vollständiger Name
   und vollständige An-   und vollständige Anschrift des Gläubigers)   schrift des Schuldners)

Nach dem beigefügten Vollstreckungsprotokoll des Gerichtsvollziehers A vom ... DR-Nr .... hat er die Pfändung des PKW des Schuldners abgelehnt, weil dieser das Fahrzeug beruflich als Handelsvertreter benötige. Das trifft nicht zu. Der Schuldner übt die Tätigkeit als Handelsvertreter tatsächlich gar nicht aus.
    Beweis: Zeugnis des Herrn B (vollständiger Name, vollständige Anschrift).

Deshalb lege ich gegen die Ablehnung der Pfändung

Erinnerung

ein und beantrage
den Gerichtsvollzieher anzuweisen das im Protokoll genannte Kraftfahrzeug zu pfänden.

Franz Gläubiger

Über die Berechtigung der Erinnerung entscheidet der Richter des Amtsgerichtes, in dessen Bezirk der GVZ tätig geworden ist.

2. Insbesondere: Rechtspflegererinnerung, § 11 RPflG

Die Erinnerung ist auch gegeben bei Maßnahmen des Vollstreckungsgerichts selbst, insbesondere bei der Vollstreckung in Forderungen und Rechte. Da die Maßnahmen des Vollstreckungsgerichts fast sämtlich dem Rechtspfleger übertragen sind, erfolgt die Erinnerung hier in allen Fällen, in denen der Rechtspfleger eine Entscheidung trifft (z. B. einen Pfändungsantrag ablehnt), in der Form der sogenannten befristeten Durchgriffserinnerung nach § 11 RpflG. Sie muß binnen 2 Wochen nach Zugang der Entscheidung, also etwa des Ablehnungsbeschlusses eingelegt werden.

Auch über diese Erinnerung entscheidet der Richter. Hält er die Entscheidung des Rechtspflegers für richtig, dann gilt diese Erinnerung zugleich als Beschwerde gegen die inhaltsgleiche Entscheidung des Richters. Sie wird deshalb dem Landgericht als Rechtsmittelgericht vorgelegt, ohne erneuten Antrag oder erneute Beschwerde der erinnerungsführenden Partei (Durchgriff). Dann entstehen im Beschwerdeverfahren Gerichtskosten, während das Erinnerungsverfahren gerichtskostenfrei ist.

3. Beschwerde und weitere Beschwerde

Gem. § 793 Abs. 1 ZPO findet sofortige Beschwerde statt

„gegen Entscheidungen, die im Zwangsvollstreckungsverfahren ohne mündliche Verhandlung ergehen können...".

Diese Vorschrift ist bedeutungslos geworden. Denn fast alle Entscheidungen in der Vollstreckung obliegen dem Rechtspfleger. Sie werden nicht gem. § 793 ZPO mit der sofortigen Beschwerde, sondern, wie eben geschildert, mit der Durchgriffserinnerung angegriffen. Beide Rechtsbehelfe führen – sofern nicht der Amtsrichter die Entscheidung des Rechtspflegers abändert – zu einer Beschwerdeentscheidung des übergeordneten Landgerichts (§ 569 Abs. 1 ZPO bzw. § 11 Abs. 2 RPflG).

Wie schon erwähnt, kann diese landgerichtliche Entscheidung nur ausnahmsweise mit der weiteren Beschwerde zum OLG angegriffen werden (§ 568 Abs. 2 ZPO). Dies ist insbesondere dann möglich, wenn das Landgericht anders entscheidet als der Rechtspfleger bzw. der Amtsrichter. Dann kann die durch die Entscheidung des Landgerichts erstmals beschwerte Partei weitere Beschwerde zum OLG einlegen.

4. Allgemeiner Vollstreckungsschutzantrag, § 765 a ZPO

Die Zwangsvollstreckung kann über die bei ihr normalen Härten für den Schuldner in Einzelfällen zu ganz besonderen Härten führen. Dagegen kann sich der Schuldner durch einen Schutzantrag wehren:

„Auf Antrag des Schuldners kann das Vollstreckungsgericht eine Maßnahme der Zwangsvollstreckung ganz oder teilweise aufheben, untersagen oder einstweilen einstellen, wenn die Maßnahme unter voller Würdigung des Schutzbedürfnisses des Gläubigers wegen ganz besonderer Umstände eine Härte bedeutet, die mit den guten Sitten nicht vereinbar ist." (§ 765 a Abs. 1 S. 1 ZPO).

Trotz ihrer recht allgemeinen Formulierung hat die Vorschrift wenig Bedeutung. Sowohl in der Mobiliarvollstreckung als auch bei der Vollstreckung in Forderungen und Rechte kommt sie wegen der dort bestehenden speziellen Schuldnerschutzvorschriften (§§ 811 und 850 ff. ZPO) praktisch nicht zum Zuge. Eine gewisse Bedeutung hat die Vorschrift bei der Vollstreckung zur Räumung von Wohnraum, aber auch dort nur hilfsweise neben den speziellen Schuldnerschutzvorschriften (insbesondere § 721 ZPO und seit dem 1. 1. 1999 regelmäßig nur bei Antragstellung bis zu 2 Wochen vor dem Räumungstermin).

Häufiger wird dieser Antrag im Verfahren zur Zwangsversteigerung von Grundstücken gestellt, allerdings meist ohne Aussicht auf Erfolg und nur mit dem mißbräuchlichen Ziel der Verfahrensverschleppung.

Somit bleiben seltene Anwendungsmöglichkeiten in Extremfällen (z. B. gegen Verhaftung zur Offenbarung am Weihnachtsabend oder bei Pfändung eines Grabsteins).

5. Dienstaufsichtsbeschwerde

Gerichtsvollzieher und Rechtspfleger sind in dem ihnen eigenständig zugewiesenen Tätigkeitsbereich selbständig. Hinsichtlich der Führung ihrer Dienstgeschäfte unterliegen sie aber, wie jeder andere Beamte, der Dienstaufsicht ihres Vorgesetzten, des aufsichtsführenden Richters. Insbesondere bei Verzögerung bzw. Nichtbearbeitung eines Antrags über unangemessen lange Zeit kann dieser Vorgesetzte durch Dienstaufsichtsbeschwerde um Einschreiten im Wege der Dienstaufsicht gebeten werden. Das bleibt in der Regel insoweit fruchtlos, als konkrete Maßnahmen gegen den säumigen Beamten nicht ergriffen werden. Aber es führt mit einiger Regelmäßigkeit dazu, daß der bislang unbearbeitete Antrag nunmehr alsbald bearbeitet wird.

6. Hinweise für Gläubiger und Schuldner

a) Fehlende mündliche Verhandlung

Über die vorstehenden Rechtsbehelfe wird regelmäßig ohne mündliche Verhandlung entschieden. Der Antragsteller muß deshalb seinen Rechtsbehelf sorgfältig schriftlich begründen und insbesondere seine Beweismittel benennen oder (Urkunden oder eidesstattliche Versicherungen) beifügen.

b) Kostenrisiken

Zwar ist die Erinnerung (und auch die Dienstaufsichtsbeschwerde) gerichtskostenfrei. Für den Vollstreckungsschutzantrag nach § 765 a ZPO entsteht eine geringe Festgebühr von 20,– DM. Für die erfolglose Beschwerde entsteht immerhin eine volle Gerichtsgebühr nach dem GKG (Anhang 3). Und in allen Rechtsbehelfsverfahren können weitere Kosten entstehen, wenn eine der Parteien sich anwaltlich vertreten läßt. Wie bei jeder rechtlichen Maßnahme sollten deshalb die Erfolgsaussichten gegen das Kostenrisiko im Mißerfolgsfalle abgewogen werden.

c) Rechtsbehelfe zur Verzögerung?

Recht häufig werden vom Schuldner aussichtslose Rechtsbehelfe eingelegt, um eine Verzögerung der Vollstreckung zu erreichen. Vor allem Grundstückszwangsversteigerungen werden so manchmal um Monate und Jahre verzögert. Im Ergebnis schädigt das den Schuldner ebenso wie die schon erwähnten Fälle des Nichtreagierens auf Mahnungen oder der unberechtigten Einwendungen im Titulierungsverfahren. Die Kosten des erfolglosen Rechtsbehelfs treffen den Schuldner, und der Rechtsbehelf veranlaßt häufig den Gläubiger, einen Anwalt einzuschalten. Insbesondere in der Grundstückszwangsversteigung laufen während der Verzögerung meist hohe Zinsen der Grundpfandrechts-Gläubiger auf. Und ersichtlich aussichtslose Rechtsbehelfe stören die Vergleichswürdigkeit des Schuldners in den Augen der Gläubiger auch für die Schuldenbereinigungsverfahren nach der InsO.

Dem steht nur selten eine durch die Verzögerung ermöglichte günstigere Verwertung und noch seltener eine dadurch ermöglichte Abwendung der Verwertung gegenüber.

Checkliste zu Kapitel 7: Klagearten und Rechtsbehelfe

Für Gläubiger:
1. Bei angedrohter Drittwiderspruchsklage: nur bei glaubhaft gemachtem besserem Recht freigeben.

2. GVZ oder RPfleger bleiben ungewöhnlich lange untätig: Dienstaufsichtsbeschwerde?

3. GVZ oder RPfleger entscheiden falsch: Erinnerung? (Frist ggf. 14 Tage)

Für Schuldner:
1. Gläubiger vollstreckt aus erledigtem Titel: Vollstreckungsabwehrklage (oder Anruf beim Gläubiger oder seinem RA, um etwaiges Mißverständnis aufzuklären)!

2. GVZ oder RPfleger entscheiden falsch: Erinnerung! (Frist ggf. 14 Tage)

3. Die Vollstreckung ist für mich eine ganz besondere sittenwidrige Härte: Schutzantrag nach § 765 a ZPO.

Kapitel 8. Die „ausgeklagte" Forderung

9. Fallbeispiel (im Anschluß an Beispiel 8, oben Seite 167):

Das Reihenhaus der Eheleute S ist zwangsversteigert. In der Insolvenz und in der Zwangsversteigerung sind unter Verwertung der Werkstattausstattung und Schließung des Betriebes die Forderungen nur teilweise befriedigt worden. Die Eheleute S beziehen z. Zt. Sozialhilfe, da S auf Arbeitslosengeld keinen Anspruch hat.
Was soll G tun?

I. Allgemeines: Wo nichts ist, hat auch der Kaiser sein Recht verloren

In vielen Fällen kann trotz Titulierung und Ausschöpfung aller Vollstreckungsmöglichkeiten eine rechtswirksam begründete Forderung nicht durchgesetzt werden. Das liegt selten daran, daß der Schuldner mit Erfolg Bestandteile seines Vermögens verheimlicht oder beiseite geschafft hat, die Vollstreckung also mangels vollständiger Information oder sogar durch Vollstreckungsfehler gescheitert ist. Weit häufiger sind die Fälle, in denen der Schuldner tatsächlich zur Zahlung außerstande ist („Einem nackten Mann kann man nicht in die Tasche greifen", sagt der Volksmund drastisch).

Wie schon erwähnt, soll deshalb der Gläubiger für Informationen dankbar sein, die ihm möglichst frühzeitig den Schluß erlauben, daß die Vollstreckung zur Zeit aussichtslos ist. Und der Schuldner sollte diese Information liefern, wenn die Lage so ist. Beide Seiten sparen dadurch Kosten. Für den Gläubiger stellt sich die Frage, was er mit einer solchen „ausgeklagten" oder richtiger „ausvollstreckten" Forderung tun soll.

II. Forderungen gegen juristische Personen

Juristische Personen, insbesondere die Gesellschaften des Handelsrechtes, „sterben" praktisch, wenn sie vermögenslos sind. Das sind sie entweder nach Durchführung eines Insolvenzverfahrens (Vermögensverwertung!) oder auch bei ungeordneter Abwicklung etwa nach Ablehnung eines Insolvenzantrages mangels Masse. Bei einer theoretisch möglichen Wiederbelebung müßten auch die bislang unerledigten Verbindlichkeiten reguliert werden. Das kommt praktisch nicht vor, da man eine juristische Person ganz ohne Verbindlichkeiten jederzeit neu gründen und ins Handelsregister eintragen lassen kann.

Deshalb ist die Vermögenslosigkeit einer Handelsgesellschaft fast immer endgültig.

Ausvollstreckte Forderungen gegen juristische Personen sind damit regelmäßig wertlos. Nicht einmal die Aufbewahrung des Vollstreckungstitels über diese Forderung nach Ablauf der steuerlichen bzw. handelsrechtlichen Aufbewahrungsfrist von 6 Jahren lohnt sich.

III. Forderungen gegen natürliche Personen (Menschen)

1. Prognose

Menschen sind nur selten vollständig zahlungsunfähig, so etwa bei Einkünften unter der Pfändungsgrenze oder bei Bezug von Sozialhilfe. Aber auch bei sehr hohen Verbindlichkeiten und geringen Pfändungsbeträgen sind sie praktisch für nachrangige Gläubiger zahlungsunfähig.

Immerhin kann sich dies bessern. Der Gläubiger muß also eine Prognose machen, ob hierfür Aussichten bestehen. Insbesondere das Lebensalter ist hier von Bedeutung (je älter, desto schlechter), aber auch Beruf und Ausbildung, Familienstand, Ausmaß der Verschuldung und sonstige Umstände, wie etwa Trunksucht oder Scheidung. Auch hier ist wieder jede Information über den Schuldner, auch und gerade über negative Umstände, von Bedeutung, um unnötigen Aufwand zu vermeiden.

Häufig wird man schon anhand der aus der Vollstreckung (insbesondere aus der Offenbarungsversicherung oder aus dem Insolvenzverfahren) bekannt gewordenen Information eine Negativprognose machen können, wonach bei diesem Schuldner eine grundlegende wirtschaftliche Besserung nicht mehr zu erwarten ist. Dann sollte man wie bei vermögenslosen juristischen Personen verfahren.

2. Bearbeitungsfristen

Bestehen Aussichten oder sogar die Gewißheit (z. B. bei Studenten), daß sich die Vermögensverhältnisse des Schuldners verbessern werden, muß man entscheiden, wann man die Sache wieder aufgreifen will. Der Titel wirkt 30 Jahre (allerdings nicht für die Zinsen, § 218 Abs. 2 BGB), was mithin eine Obergrenze ist.

Eine Untergrenze bietet § 903 ZPO, wonach der Schuldner in der Regel nur alle drei Jahre sein Vermögen offenbaren muß. Mir erscheinen Wiedervorlagefristen von 5 oder auch 10 Jahren durchaus angemessen.

Denn der Aufwand eines erneuten Aufgreifens ist nicht unerheblich. Fast regelmäßig wird der Schuldner inzwischen ein oder mehrere Male umgezogen sein, so daß schon die Ermittlung seiner Anschrift aufwendig ist, von den Kosten erneuter Vollstreckungsmaßnahmen nicht zu reden. Als erste Maßnahme sollte man dann stets beim zuständigen Amtsgericht ein etwa vom Schuldner in den letzten drei Jahren offenbartes Vermögensverzeichnis anfordern. Hat er offenbart, erübrigt sich erneute Vollstreckung meist sowieso.

3. Verkauf der ausgeklagten Forderungen

Es gibt Inkassoinstitute, die gewerbsmäßig ausgeklagte Forderungen aufkaufen. Die Preise betragen ca. 5 % der ausgeklagten Forderung und weniger. Das bestätigt die im statistischen Durchschnitt geringen Erfolgsaussichten weiterer Vollstreckung in ausgeklagte Forderungen durchaus zutreffend.

Wenn der Gläubiger die Sache ohnehin nicht wieder aufgreifen will, sollte er die Forderung lieber verkaufen, als den Titel zu vernichten.

Abzuwarten bleibt, wie sich diese Überlegungen nach Geltung der InsO und insbesondere der Restschuldbefreiung ändern werden. Nach der geringen Erfolgsaussicht muß es in der Regel ein Vorteil für den Gläubiger sein, wenn der Schuldner einer ausvollstreckten Forderung eine Restschuldbefreiung versucht. Denn wenn der Schuldner nicht maßlos verschuldet ist, kann seine Zahlungsquote in der Wohlverhaltenszeit ja 5 % erreichen oder übersteigen, insbesondere, wenn die Treuhänderkosten durch vorgerichtliche Regelung vermieden werden.

4. Hinweis für Schuldner

Auch der Schuldner sollte bedenken, daß die titulierten Forderungen 30 Jahre vollstreckbar sind. Selbst in diesem Stadium tut er gut daran, von sich aus eine Vergleichslösung anzustreben, sobald er dafür Mittel zur Verfügung hat. Gerade weil die Vollstreckungsaussichten statistisch ganz schlecht sind, wird der Gläubiger nach 5, 10 oder mehr Jahren auch zu Vergleichen mit geringen Quoten geneigt sein.

Als Minimum wird er aber nun wohl bieten müssen, was er bei einer Restschuldbefreiung nach der InsO dem Gläubiger zukommen lassen müßte.

IV. Zum 9. Fallbeispiel (oben S. 206)

G sollte über gemeinsame Bekannte S im Auge behalten – um den Lohn zu pfänden, sobald S wieder arbeitet oder sonst „zu Geld kommt". Sonst sollte er frühestens nach 3–5 Jahren erneut vollstrecken. S sollte das durch Ratenzahlung oder Schuldenbereinigung oder Restschuldbefreiung nach der InsO abwenden, sobald er wieder Einkommen hat.

Checkliste zu Kapitel 8: „Ausgeklagte" Forderung

Für Gläubiger:
1. ZV war erfolglos, Schuldner ist eine Firma: Vorgang endgültig abschließen.

2. ZV war erfolglos, Schuldner ist ein Mensch: Prognose über künftige Zahlungsfähigkeit (wenn negativ, ebenfalls Vorgang endgültig abschließen).

3. Sonst: Vorgang längere Zeit (mindestens drei Jahre) auf Frist legen.

Für Schuldner:
1. Erfolglose Vollstreckung jetzt oder später zu Schuldenbereinigung mit einem vermutlich entmutigten Gläubiger ausnutzen (ggf. mit Mitteln aus der Familie).

2. Sonst ggf. Verbraucherinsolvenzverfahren mit Restschuldbefreiung durchführen.

Anhang

Gebühren- und Pfändbarkeitstabellen

Gebührenbeispiele

Die nachfolgenden Gebührentafeln ermöglichen die überschlägige Ermittlung der für eine Titulierungs- oder Einzelvollstreckungsmaßnahme entstehenden Kosten. Streit- oder Gegenstandswert ist der Betrag der jeweils beizutreibenden Forderung oder der Wert des Pfändungsgegenstandes, wenn er geringer ist. Für diesen Wert muß die für die jeweilige Maßnahme gesetzlich vorgesehene Gebührenstufe angewendet werden, um die Gebühr zu ermitteln. Zu diesen Gebühren kommen noch kleinere Nebenkosten (Schreibgebühren und MwSt bei den Anwaltsgebühren, Schreib- und Wegegebühren beim GVZ und ggf. Zustellgebühren bei den Gerichtskosten).

Beispiele (anhand der Forderung von 5000,– DM aus den Fallbeispielen 1–9):

1. Titulierung durch Versäumnisurteil

Bei Einschaltung eines Anwalts entsteht für diesen eine $^{10}/_{10}$-Prozeßgebühr nach einem Wert bis 5000,– DM (gemäß Anhang 1): 320,– DM und eine $^{5}/_{10}$-Verhandlungsgebühr nach der gleichen Wertstufe: 160,– DM, zusammen also .... 480,– DM

dazu kommt eine Auslagenpauschale von 15 %, max. 40,– DM, hier .... 40,– DM

und auf die Summe dieser beiden Beträge, 520,– DM noch 16 % MwSt .... 83,20 DM

so daß insgesamt entstehen .... 603,20 DM

An Gerichtskosten entstehen gemäß Anhang 3 drei volle Gebühren in der Wertstufe bis 5000,– DM, also <u>480,– DM</u>

2. Titulierung durch vollstreckbares notarielles Schuldanerkenntnis

Gemäß Anhang 2 entsteht eine volle Gebühr in der Wertstufe bis 6000,– DM also 50,– DM

zzgl. Schreibgebühren und Mehrwertsteuer, dazu bei Einschaltung eines Anwalts Gebühren je nach Umfang von dessen Tätigkeit (maximal wohl wie unter 1.).

3. Für einen Vollstreckungsauftrag wegen der Hauptforderung entsteht bei Beauftragung eines Anwalts

a) eine $^3/_{10}$-Anwaltsgebühr gem. Anhang 1   112,50 DM
dazu 15 % Auslagenpauschale   16,90 DM
dazu 16 % MwSt   20,70 DM

zusammen   <u>150,10 DM</u>

dazu

b) Gerichtsvollzieherkosten in Höhe einer vollen Gebühr nach Anhang 4 von 70,– DM
zzgl. Kilometergeld und Schreibauslagen.

Bei erfolgloser Pfändung entsteht halbe Gebühr nach der Tabelle Anhang 4.

Anhang 1

Rechtsanwaltsgebühren nach dem Stand v. 1. 7. 1994
(§ 11 BRAGO)
(In Ostdeutschland werden 90 % der Beträge erhoben)

Wert bis DM	10/10 DM	7,5/10 DM	5/10 DM	3/10 DM	15/10 DM	13/10 DM	13/20 DM
600	50,–	37,50	25,–	20,–	75,–	65,–	32,50
1 200	90,–	67,50	45,–	27,–	135,–	117,–	58,50
1 800	130,–	97,50	65,–	39,–	195,–	169,–	84,50
2 400	170,–	127,50	85,–	51,–	255,–	221,–	110,50
3 000	210,–	157,50	105,–	63,–	315,–	273,–	136,50
4 000	265,–	198,80	132,50	79,50	397,50	344,50	172,30
5 000	320,–	240,–	160,–	96,–	480,–	416,–	208,–
6 000	375,–	281,30	187,50	112,50	562,50	487,50	243,80
7 000	430,–	322,50	215,–	129,–	645,–	559,–	279,50
8 000	485,–	363,80	242,50	145,50	727,50	630,50	315,30
9 000	540,–	405,–	270,–	162,–	810,–	702,–	351,–
10 000	595,–	466,30	297,50	178,50	892,50	773,50	386,80
12 000	665,–	498,80	332,50	199,50	997,50	864,50	432,30
14 000	735,–	551,30	367,50	220,50	1102,50	955,50	477,80
16 000	805,–	603,80	402,50	241,50	1207,50	1046,50	523,30
18 000	875,–	656,30	437,50	262,50	1312,50	1137,50	568,80
20 000	945,–	708,80	472,50	283,50	1417,50	1228,50	614,30
25 000	1 025,–	768,80	512,50	307,50	1537,50	1332,50	666,30
30 000	1 105,–	828,80	552,50	331,50	1657,50	1436,50	718,30
35 000	1 185,–	888,80	592,50	355,50	1777,50	1540,50	770,30
40 000	1 265,–	948,80	632,50	379,50	1897,50	1644,50	822,30
45 000	1 345,–	1 008,80	672,50	403,50	2017,50	1748,50	874,30
50 000	1 425,–	1 068,80	712,50	427,50	2137,50	1852,50	926,30
60 000	1 565,–	1 173,80	782,50	469,50	2347,50	2374,50	1017,30
70 000	1 705,–	1 278,80	852,50	511,50	2557,50	2216,50	1108,30
80 000	1 845,–	1 383,80	922,50	553,50	2767,50	2398,50	1199,30
90 000	1 985,–	1 488,80	992,50	595,50	2977,50	2580,50	1290,30
100 000	2 125,–	1 593,80	1 062,50	637,50	3187,50	2762,50	1381,30
130 000	2 285,–	1 713,80	1 142,50	685,50	3427,50	2970,50	1485,30
160 000	2 245,–	1 833,80	1 222,50	733,50	3667,50	3178,50	1589,30
190 000	2 605,–	1 953,80	1 302,50	781,50	3907,50	3876,59	1693,30
220 000	2 765,–	2 073,80	1 382,50	829,50	4147,50	3594,50	1797,30

Wert bis DM	10/10 DM	7,5/10 DM	5/10 DM	3/10 DM	15/10 DM	13/10 DM	13/20 DM
250 000	2 925,–	2 193,80	1 462,50	877,50	4 387,50	3 802,50	1 901,30
280 000	3 085,–	2 313,80	1 542,50	925,50	4 627,50	4 010,50	2 005,30
310 000	3 245,–	2 433,80	1 622,50	973,50	4 867,50	4 218,50	2 109,30
340 000	3 405,–	2 553,80	1 702,50	1 021,50	5 107,50	4 426,50	2 213,30
370 000	3 565,–	2 673,80	1 782,50	1 069,50	5 347,50	4 634,50	2 317,30
400 000	3 725,–	2 793,80	1 862,50	1 117,50	5 587,50	4 842,50	2 421,30
460 000	3 975,–	2 981,30	1 987,50	1 192,50	5 962,50	5 167,50	2 583,80
520 000	4 425,–	3 168,80	2 112,50	1 267,50	6 337,50	5 492,50	2 746,30

Anhang 2

Gebührentabelle nach der Kostenordnung (Notare)
(In Ostdeutschland werden 90 % der Beträge erhoben)

Wert bis DM	1 volle Gebühr	2
2 000	20,–	40,–
4 000	35,–	70,–
6 000	50,–	100,–
8 000	65,–	130,–
10 000	80,–	160,–
15 000	90,–	180,–
20 000	100,–	200,–
25 000	110,–	220,–
30 000	120,–	240,–
35 000	130,–	260,–
40 000	140,–	280,–
45 000	150,–	300,–
50 000	160,–	320,–
55 000	170,–	340,–
60 000	180,–	360,–
65 000	190,–	380,–
70 000	200,–	400,–
75 000	210,–	420,–
80 000	220,–	440,–
85 000	230,–	460,–
90 000	240,–	480,–
95 000	250,–	500,–
100 000	260,–	520,–
120 000	290,–	580,–
140 000	320,–	640,–
160 000	350,–	700,–
180 000	380,–	760,–
200 000	410,–	820,–
220 000	440,–	880,–
240 000	470,–	940,–
260 000	500,–	1 000,–
280 000	530,–	1 060,–
300 000	560,–	1 120,–

Wert bis DM	1 volle Gebühr	2
320 000	590,–	1 180,–
340 000	620,–	1 240,–
360 000	650,–	1 300,–
380 000	680,–	1 360,–
400 000	710,–	1 420,–
420 000	740,–	1 480,–
440 000	770,–	1 540,–
460 000	800,–	1 600,–
480 000	830,–	1 660,–

Anhang 3

Gerichtskosten-Tabelle (GKG)

(In Ostdeutschland werden 90 % der Gebühren erhoben)

Wert bis DM	3 DM	1 volle Gebühr	½ DM
600	150,–	50,–	25,–
1 200	210,–	70,–	35,–
1 800	270,–	90,–	45,–
2 400	330,–	110,–	55,–
3 000	390,–	130,–	65,–
4 000	435,–	145,–	72,50
5 000	480,–	160,–	80,–
6 000	525,–	175,–	87,50
7 000	570,–	190,–	95,–
8 000	615,–	205,–	102,50
9 000	660,–	220,–	110,–
10 000	705,–	235,–	117,50
12 000	795,–	265,–	132,50
14 000	885,–	295,–	147,50
16 000	975,–	325,–	162,50
18 000	1 065,–	355,–	117,50
20 000	1 155,–	385,–	192,50
25 000	1 290,–	430,–	215,–
30 000	1 425,–	475,–	237,50
35 000	1 560,–	520,–	260,–
40 000	1 695,–	565,–	282,50
45 000	1 830,–	610,–	305,–
50 000	1 965,–	655,–	327,50
60 000	2 145,–	715,–	357,50
70 000	2 325,–	775,–	387,50
80 000	2 505,–	835,–	417,50
90 000	2 685,–	895,–	447,50
100 000	2 865,–	955,–	477,50
130 000	3 465,–	1 155,–	577,50
160 000	4 065,–	1 355,–	677,50
190 000	4 665,–	1 555,–	777,50
220 000	5 265,–	1 755,–	877,50
250 000	5 865,–	1 955,–	1 977,50

Wert bis DM	3 DM	1 volle Gebühr	½ DM
280 000	6 465,–	2 155,–	1 077,50
310 000	7 065,–	2 355,–	1 177,50
340 000	7 665,–	2 555,–	1 277,50
370 000	8 265,–	2 755,–	1 377,50
400 000	8 865,–	2 955,–	1 477,50
460 000	9 750,–	3 250,–	1 625,–
520 000	10 635,–	3 545,–	1 772,50

Anhang 4

Tabelle für Gerichtsvollziehergebühren
(§ 13 GVKostG)
(In Ostdeutschland werden 90 % der Gebühren erhoben)

Wert bis DM	Pfändungs-Geb. Verwertgs.-Geb. Volle Gebühr 10/10	1/2 Pfändungsgebühr 1/2	Hebegebühr 1/4	Versteig.- Geb. 25/10
1 000	20,–	10,–	5,–	50,–
2 000	30,–	15,–	7,50	75,–
3 000	40,–	20,–	10,–	100,–
4 000	50,–	25,–	12,50	125,–
5 000	60,–	30,–	15,–	150,–
6 000	70,–	35,–	17,50	175,–
7 000	80,–	40,–	20,–	200,–
8 000	90,–	45,–	22,50	225,–
9 000	100,–	50,–	25,–	250,–
10 000	110,–	55,–	27,50	275,–
12 000	120,–	60,–	30,–	300,–
14 000	130,–	65,–	32,50	325,–
16 000	140,–	70,–	35,–	350,–
18 000	150,–	75,–	37,50	375,–
20 000	160,–	80,–	40,–	400,–
22 000	170,–	85,–	42,50	425,–
24 000	180,–	90,–	45,–	450,–
26 000	190,–	95,–	47,50	475,–
28 000	200,–	100,–	50,–	500,–
30 000	210,–	105,–	52,50	525,–
32 000	220,–	110,–	55,–	550,–
34 000	230,–	115,–	57,50	575,–
36 000	240,–	120,–	60,–	600,–
38 000	250,–	125,–	62,50	625,–
40 000	260,–	130,–	65,–	650,–
42 000	270,–	135,–	67,50	675,–
44 000	280,–	140,–	70,–	700,–
46 000	290,–	145,–	72,50	725,–
48 000	300,–	150,–	75,–	750,–

Anhang 5

Lohnpfändungstabelle für Monatseinkommen

Nettolohn monatlich	Pfändbarer Betrag bei Unterhaltspflicht*) für					
	0	1	2	3	4	5 und mehr Personen
	in DM					
bis 1 219,99	–	–	–	–	–	–
1 220,00 bis 1 239,99	7,70	–	–	–	–	–
1 240,00 bis 1 259,99	21,70	–	–	–	–	–
1 260,00 bis 1 279,99	35,70	–	–	–	–	–
1 280,00 bis 1 299,99	49,70	–	–	–	–	–
1 300,00 bis 1 319,99	63,70	–	–	–	–	–
1 320,00 bis 1 339,99	77,70	–	–	–	–	–
1 340,00 bis 1 359,99	91,70	–	–	–	–	–
1 360,00 bis 1 379,99	105,70	–	–	–	–	–
1 380,00 bis 1 399,99	119,70	–	–	–	–	–
1 400,00 bis 1 419,99	133,70	–	–	–	–	–
1 420,00 bis 1 439,99	147,70	–	–	–	–	–
1 440,00 bis 1 459,99	161,70	–	–	–	–	–
1 460,00 bis 1 479,99	175,70	–	–	–	–	–
1 480,00 bis 1 499,99	189,70	–	–	–	–	–
1 500,00 bis 1 519,99	203,70	–	–	–	–	–
1 520,00 bis 1 539,99	217,70	–	–	–	–	–
1 540,00 bis 1 559,99	231,70	–	–	–	–	–
1 560,00 bis 1 579,99	245,70	–	–	–	–	–
1 580,00 bis 1 599,99	259,70	–	–	–	–	–
1 600,00 bis 1 619,99	273,70	–	–	–	–	–
1 620,00 bis 1 639,99	287,70	–	–	–	–	–
1 640,00 bis 1 659,99	301,70	–	–	–	–	–
1 660,00 bis 1 679,99	315,70	–	–	–	–	–
1 680,00 bis 1 699,99	329,70	1,50	–	–	–	–
1 700,00 bis 1 719,99	343,70	11,50	–	–	–	–
1 720,00 bis 1 739,99	357,70	21,50	–	–	–	–
1 740,00 bis 1 759,99	371,70	31,50	–	–	–	–
1 760,00 bis 1 779,99	385,70	41,50	–	–	–	–
1 780,00 bis 1 799,99	399,70	51,50	–	–	–	–
1 800,00 bis 1 819,99	413,70	61,50	–	–	–	–
1 820,00 bis 1 839,99	427,70	71,50	–	–	–	–
1 840,00 bis 1 859,99	441,70	81,50	–	–	–	–
1 860,00 bis 1 879,99	455,70	91,50	–	–	–	–
1 880,00 bis 1 899,99	469,70	101,50	–	–	–	–
1 900,00 bis 1 919,99	483,70	111,50	–	–	–	–
1 920,00 bis 1 939,99	497,70	121,50	–	–	–	–
1 940,00 bis 1 959,99	511,70	131,50	–	–	–	–
1 960,00 bis 1 979,99	525,70	141,50	–	–	–	–
1 980,00 bis 1 999,99	539,70	151,50	–	–	–	–

* Zu berücksichtigen sind Unterhaltsleistungen des Schuldners gegenüber seinem Ehegatten, einem früheren Ehegatten, einem Verwandten oder der Mutter eines nichtehelichen Kindes nach §§ 1615 l, 1615 n des Bürgerlichen Gesetzbuchs.

Nettolohn monatlich	Pfändbarer Betrag bei Unterhaltspflicht*) für					
	0	1	2	3	4	5 und mehr Personen
	in DM					
2 000,00 bis 2 019,99	553,70	161,50	–	–	–	–
2 020,00 bis 2 039,99	567,70	171,50	–	–	–	–
2 040,00 bis 2 059,99	581,70	181,50	4,80	–	–	–
2 060,00 bis 2 079,99	595,70	191,50	12,80	–	–	–
2 080,00 bis 2 099,99	609,70	201,50	20,80	–	–	–
2 100,00 bis 2 119,99	623,70	211,50	28,80	–	–	–
2 120,00 bis 2 139,99	637,50	221,50	36,80	–	–	–
2 140,00 bis 2 159,99	651,70	231,50	44,80	–	–	–
2 160,00 bis 2 179,99	665,70	241,50	52,80	–	–	–
2 180,00 bis 2 199,99	679,70	251,50	60,80	–	–	–
2 200,00 bis 2 219,99	693,70	261,50	68,80	–	–	–
2 220,00 bis 2 239,99	707,70	271,50	76,80	–	–	–
2 240,00 bis 2 259,99	721,70	281,50	84,80	–	–	–
2 260,00 bis 2 279,99	735,70	291,50	92,80	–	–	–
2 280,00 bis 2 999,99	749,70	301,50	100,80	–	–	–
2 300,00 bis 2 319,99	763,70	311,50	108,80	–	–	–
2 320,00 bis 2 339,99	777,70	321,50	116,80	–	–	–
2 340,00 bis 2 359,99	791,70	331,50	124,80	–	–	–
2 360,00 bis 2 379,99	805,70	341,50	132,80	–	–	–
2 380,00 bis 2 399,99	819,70	351,50	140,80	0,30	–	–
2 400,00 bis 2 419,99	833,70	361,50	148,80	6,30	–	–
2 420,00 bis 2 439,99	847,70	371,50	156,80	12,30	–	–
2 440,00 bis 2 459,99	861,70	381,50	164,80	18,30	–	–
2 460,00 bis 2 479,99	875,70	391,50	172,80	24,30	–	–
2 480,00 bis 2 499,99	889,70	401,50	180,80	30,30	–	–
2 500,00 bis 2 519,99	903,70	411,50	188,80	36,30	–	–
2 520,00 bis 2 539,99	917,70	421,50	196,80	42,30	–	–
2 540,00 bis 2 559,99	931,70	431,50	204,80	48,30	–	–
2 560,00 bis 2 579,99	945,70	441,50	212,80	54,30	–	–
2 580,00 bis 2 599,99	959,70	451,50	220,80	60,30	–	–
2 600,00 bis 2 619,99	973,70	461,50	228,80	66,30	–	–
2 620,00 bis 2 639,99	987,70	471,50	236,80	72,30	–	–
2 640,00 bis 2 659,99	1 001,70	481,50	244,80	78,30	–	–
2 660,00 bis 2 679,99	1 015,70	491,50	252,80	84,30	–	–
2 680,00 bis 2 699,99	1 029,70	501,50	260,80	90,30	–	–
2 700,00 bis 2 719,99	1 043,70	511,50	276,80	96,30	–	–
2 720,00 bis 2 739,99	1 057,70	521,50	276,80	102,30	–	–
2 740,00 bis 2 759,99	1 071,70	531,50	284,80	108,30	2,00	–
2 760,00 bis 2 779,99	1 085,70	541,50	292,80	114,30	6,00	–
2 780,00 bis 2 799,99	1 099,70	551,50	300,80	120,30	10,00	–
2 800,00 bis 2 819,99	1 113,70	561,50	308,80	126,30	14,00	–
2 820,00 bis 2 839,99	1 127,70	571,50	316,80	132,30	18,00	–
2 840,00 bis 2 859,99	1 141,70	581,50	324,80	138,30	22,00	–
2 860,00 bis 2 879,99	1 155,70	591,50	332,80	144,30	26,00	–
2 880,00 bis 2 899,99	1 169,70	601,50	340,80	150,30	30,00	–

* Zu berücksichtigen sind Unterhaltsleistungen des Schuldners gegenüber seinem Ehegatten, einem früheren Ehegatten, einem Verwandten oder der Mutter eines nichtehelichen Kindes nach §§ 1615 l, 1615 n des Bürgerlichen Gesetzbuchs.

Nettolohn monatlich	Pfändbarer Betrag bei Unterhaltspflicht*) für					
	0	1	2	3	4	5 und mehr Personen
	in DM					
2 900,00 bis 2 919,99	1 183,70	611,60	348,80	156,30	34,00	–
2 920,00 bis 2 939,99	1 197,70	621,50	356,80	162,30	38,00	–
2 940,00 bis 2 959,99	1 211,70	631,50	364,80	168,30	42,00	–
2 960,00 bis 2 979,99	1 225,70	641,50	372,80	174,30	46,00	–
2 980,00 bis 2 999,99	1 239,70	651,50	380,80	180,30	50,00	–
3 000,00 bis 3 019,99	1 253,70	661,50	388,80	186,30	54,00	–
3 020,00 bis 3 039,99	1 267,70	671,50	396,80	192,30	58,00	–
3 040,00 bis 3 059,99	1 281,70	681,50	404,80	198,30	62,00	–
3 060,00 bis 3 079,99	1 295,70	691,50	412,80	204,30	66,00	–
3 080,00 bis 3 099,99	1 309,70	701,50	420,80	210,30	70,00	–
3 100,00 bis 3 119,99	1 323,70	711,50	428,80	216,30	74,00	1,90
3 120,00 bis 3 139,99	1 337,70	721,50	436,80	222,30	78,00	3,90
3 140,00 bis 3 159,99	1 351,70	731,50	444,80	228,30	82,00	5,90
3 160,00 bis 3 179,99	1 365,70	741,50	452,80	234,30	86,00	7,90
3 180,00 bis 3 199,99	1 379,70	751,50	460,80	240,30	90,00	9,90
3 200,00 bis 3 219,99	1 393,70	761,50	468,80	246,30	94,00	11,90
3 220,00 bis 3 239,99	1 407,70	771,50	476,80	252,30	98,00	13,90
3 240,00 bis 3 259,99	1 421,70	781,50	484,80	258,30	102,00	15,90
3 260,00 bis 3 279,99	1 435,70	791,50	492,80	264,30	106,00	17,90
3 280,00 bis 3 299,99	1 449,70	801,50	500,80	270,30	110,00	19,90
3 300,00 bis 3 319,99	1 463,70	811,50	508,80	276,30	114,00	21,90
3 320,00 bis 3 239,99	1 477,70	821,50	516,80	282,30	118,00	23,90
3 340,00 bis 3 359,99	1 491,70	831,50	524,80	288,30	122,00	25,90
3 360,00 bis 3 379,99	1 505,70	841,50	532,80	294,30	126,00	27,90
3 380,00 bis 3 399,99	1 519,70	851,50	540,80	300,30	130,00	29,90
3 400,00 bis 3 419,99	1 533,70	861,50	584,80	306,30	134,00	31,90
3 420,00 bis 3 439,99	1 547,70	871,50	556,80	312,30	138,00	33,90
3 440,00 bis 3 459,99	1 561,70	881,50	564,80	318,30	142,00	35,90
3 460,00 bis 3 479,99	1 575,70	891,50	572,80	324,30	146,00	37,90
3 480,00 bis 3 499,99	1 589,70	901,50	580,80	330,30	150,00	39,90
3 500,00 bis 3 519,99	1 603,70	911,50	588,80	336,30	154,00	41,90
3 520,00 bis 3 539,99	1 617,70	921,50	586,80	342,30	158,00	43,90
3 540,00 bis 3 559,99	1 631,70	931,50	604,80	348,30	162,00	45,90
3 560,00 bis 3 579,99	1 645,70	941,50	612,80	354,30	166,00	47,90
3 580,00 bis 3 599,99	1 659,70	951,50	620,80	360,30	170,00	49,90
3 600,00 bis 3 619,99	1 673,70	961,50	628,80	366,30	174,00	51,90
3 620,00 bis 3 639,99	1 687,70	971,50	636,80	372,30	178,00	53,90
3 640,00 bis 3 659,99	1 701,70	981,50	644,80	378,30	182,00	55,90
3 660,00 bis 3 679,99	1 715,70	991,50	652,80	384,30	186,00	57,90
3 680,00 bis 3 699,99	1 729,70	1 001,50	660,80	390,30	190,00	59,90
3 700,00 bis 3 719,99	1 743,70	1 011,50	668,80	396,30	194,00	61,90
3 720,00 bis 3 739,99	1 757,70	1 021,50	676,80	402,30	198,00	63,90
3 740,00 bis 3 759,99	1 771,70	1 031,50	684,80	408,30	202,00	65,90
3 760,00 bis 3 779,99	1 785,70	1 041,40	692,80	414,30	206,00	67,90
3 780,00 bis 3 796,99	1 799,70	1 051,50	700,80	420,30	210,00	69,90

Der Mehrbetrag über 3 796,00 DM ist voll pfändbar.

* Zu berücksichtigen sind Unterhaltsleistungen des Schuldners gegenüber seinem Ehegatten, einem früheren Ehegatten, einem Verwandten oder der Mutter eines nichtehelichen Kindes nach §§ 1615 l, 1615 n des Bürgerlichen Gesetzbuchs.

Sachregister

Zahlen = Seiten

Buchanzeigen

Streit und Strafe

BESSER IM RECHT SEIN

Zivilprozeß-
ordnung

GerichtsverfassungsG
Rechtspflegergesetz
Kostenrecht
Mit den Änderungen im
ZwangsvollstrR
zum 1.1.1999

30. Auflage
1999

Beck-Texte im dtv

ZPO ·
Zivilprozeßordnung

mit EinführungsG zur
ZPO, Schuldnerverzeich-
nisVO, Gerichtsverfas-
sungsG mit EinführungsG,
Gesetz über die Zwangs-
versteigerung und die
Zwangsverwaltung,
RechtspflegerG, Gerichts-
kostenG, Bundesgebüh-
renordnung für Rechts-
anwälte und Gesetz über
die Entschädigung von
Zeugen und Sachverstän-
digen.

Textausgabe.
30.A.1999. 527 S.
DM 11,90. dtv 5005

Zwangsvollstreckungs-
recht

1.A.1999. Rd. 450 S.
Ca. DM 12,90. dtv 5587
In Vorbereitung für
Sommer 1999

FGG · Freiwillige
Gerichtsbarkeit

Gesetz über die Angelegen-
heiten der freiwilligen
Gerichtsbarkeit (FGG),
RechtspflegerG, Gesetz
über die Kosten in
Angelegenheiten der frei-
willigen Gerichtsbarkeit
(Kostenordnung).

Textausgabe.
10.A.1999. 191 S.
DM 9,90. dtv 5527

Mewing
Mahnen – Klagen –
Vollstrecken

Ein Leitfaden für Gläubiger
und Schuldner.
Vorgerichtliche Mahnun-
gen, Titulierung von For-
derungen, Zwangsvoll-
streckung, Vergleich,
Konkurs, Gesamtvoll-
streckung, Kostenfragen.
Mit Checklisten.

5.A.1999. Rd. 230 S.
Ca. DM 11,90. dtv 5218
In Vorbereitung für
Juni 1999

Lappe
Wie teuer ist mein
Recht?

Rechtsverfolgung und
Rechtsverteidigung,
Begründung von Rechten,
Rechtsberatung. Gerichts-,
Anwalts- und Notar-
kosten, Kostenerstattung,
Kostenhilfen.

4.A.1996. 202 S.
DM 10,90. dtv 5235

Gängel/Gansel/Richter
Rechtsberatung
und Schlichtung

Hinweise und Anschriften
zur Rechtshilfe für den
Bürger. Beratungshilfe,
Rechtsberatung, außer-
gerichtliche Schieds- und
Schlichtungsstellen.

1.A.1993. 257 S.
DM 14,90. dtv 5620

Matschke
Immobilien versteigern
und auseinandersetzen

Ein Ratgeber für Interes-
senten, Schuldner, Gläubiger, Erbengemeinschaften
und Eheleute, die sich
scheiden lassen.
Eine systematische Dar-
stellung mit einem ABC
aller wichtigen Begriffe.

2.A.1998. 287 S.
DM 16,90. dtv 5297

Das Buch zur ⬤ *ZDF-
Serie „Wie würden Sie
entscheiden?"*

Slizyk/Töpper
Guter Rat
zum Schmerzensgeld

Voraussetzungen, Höhe
und Geltendmachung des
Schmerzensgeldanspruchs.
Mit Originalfällen aus der
ZDF-Serie.

1.A.1997. 220 S.
mit 8 Fotos.
DM 15,90. dtv 5659

P108677-552

Endlich schuldenfrei –
Der Weg in die
Restschuldbefreiung

Schuldenbereinigung
Verbraucherinsolvenz
Restschuldbefreiung

Von Olaf Messner und
Klaus Hofmeister

Beck-Rechtsberater im dtv

Herrling
Der Kredit-Ratgeber

Grundfragen der Finanzie-
rung, Kreditwürdigkeits-
prüfung, Kreditvertrag,
VerbraucherkreditG,
Kreditformen, Leasing,
Baufinanzierung und
Steuervorteile, Bürgschaft,
Verpfändung, Grund-
pfandrechte, Kleines
Kredit-ABC.

3.A.1993. 212 S.
DM 12,90. dtv 5801

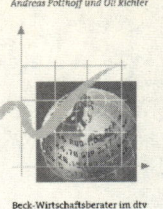

Jahrbuch für
Geldanleger 1999

Analysen, Tips und Trends

Von Herbert Götz, Erich Herrling,
Andreas Potthoff und Ulf Richter

Beck-Wirtschaftsberater im dtv

Messner/Hofmeister
Endlich schuldenfrei

Der Weg in die Rest-
schuldbefreiung.
Mit Hinweisen, Tips, Bei-
spielen und Formular-
mustern zum Verfahren
der Verbraucherentschul-
dung nach der neuen
Insolvenzordnung.

1.A.1998. 278 S.
DM 14,90. dtv 5667

Brühl/Zipf
**Schulden – und was
man dagegen tun kann**

dtv 5629
In Vorbereitung

Herrling
**Der Zahlungsmittel-
Ratgeber**

Recht und Wirtschaftlich-
keit auf einen Blick:
Bargeld, Buchgeld und
„Kartengeld" richtig ein-
setzen; ABC der Zahlungs-
mittel.

1.A.1991. 195 S.
DM 9,80. dtv 5819

Käßl
Das Wechsel-ABC

Das zuverlässige Lexikon:
Ein praktischer Ratgeber in
allen Wechselfragen.

2.A.1994. 141 S.
DM 12,90. dtv 5800

Jäcklin
**Vermögen bilden und
vermehren**

Ratgeber für Ihr privates
Finanzmanagement.

2.A.1997. 344 S.
DM 18,90. dtv 5876

Götz/Herrling/Potthoff/
Richter
**Jahrbuch für
Geldanleger 1999**

Das Werk faßt die wich-
tigsten Informationen für
Geld- und Wertpapier-
anleger zusammen,
gewichtet die Ereignisse
des vergangenen Jahres
und gibt Hinweise für die
Anlageentscheidungen des
nächsten Jahres.

3.A.1999. 347 S.
DM 31,90. dtv 5891

Knapp
**Pflegeleichte
Geldanlagen**

Erfolg mit minimalem
Zeitaufwand.

1.A.1996. 240 S.
DM 14,90. dtv 5883

Knapp
Geld flexibel anlegen

Die Wahl der Anlageform
zum richtigen Zeitpunkt.

2.A.1997. 260 S.
DM 16,90. dtv 5850